関西学院大学研究叢書第194編

現代中国の会計法規範と戦略

和して同ぜず

Accounting System
in China
Harmony but not sameness

王 昱 著

同文舘出版

はしがき

　グローバル経済の展開に伴い，国益を守ることは会計規制の役割の一部ともなっており，中国における状況もまたその一例である。諸国の会計規制を考察する際に，その規制の形成上，よく英米型または大陸型で区分する。さらに，その規制が会計基準として具体化される際には，原則主義と細則主義で区分される。一方，世界中の国または法域で導入されつつある国際会計基準は，制定当初から米国基準をベースにして作成されたにもかかわらず，米国の細則主義とは異なる原則主義の基準として整備されつつあることも事実である。よって，原則主義と細則主義とは必ずしも対立的なものではない。

　国際財務報告基準（IFRS）への対応をめぐって，日米欧では，多様な選択肢がとられているにもかかわらず，中国の対応は一貫した姿勢を見せている。つまり，IFRSを完全採用する気配がなく，"全面的な趨同（全面的なコンバージェンス）"をしながら，会計基準"等効（相互承認・同等性評価）"である相手国をいかに増やそうかと努力をしているのである。その目的は自国の基準設定権を放棄せずにIFRSの策定に積極的に参与すること，そして，Chinese GAAP（中国会計基準）そのものを世界で通用させることにある。

　周知のように，中国では，1979年より「改革・開放」という政策が導入されてから，40年の歳月が経とうとしている。その右肩上がりの経済成長を支えている1つの支柱とは，国内・国際の情勢を踏まえながら整備されてきた会計法規範である。特に，中華人民共和国主席令第21号によって，『中華人民共和国会計法』が公布，1985年5月1日より施行されたため，現代中国におけるピラミッド型会計法規範の形成が始まったのである。

　「改革・開放」の展開につれて，会計法規範の整備において，もう1つの原動力となっていたのは外資系企業における会計業務の対応と強化であった。さらに，株式会社の設立と資本市場への参入に対応するために，従来の計画経済に適用した会計規制と国際会計の慣習とのハーモナイゼーション（調和

化）が加速されていった。その結果，当時の国際会計基準委員会（IASC）により制定された国際会計基準（IAS），およびその他の国際会計の慣習を取り入れ，中国初の「企業会計基準―基本基準」が1992年に明文化された。1993年にこの基本基準の施行により，国際会計の慣習である「貸借対照表」・「損益計算書」が初めてすべての中国企業に導入されたのである。

　以降，四半世紀が経った今，中国当局は自国の企業会計基準を持ちながらもIFRS財団，IASB（国際会計基準審議会）の関連機構・組織に関わり，IFRSの改訂・策定への参与と発言権の強化に力を注いでいる。

　本書では，中国会計の法規範・国家会計戦略・企業会計基準の原点という3つの視点から，ピラミッド型会計法規範の構造，趨同・等効戦略，企業会計基準のあり方について検討を行っている。

　これらの検討には，3つの目的がある。まず第一の目的は，中国における会計法規範の全体像はどのような構図であるかを明らかにすることである。

　この目的を達成するため，とりわけ，「第1章 現代中国会計における法的枠組み」では，現代中国会計法規範の頂点に置かれている『会計法』の役割について，当該法律の本文のみではなく，『会社法』，『証券法』，『企業所得税法』に設けられている関連規定も吟味しながら検証を行った。「第2章 ピラミッド型会計法規範」では，時系列に沿って，『会計法』が頂点に君臨するピラミッド型会計法規範の形成プロセスを示した。さらに，会計法規範の全体像を捉えるため，ピラミッド型会計法規範を①会計行政管理的な側面，②企業会計基準的な側面，③企業会計規定的な側面，④公会計・非営利組織会計的な側面という4つの側面からの考察を試みた。特に，上場企業に関わる企業会計基準的な側面において，中国特有の「借鑒式」アプローチのあり方を取り上げている。

　第二の目的は，現代中国会計法規範，特にChinese GAAPの形成にあたって，どのような国家戦略を用いて，どのようなプロセスで実現したのかを明らかにすることである。

この目的の達成のため，ピラミッド型会計法規範の中核となるChinese GAAPに注目した。すなわち，IFRSへの対応に際して，中国当局がどのような動きをしていたかを，「第3章 中国における趨同戦略の幕開け―第1次「北京声明」―」，「第4章 会計趨同戦略の持続―第2次「北京声明」をめぐって―」を通じて検討を行った。その結果，Chinese GAAPへの策定はIFRSへ①実質的，②持続的，③全面的というステップバイステップ的なコンバージェンス戦略によって進められたことが明らかになった。一方，「第5章 中国の等効戦略：相互承認・同等性評価」では，IFRSへの実質的なコンバージェンスを達成したChinese GAAPがECによる同等性評価を得られたこと，また香港会計基準との間での相互承認における検証も行った。したがって，中国の国家会計戦略とは趨同戦略に等効戦略を加え，自国基準を保持しながら，IFRSの改訂・策定への参与を深め，新興経済圏の一員としての発言権を強めることである。

　第三の目的は，Chinese GAAPの設定アプローチの原点がどこにあるのかを明らかにすることである。
　そのために，「第6章 "原則主義"対"細則主義"の視点による中国会計の再考」では，中国の企業会計基準―基本基準に焦点を当て，中国基準は原則主義の特徴を持つのかについての検討を行った。その結果，中国基準であるChinese GAAPの設定アプローチの原点は原則主義にも細則主義にも立つものではなく，「原則主義と細則主義」のハイブリッドによって成り立つものだという結論に至ったのである。また，「第7章 "企業会計基準"と概念フレームワーク」では，中国ではまだ明文化されていない概念フレームワークの可能性について探ってみた。目下，「企業会計基準」と「企業財務会計報告条例」は一部，概念フレームワークのような役割を果たしていると言えるのだが，今後，ピラミッド型会計法規範の範疇に属さない立場で，概念フレームワークを設ける可能性もなくはない。さらに，「第8章 公正（公允）価値概念の整理―企業会計基準第39号"公正価値測定"を中心に―」では，元々Chinese GAAPに散見されていた公正価値概念を整理した上での，個別

会計基準である第39号「公正価値測定」の施行は，中国国内では法の下に設定されたCAS（中国会計基準）第39号とIFRS第13号との差異によって，"法的強制力の束縛"と"原則主義ベース基準"との衝突という結果を生み出すことにほかならないことを指摘した。

　最後に，「第9章 中国変動持分事業体に関する一考察」では，米国市場で上場を果たしたAlibaba集団の構造と変動持分事業体（VIE）スキームを例として分析した。グローバル経済の急成長に伴って，会計規制とは別に，諸国および法域の法規制，経済政策，上場審査基準，海外資本関連規制，コーポレート・ガバナンスなども企業経営とは密接な関わりを持っており，直接または間接的に株主・投資者などの企業を取り巻く利害関係者に多かれ少なかれ影響を与える。したがって，中国のような新興経済国では，「単一で高品質な国際基準」に頼りすぎないようにし，できれば全方位での法規制の整備が必要である。

　上記の内容は，著者が博士後期課程修了後の研究内容をまとめたものである。中国会計のすべてを明らかにするまでには及ばないのだが，中国会計に対して関心を持っている方に少しでもお役に立てれば何よりである。内容の論述に関しては，不十分・不明瞭な部分が多々存在することについては，読者諸氏のご批判・ご指導を仰ぎ，今後の研究に活かしていく所存である。

　本書の一部は各学会・研究会の発表内容でもあり，多くの先生方からより貴重なご意見・ご指導をいただいており，この場を借りて感謝を申し上げる次第である。

　大学院時代の恩師である原光世先生（龍谷大学名誉教授）に対する感謝の気持ちは言葉で言い尽くすことは到底できない。国際会計のアイウエオともいうべき基本中の基本だけではなく，一研究者としてあるべきイロハも学ばせていただいた。著者の道標である原先生の教えとは，「国際会計を研究するなら，まず自分の足元をクリアに（明確に）しなさい」である。以来，中国の会計をクリアにすることが研究主題となったが，出来の悪い生徒でなか

なかいい答えを出すことができず，本書は私なりの原先生への中間報告として提出させていただきたい。原先生からいただいた直筆の色紙に記された論語の「和而不同」は本書をまとめる際のヒントになり，本書の副題を「和して同ぜず」とさせていただいた。

一留学生である筆者にとって，幸運にも多くの先生方からご指導・ご鞭撻をいただいている。研究生時代の恩師の中居文治先生（京都大学名誉教授），徳賀芳弘先生（京都大学），松本敏史先生（早稲田大学），西田博先生（大阪市立大学名誉教授）からは，研究上のご示教のみならず，恵まれた環境で研究と教育に従事する機会を与えていただいたことに深く感謝申し上げる。

平松一夫先生（関西学院大学名誉教授），伊藤正一先生（関西学院大学），木本圭一先生（関西学院大学）には，現在の勤務先の関西学院大学で研究と教育に専念できるすばらしい環境をいただいたことに深く御礼申し上げる。また，本書は関西学院大学研究叢書194編であり，2017年度の出版助成を受けたことにも感謝申し上げる。

本書が完成できたのは，日頃から，多くの研究会・講演会などに参加・報告・議論の場を与えていただいた，日本会計研究学会，国際会計研究学会，徳賀研究室研究会（京都大学），会計学サマーセミナーin九州，国際会計研究会（関西学院大学），国際学研究フォーラム（関西学院大学）および諸先生，研究仲間のおかげでもある。心から感謝申し上げたい。特に，日本会計研究学会スタディ・グループ（2017-2018年度，代表者水野一郎先生・関西大学）の一員として，水野一郎先生をはじめ，多くの委員の先生方から貴重なコメント・アドバイスをいただいたことに感謝申し上げたい。全員の名前を記すことができないことをお詫びするとともに今後ともご指導ご鞭撻のほどお願い申し上げる次第である。

本書の刊行にあたり，同文舘出版㈱代表取締役 中島治久氏，専門書編集部 青柳裕之氏，その他の各関係者の皆様には編集・校正・出版に至るまで，ご尽力いただいたことに心より厚く御礼申し上げる。また，出版準備につき，櫛部幸子先生（鹿児島国際大学）より貴重なアドバイスをいただいたことに御礼申し上げる。

最後に，私事になるが，いつも全力で応援してくれている両親と兄一家，そして，夫・徐紅元に本書を捧げたい。特に，私のかわりに高齢の両親に付き添っている兄・王昊と義姉・翟鳳茹に感謝申し上げたい。

　異国の地で，私の成長を見守り，様々なご支援をいただいたすべての方々に，この場を借りて，心より厚く御礼申し上げる次第である。

2018年如月，来日26周年の日に
王　昱

付記：

　本書の一部の内容については，以下の拙稿を基に構成されている。本書の構成にあわせ，全面補筆や若干の加筆修正を加えた。

「会計基準のコンバージェンスに向けて：中国の会計趨同戦略」『同志社商学』（同志社大学商学会）第59巻，第1・2号，2007年

「コンバージェンスとアドプションをめぐる中国の対応」『国際会計研究学会年報2008年度』（国際会計研究学会）2009年

「Chinese GAAPの初年度適用─経済新興国におけるIFRSの役割─」『会計』第178巻，第1号，森山書店，2010年

「"原則主義対細則主義"の視点から中国会計への再考」『国際学研究』（関西学院大学国際学部研究フォーラム）Vol.3, No.1，2014年（査読付き）

「中国における公正（公允）価値概念の整理─「企業会計基準第39号：公正価値測定」を中心に─」『商学論究』（関西学院大学商学部）第63巻，第3号，2016年

「中国変動持分事業体に関する一考察」『国際学研究』（関西学院大学国際学部研究フォーラム）Vol.6, No.1, 2017年

「企業財務諸表条例（翻訳）」『同志社商学』（同志社大学商学会）第57巻，第2・3・4号，2006年に所収

The Development of Accounting Standards in China─Mainly on the Basic Standard and the Conceptual Framework, *KWANSEI GAKUIN UNIVERSITY SOCIAL SCIENCES REVIEW*, Vol.19, 2014.

現代中国の会計法規範と戦略●もくじ

はしがき　i
略語一覧　xvi

第1部　中国会計の法規範

第1章　現代中国会計における法的枠組み　3

I　はじめに ―――― 4

II　中国の法律体系と法規範の関係構図 ―――― 6
1．『憲法』と法律体系　7
2．企業会計関連諸法の並列関係　9
3．企業会計法規範間の法的効力順位　10

III　『会計法』とその役割 ―――― 11
1．会計立法および目的　11
2．『会計法』の役割　13

IV　企業を取り巻く諸法と会計 ―――― 17
1．『会社法』と会計法規範　18

もくじ　vii

（1）『会社法』の目的　18
　　（2）　会社の財務と会計　18
　2．『証券法』と会計法規範　19
　　（1）『証券法』の目的および証券市場の監督管理　21
　　（2）　情報開示に関する規定と会計法規範　21
　3．『企業所得税法』と会計法規範　23
　4．小　括　25

V　むすび ─────────────────────────── 26

第2章　ピラミッド型会計法規範　　29

I　はじめに ──────────────────────────── 30

II　現代中国会計の段階的展開 ────────────────── 31

　1．資本主義萌芽期段階（1912〜1948年）　31
　2．計画経済段階（1949〜1978年）　32
　3．「改革・開放」段階（1979〜1992年）　32
　4．市場経済段階（1993〜2005年）　33
　5．グローバル経済段階（2006〜現在）　36

III　ピラミッド型会計法規範における4つの側面 ─────── 37

　1．行政管理的な側面A　38
　2．企業会計基準的な側面B　40
　3．企業会計規定的な側面C　41
　4．公会計・非営利組織会計的な側面D　43

Ⅳ 借鑒(ジィエジィエン)式アプローチの定着 ―― 44

1. 現行のIFRSへの対応アプローチ　45
   - (1) フル・アドプション式アプローチ　45
   - (2) カーブアウト式アプローチ　45
   - (3) 共同作業式アプローチ　46
   - (4) 借鑒式アプローチ　47
2. 中国の借鑒式アプローチのあり方　47

Ⅴ おわりに ―― 50

第2部　中国の国家会計戦略

第3章　中国における趨同戦略の幕開け
―第1次「北京声明」― ―― 55

Ⅰ はじめに ―― 56

Ⅱ 米・日・中におけるコンバージェンスへの初期対応 ―― 58

1. 「ノーウォーク（Norwalk）合意」(2002)　59
2. 「東京合意」(2005)　60
3. 第1次「北京声明」(2005)　62

Ⅲ 第1次「北京声明」の真意 ———— 65

Ⅳ 新基準の公布による趨同戦略の展開 ———— 67
1. 「企業会計基準―基本基準」 68
2. 「企業会計基準―個別会計基準1号～38号」（2006年版） 68

Ⅴ むすびにかえて
　―実質上のコンバージェンス国へ― ———— 78

第4章　会計趨同戦略の持続
　―第2次「北京声明」をめぐって―　　　81

Ⅰ はじめに ———— 82

Ⅱ Chinese GAAP初年度適用の状況 ———— 83
1. Chinese GAAPの実像　84
2. Chinese GAAPの初年度適用に対する海外の反応　86
3. Chinese GAAPとIFRSとの主な差異　87

Ⅲ 持続的なコンバージェンスの続行 ———— 89
1. 米国・日本・中国におけるロードマップの概略　90
2. 公開草案と2010年版ロードマップ　92

Ⅳ 第2次「北京声明」
　―全面的なコンバージェンスへ― ———— 95
1. Chinese GAAPの改訂・新規による全面的なコンバージェンスの展開　97
2. IFRSの改訂・策定への参与と発言権の強化　101
3. 全面的なコンバージェンスにおける取り組み　106

Ⅴ むすびにかえて
―新興経済国におけるIFRSの役割とは― ―――――― 107

第5章　中国の等効戦略：相互承認・同等性評価　111

Ⅰ はじめに ――――――――――――――――――――――― 112

Ⅱ 等効戦略：「相互承認」と「同等性評価」 ――――――――― 113

Ⅲ EUにおける同等性評価への布石 ―――――――――― 115

Ⅳ EUにおける同等性評価の展開 ――――――――――― 119
　1．同等性評価の延期（2007年）　119
　2．延期から条件付き評価への一転（2008～2011年）　121
　3．Chinese GAAPはEU版IFRSと同等に（2012年より）　123

Ⅴ 相互承認の動き ――――――――――――――――――― 126
　1．香港の事例　126
　2．EUの事例　129

Ⅵ むすびにかえて
―最終目標は等効である― ――――――――――――― 130

第3部 企業会計基準の原点

第6章 「原則主義」対「細則主義」の視点による中国会計の再考　137

Ⅰ　はじめに ― 138

Ⅱ　中国におけるIFRSへの対応現状の再確認 ― 139
1．Using Full IFRSの企業がある非アドプション法域と比較する場合　140
2．Using Full IFRSの企業がない非アドプション法域と比較する場合　142

Ⅲ　中国基準は原則主義の特徴を持つのか ― 143
1．中国基準は法に基づいて作られたものである　144
2．明文化された「概念フレームワーク」が存在せず　145

Ⅳ　「原則主義」対「細則主義」の現状 ― 147

Ⅴ　むすびにかえて
　　―明文化された「概念フレームワーク」を設ける必要性― ― 150

第7章 「企業会計基準」と概念フレームワーク　153

I はじめに ―― 154

II 中国 "会計" の由緒 ―― 155
1. "銀行簿記" の渡来　156
2. "パチョーリ簿記論" の渡来　156
3. "会社会計基準序説" の渡来　156

III 「企業会計基準」形成における2つの側面 ―― 158
1. 側面A：収束現象―間接的な「経験の蒸溜」　159
2. 側面B：直接的な「経験の蒸溜」と思われる側面　160

IV 「企業会計基準」の構成確認 ―― 163
1. 「企業会計基準」と「報告条例」との構成比較　163
2. 概念フレームワークのあり方から見る「企業会計基準」と「報告条例」　165
3. 小括：「企業会計基準」とIASBのCFとの6項目比較　167

V むすびにかえて
― 中国におけるCFの課題 ―― 169

第8章 公正（公允）価値概念の整理　173
― 企業会計基準第39号「公正価値測定」を中心に ―

I はじめに ―― 174

II 個別会計基準に散見される公正価値概念
（1998〜2006年） ―― 175

III 企業会計基準全体への公正価値の取り込み（2007～2012年） ── 177

1. 基本基準の改訂と公正価値測定　178
2. 個別会計基準にて公正価値応用の拡大　179

IV 企業会計基準第39号「公正価値測定」── 182

1. 公開草案：会計基準第×号「公正価値測定」　182
2. 企業会計基準第39号「公正価値測定」　183
   - (1) 公正価値の定義　185
   - (2) 会計単位　185
   - (3) 市場参加者　185
   - (4) 秩序ある取引　186
   - (5) 評価技法　186
   - (6) 公正価値のヒエラルキー　186
   - (7) 非金融資産の公正価値測定　186
   - (8) 開示と区分　187

V おわりに ── 187

第9章　中国変動持分事業体に関する一考察　191

I はじめに ── 192

II 特別目的事業体（SPE）と変動持分事業体（VIE）── 193

1. SPEにおける一般論　193
2. 米国連結会計規制上のVIE　194

Ⅲ Alibaba集団構造とVIEスキーム ——— 197

1. Alibaba集団について　197
2. Alibaba集団構造　199
   (1) 集団構造図　199
   (2) 外国独資企業の存在　200
3. VIEスキーム　202
   (1) 変動持分事業体株主のあり方　202
   (2) 変動持分事業体のあり方　202
   (3) WFOEとVIE株主との間の各契約　203
   (4) WFOEとVIEとの間の契約　204

Ⅳ VIEと外国投資法（草案意見募集稿） ——— 205

Ⅴ むすび ——— 207

参考文献　209
巻末資料　227
　① 中華人民共和国会計法　228
　② 企業会計基準—基本基準　237
　③ 企業財務会計報告条例　243
索　引　251

略語一覧

AAA	American Accounting Association	米国会計学会
ADR	American Depositary Receipt	米国預託証券
AICPA	American Institute of Certified Public Accountants	米国公認会計士協会
AOSSG	Asian-Oceanian Standard-Setters Group	アジア・オセアニア会計基準設定主体グループ
APB	Accounting Principles Board	米国会計原則審議会
ARB	Accounting Research Bulletin	会計研究公報
ASAF	Accounting Standards Advisory Forum	会計基準アドバイザリー・フォーラム
ASBE	Accounting Standards for Business Enterprise (China)	中国企業会計基準
ASBJ	Accounting Standards Board of Japan	日本企業会計基準委員会
CAP	Committee on Accounting Procedure	会計手続委員会
CASC	China Accounting Standards Committee	中国会計基準委員会
CASs	Chinese Accounting Standards	中国会計基準
CESR	Committee of European Securities Regulators	欧州証券規制当局委員会
CRUF	Corporate Reporting Users' Forum	企業財務報告利用者フォーラム
CSRC	China Securities Regulatory Commisson	中国証券監督管理委員会（中国証監会）
EC	European Commission	欧州委員会
EEG	Emerging Economies Group	新興経済グループ
EFRAG	European Financial Reporting Advisory Group	欧州財務報告諮問グループ
ESMA	European Securities and Markets Authority	欧州証券市場監督局
EU	European Union	欧州連合
FASAC	Financial Accounting Standards Advisory Council	財務会計基準諮問委員会
FASB	Financial Accounting Standards Board (USA)	米国財務会計基準審議会
FCAG	Financial Crisis Advisory Group	金融危機諮問グループ
FSB	Financial Stability Board	金融安定理事会
FSF	Financial Stability Forum	金融安定化フォーラム
GAAP	Generally Accepted Accounting Principles	一般に認められた会計原則
HKICPA	Hong Kong Institute of Certified Public Accounts	香港公認会計士協会
IAS	International Accounting Standards	国際会計基準

IASB	International Accounting Standards Board	国際会計基準審議会
SAC	Standards Advisory Council	基準諮問委員会
SIC	Standing Interpretations Committee	解釈指針委員会
IASC	International Accounting Standards Committee	国際会計基準委員会
IASCF	International Accounting Standards Committee Foundation	国際会計基準委員会財団
IFRIC	International Financial Reporting Interpretations Committee	国際財務報告解釈指針委員会
IFRS	International Financial Reporting Standards	国際財務報告基準
IOSCO	International Organization of Securities Commissions	証券監督者国際機構
MoF	Minister of Finance (China)	中国財政部（財務省）
SEC	Securities and Exchange Commission (USA)	米国証券取引委員会
SFAC	Statement of Financial Accounting Concepts	財務会計諸概念書
SFAS	Statement of Financial Accounting Standards	財務会計基準書
SPE	Special Purpose Entities	特別目的事業体
VIE	Variable Interest Entity	変動持分事業体
WFOE	Wholly-Foreign Owned Enterprise	外国独資企業
WTO	World Trade Organization	世界貿易機関
XBRL	eXtensible Business Reporting Language	拡張可能な事業報告言語

第1部

中国会計の法規範

第1章

現代中国会計における法的枠組み

I はじめに

　世界の法系における分類は主に英米法系，大陸法系，社会主義法系などがある。中国では，戦国時代の『法経』から，『秦律』，『唐律疎義』，『大明律』，清王朝の『大清律例』[1]まで，それぞれの法典に会計に関する規定が言及されていた。特に，近代において『大清律例』は司法の法源とも言われている最も重要な法である。そのほか，1910年末頃に『大清民律草案』の完成は近現代的な意味での中国民法は大陸法系の継受の発端であると指摘された（朱編，2017，50頁）。1911年の清王朝の終焉を迎えたことによって，この草案は施行に至らなかった。1913年に北洋政府が公布した『会計法』，後の1925年に民国政府が再度公布し，その改訂版は現在なお台湾で使われている。

　1949年以後の新中国では，旧政権時代につくられた法を廃止して，新政権の下で法の整備に励んでいた。特に1979年にスタートした「改革・開放」以降，現代中国の法律体系において，社会主義法系を採用する法域に分類されているが，法治国家の構築，すなわち，「法により，国を治める」ことを目指していたため，主にフランスやドイツの法律体系を参考にしたことにより大陸法系の特徴を多く持つようになり，大陸法系に分類されることもしばしばある。もちろん，異なる領域における法規範の性格などを考察する場合には他の分類法も存在する。

　会計規範の形成において，国際的な視点で見る場合には，慣習規範重視の英米型と法規範重視の大陸型という２つの道筋があると一般には認識されている。かつて，1991年に開催された会計基準設定者国際会議の報告にて，新井と白鳥両氏が日本の企業会計制度の法律的・概念的フレームワークについて，商法，証券取引法および法人税法の３つの法令が「商法を中心として密接に結びついている日本の会計制度をしばしばトライアングル体制と呼んでいます」と紹介され，さらに，日本の会計は大陸モデルに属している指摘に対して，「投資家その他の利害関係者に対する財務情報の開示の面では，日

1　全国人大常委会法制工作委員会経済法室編著（1999），p.39。

本の会計は，英米モデルに分類できるように思われる」，この「トライアングル体制はアメリカとヨーロッパ大陸の双方にルーツをもっています」とも述べられたのである（新井・白鳥，1991，29，32頁）。

隣国である中国における会計法規範の形成ルーツにおいても，日本と類似して英米型と大陸型という2つの道筋にまたがっていながら，会計基準の国際的「共有」を図り得るため「自国基準放棄型」ではなく，「自国基準変更型」[2]に近いアプローチで進められている。その結果，成文法である『中華人民共和国会計法』が頂点に君臨する会計法規範の枠組みには法規範重視の大陸型に定着した。さらに，国際財務報告基準（International Financial Reporting Standards：IFRS）を参考にしながら持続的なコンバージェンスを行い，現在の階層的なピラミッド型会計法規範の整備までたどり着いたのである。

グローバル経済が進む中，国際会計基準審議会（International Accounting Standards Board：IASB）は企業会計情報の透明性・比較可能性を向上させる一手として，高品質な単一の会計基準を開発し，さらに，このような基準を異なる政治政策・社会背景・経済規制・文化慣習などの制約の中で行われている経営活動に適用させることに託している。一方，経済新興国または経済発展途上国・地域においては，この一手である高品質な単一の会計基準よりは，その国・地域の経済秩序を支える法体制の整備・進化も極めて重要な一手として欠かせない重要な役割を果たしていることに対して再認識する必要がある。つまり，法体系は会計情報の品質と関わる重要な要素の1つでもある。特に，近年の北米では，法体系・IFRS・会計情報をめぐる相互関係の研究[3]は盛んであり，いろいろな特殊事情を抱えている中国もその1つの事例としてたいへん注目を集めている。

本章では，現代中国会計における法的枠組みを客観的かつ確実に捉えるため，まず，現代中国法体系および諸法規範間の関係を概説する。それから，

2 　会計基準の国際的「共有」の基本的方法について，「自国基準放棄型，自国基準残存型，および自国基準変更型」がある（徳賀，2000，153-156頁）。

3 　刘启亮・何威风・罗乐，2011，pp.58-61。

現代中国会計の成文法である『会計法』の形成とその真の役割を検討し，最後に企業を取り巻く諸法『公司（会社）法』（以下，会社法と称す），『証券法』，『企業所得税法』と会計との関わりをまとめておく。

中国の法律体系と法規範の関係構図

前述したように中国の法律体系は，大陸法系の中で最も代表的な存在であるフランス，ドイツをモデルにしていたため，社会主義法系だけでなく大陸法系に分類されることもある。英米法系では，「法の支配」（Rule of Law）を重視する特徴を持つことに対して，大陸法系では，「法治主義」（Rule by Laws）を重視するようになった特徴を持つ。中国は2001年12月11日に世界貿易機関（World Trade Organization：WTO）加盟発効をきっかけとして，グローバル経済の推進国というポジションを得，より大きな経済成長を成し遂げてきた。WTO加盟前後の間に，中国の指導者による「法の支配」に目を向ける動きは，しばしば媒体記事によって報道されていた。これらの記事の内容によれば，中国の指導者は法の支配の確立を支持すると意思表明[4]をしたり，法の支配を促すための協力と研修に向けた協定を国連との間で調印[5]したりするほか，中国国内に向けて"法の支配を基礎とした体制を建設しなければならない"といった発言をした[6]が，会計分野においては，成文法である『会計法』が存在する以上，大陸法系としての特徴である「法治主義」を持っていることに変わりはない。

以下では，中国の『憲法』と法律体系を整理し，企業を取り巻く『会計法』，『会社法』，『証券法』，『税収徴収管理法』などを取り上げ，その並列関係を明らかにした上で，『立法法』等に基づいて法規範の上下（優劣）関係

---

[4] "Chinese Movement Seeks Rule of Law to Keep Government in Check", by Steven Mufson, *Washington Post*, 5 March 1995.

[5] "China Sign UP Pact on Rights and Rule of Law", by Eric Eckholm, *New Nork Times*, 21 November 2000.

[6] "Keeping Economic Dive on Track Will Require Huge Effort, Warns Hu", by Wang Xiangwei and Gary Cheung, *South Morning Post*, 8 March 2003.

の特徴をまとめておく。

1.『憲法』と法律体系

　1949年に新中国の成立とともに「臨時憲法」の性格を持つ『中国人民政治協商会議共同綱領』が制定された。この『共同綱領』を基にして，1954年に『中華人民共和国憲法』が制定され，その後も数回の改正を経て，1982年12月4日に第5回全国人民代表大会第5次会議にて，無記名投票方式で採択されたのである。以後，4回の改正を経て，現行の『憲法』(2004年改正版) に至っている。現行『憲法』の第58条によれば，「全国人民代表大会（日本の国会に相当する）および全国人民代表大会常務委員会は国家の立法権を行使する」。全国人民代表大会（以下，全国人大と称す）は最高国家権力機関であり，その常設機関は全国人大常務委員会であり（第57条），『憲法』の改正権，各種の基本法律の制定権を持つ（第64条）。

　現代中国の法体系には『憲法』および憲法関連法，民商法，行政法，経済法，社会法，刑法，訴訟および非訴訟手続法の7つの種類に分けられ，その他，国際法もある。**図表1-1**で示したように現代中国の法律体系は『憲法』および憲法関連法に基づき制定されている各種の法律から構成されている。2011年8月まで有効な法律が240，行政法規が706，地方性法規が8,600あまり採択・制定されたのである（朱編，2017，6頁）。このような法規範の整備活動は現在でも中央から地方まで続いている。

　企業関連諸法はほぼ「改革・開放」以後，外資系資本の導入，株式会社の登場，資本市場の再建などにより右肩上がりの経済成長を背景に，民商法，経済法分野において特に**図表1-1**で取り上げている諸法の緊急整備が急ピッチで行われてきたのである。

◆図表 1-1　現代中国の法体系略図

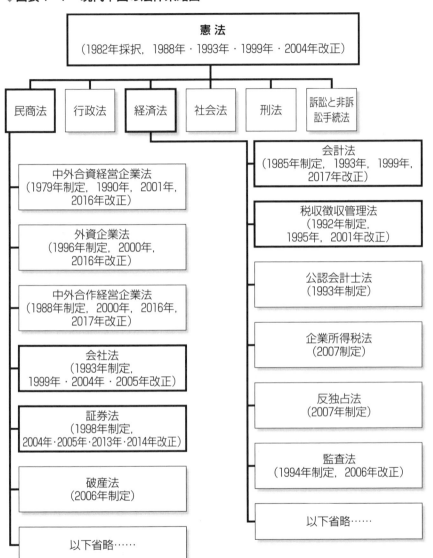

出所：諸資料に基づき，筆者作成。

2．企業会計関連諸法の並列関係

　企業会計と関わる主な諸法として，**図表1-1**の現代中国の法体系略図で示したように民商法類に属する『会社法』，『証券法』など，と経済法類に属される『会計法』，『税収徴収管理法』，『企業所得税法』などがある。これらの法律は『憲法』の下で制定され，全国人大常務委員会にて採択されたため，上下関係ではなく，並列的な存在である。

　新中国において，初めて成文法としての『中華人民共和国会計法』は1985年5月1日より施行されたため，現代中国における「ピラミッド型会計法規範」の形成が始まったのである（詳細は2章）。その後，中国では，株式会社制度の確立，資本市場の再建とともに債権者，株主，投資家への権益保護における意識が高まり，さらに，1993年の『憲法』改正を背景に，社会主義市場経済[7]への移行に合わせて，経済関連法規の整備が急速に進展する中，1994年までに行われた一連の税制改革を契機に，現在の中国税体系が形成され，納税義務への認識も普及してきた。その結果，企業会計と直接関わっている『会計法』のほかにも，企業経営を取り巻く法律として，『会社法』，『証券法』，『公認会計士法』，『税収徴収管理法』などの法整備にとどまらず，今日まで続いている。

　これらの法律は『憲法』を下に全国人大で採択された法律として，相互に並列的な関係となっているにもかかわらず，急速な市場経済化によって，様々な分野で新たな問題が次々と浮上し，このため，緊急を要する問題を優先しながら法整備を進めるという，いわゆる"救済式"で対応してきた。このような断片的な対応（ピース・ミールアプローチ：piece-meal approach）によって，各母体法に施行令，規則，通達等が数多く追加され，その結果，各関連法規間での整合性・首尾一貫性に欠けるという問題点などが見受けられていた。その後，『中華人民共和国立法法』（2000年3月15日）の公布により，

7　社会主義市場経済解釈の中国語原文：「是指先進技术武装起来的社会化，集体化，国际化大生产的现代化市场经济，释义公有制经济成份为主，多种经济成份并存，倡效率，竞争，崇公正，共同富裕的社会主义性质的市场经济」（江・李主編，2006，p.1）。

中国における法規範の整備の秩序が少しずつ整ってきたのである。

3．企業会計法規範間の法的効力順位

　社会主義市場経済という特例を成し遂げた中国では，特に経済法規範においての整備は，前述したように"救済式"または断片的な対応（ピース・ミールアプローチ）が行われているのだが，決して無秩序ではない。憲法関連法の1つとして，2000年7月1日に『中華人民共和国立法法』が施行された（2015年3月15日に改正案が採択）。当該法律の第78条〜80条の内容から**図表1-2**で示したような中国の法規範相互の優劣（ヒエラルキー）関係がうかがえる。さらに，国務院が制定した「行政法規制定手順条例」や「規章制定手順条例」なども存在する。これらの法規定によれば，国務院（最高行政機関，日本の内閣にあたる）は『憲法』と法律に基づいて行政法規の制定ができる。地方各級人民代表大会（地方人大）およびその常務委員会は『憲法』，法律，行政法規に抵触しない前提で，地方性法規の制定が可能である。行政法規は国務院が制定・公布し，通常，〇〇条例という名称を用いる。部門規章・規定または通達は国務院の各部門，委員会，直属機関が制定・公布する。**図表1-2**で示したようにそれぞれの制定・採択組織，公布方式，名称が決まっており，各領域・分野の法規体制がこのような秩序を遵守しながら構成

◆**図表1-2　『立法法』等から見る法規範の法的効力順位**

法的効力順位		制定採択 機構・組織	名　称	公布方式	具体例：主な国家会計法規範 （初公布年）
高	憲法	全国人大	憲法	全国人大公告	—
	各種の法律	全国人大 常務委員会	〇〇法	主席令第〇号	『会計法』（主席令第24号，1985）
	行政法規	国務院	〇〇条例	国務院令第〇号	「企業財務会計報告条例」（国務院令第287号，2000）
	地方性法規	地方人大 常務委員会	地方名〇〇法	地方規定による	—
	部門規章・規定	国務院所属 部門等	〇〇規定，基準 等	〇〇省令第〇号 〇〇通達　他	「企業会計基準—基本基準」（財政部令第5号，1992）「企業会計基準—38の個別会計基準」財会［2006］3号　等
低	地方政府規章	地方政府	地方名〇〇規則等	地方規定による	—

出所：『立法法』に基づき，筆者作成。

されていく。

　ちなみに，法的効力の強弱については，『憲法』＞法律＞行政法規＞地方性法規・部門規章・地方政府規章，または，地方性法規＞同級と下級地方政府の規章というような順位となっており，その中，部門規章と地方政府規章とは同様の効力を有する[8]。したがって，企業会計分野において，『立法法』に定められた優劣関係を基に形成される階層式枠組みは，①法律，②行政法規，③部門規章，さらに④規範性通達（財政部が制定・公布）を加えて4階層から構成されている。それゆえに**図表1-2**の具体例で示したように中国現代企業会計における法規範もこのような階層式体系からはみ出すことなく，『会計法』が頂点に据え置かれている「ピラミッド型会計法規範」の構図が生まれたのである。

『会計法』とその役割

1．会計立法および目的

　中国における会計関連法規の整備は，1985年の『中華人民共和国会計法』の公布を契機に本格化した。特に1981年の第5回全人代4次会議にて採択された「1980年国家決算と1981年国家概算執行状況における報告」の中で会計法の制定が正式に決められたことから，会計法を起草する当初より，国営企業における財務・会計業務の強化のためであり，他の法人・個人のビジネスを対象とする意図が弱く，むしろマクロ経済を管理するための一助として位置づけられていたことがうかがえる。

　当時の会計法規について，中国の会計学者閻達五が下記の3つの種類（杨主编，1988，p.769）を区分して紹介したのである。

　　第一類　会計業務を指導するための根本法：
　　　　　　他の法規の制定根拠である『会計法』。

8　この解釈は，中华人民共和国宪法／国务院法制办公室編（2007），表紙の次の頁に記載された「中国の立法体系図」の注記で紹介されている。

第二類　会計機構と会計業務担当者における法規：
「会計業務担当者職権条例」など。
第三類　会計業務処理に関する法規：
会計業務を行う際に遵守すべき基本規則，具体的な要求とプロセス方法などの法規である。予算会計法規には「行政事業法人会計規定」，企業法規には「国営企業会計計算業務規程（草案）」，業種別会計法規には「工業会計規定」などがある。

1985年に初版の『会計法』が施行されてから，すでに30年が過ぎた。**図表1-3**で示したように異なる時期における様々な出来事を背景に，国内ないし国際の諸情勢に対応するため，1993年と1999年の改正を経て，本稿をまとめている2017年11月4日に3回目の改正案[9]が第12回全国人大常務委員会第30次会議で採択され，習近平主席令第81号にて11月5日より施行されたのである。この2017年改正版の『会計法』全文の日本語翻訳を**巻末資料1**として掲載しているので，参照されたい。30年以上にわたって，会計関連の法規整備の経緯を鑑みて，特に国際会計基準へのコンバージェンスは実質的に達成したこともあるにもかかわらず，中国の会計法規については，上記の分類に取り上げられている①根本法，②会計機構・会計業務担当，③会計業務処理をめぐる法規制の整備活動から乖離することはなく，さらに，企業形態の多様化，政府会計の進展，管理会計の導入などの要因により，『会計法』を母法としている「ピラミッド型（the square pyramid）会計法規範」構造（2章を参照）の内容が充実・拡張された印象を受ける。

9　改正案における説明の中国語原文抜粋：第十二届全国人民代表大会常務委員会第三十次会議決定：「关于《〈中华人民共和国会计法〉等11部法律的修正案（草案）》的说明」——2017年10月31日在第十二届全国人民代表大会常务委员会第三十次会议上，国务院法制办党组书记，副主任袁曙宏：「二，关于拟取消职业资格事项涉及法律规定的修改：会计法第三十八条设定了国务院财政部门实施的会计从业资格认定。考虑到目前涉及会计执业能力评价的考试较多，会计人员可以通过参加其他会计类考试证明执业能力，还可以通过接受继续教育，业务培训，学历教育等方式来提高专业能力和水平，据此，草案对会计法第三十八条作了修改，取消了会计从业资格认定，并对第三十二条，第四十条，第四十二条，第四十三条，第四十四条相关规定作了相应修改」。

◆図表1-3 『会計法』の公布・改正および立法目的の略図

時　間	会議※	提案・採択内容	主な政治/経済背景
1980年8月	第5回3次会議	会計法草案の起草作業が提案され，開始	中国会計学会の誕生「改革・開放」経済特区の設置外国資本の導入外資系企業の登場外資系企業の法整備人民公社の解体国営企業の全面整頓国庫券（国債）発行国営企業株式発行
1981年12月	第5回4次会議	会計法の制定が正式に確定	
1983年2月	—	財政部より会計法草案を国務院の審議に付す	
1984年9月11日	第6回7次会議	会計法草案の説明，初回審議	
1985年1月21日	第6回9次会議	李先念主席令第21号にて採択。5月1日に施行	
1993年12月29日	第8回5次会議	江沢民主席令第17号にて第1回改正案が採択。即日施行	市場経済の確立。『会計法』の公布・施行。会計基準における国際的調和化
1999年10月31日	第9回12次会議	江沢民主席令第24号にて第2回改正案が採択。翌年7月1日より施行	『証券法』の公布・施行『会計法』の改正。「企業財務会計報告条例」の導入準備
2017年11月4日	第12回30次会議	習近平主席令第81号にて第3回改正案が採択。翌日11月5日より施行	国際会計基準への全面的なコンバージェンスの推進。一帯一路。会計人材の多様化。会計不正への規制強化

85年版立法目的：会計業務の強化，会計担当者の法による職権の行使を保証するため，国家財政制度と財務制度の維持保護・社会主義公共財産の保護・経済管理の強化・経済効率の向上における会計業務の役割を発揮させ，特に本法を制定する（第一条）

93年版立法目的：会計業務の規範と強化，会計担当者の法による職権の行使を保証するため，社会主義市場経済の秩序を維持保護・経済管理の強化・経済効率の向上における会計業務の役割を発揮させ，本法を制定する（第一条）

99年版，2017年版立法目的：会計行為を規範するため，会計資料の真実性・完全性を保証し，経済管理と財務管理を強化し，経済効果を高め，社会主義市場経済の秩序を守るために本法を制定する（第一条）

※第〇回全国人民代表大会常務委員会第〇次会議を省略。また，それぞれの会議で採択された修正案・修訂案を改正案と表現する。以下同様。
出所：諸資料に基づき，筆者作成。

2．『会計法』の役割

　2017年改正版の『会計法』には，総則，会計処理，会社・企業会計処理の特別規定，会計監督，会計部門と会計担当者，法律責任，附則，計7章52条から構成されている。詳細については，**巻末資料1**の翻訳に託すとして，ここでは，『会計法』の役割をめぐって，下記の先行研究を手がかりに検討を試みる。

　目下，経済先進国諸国では，一国の会計体制を支える根拠法として『会計法』を設けている国は希少であることは事実である。かつて，戦後の日本では，会計基準法の構想があった。しかしながら，この企業会計基準法は，「当時の会計学者達が主体的となって，法制化を図るべく精力的に活動したが途

中で頓挫してしまった」（江部，2007，243頁）。日本の企業会計基準法の構想と中国の『会計法』に言及している下記の先行研究が存在する。

「ともあれ日本の『企業会計基準法』構想は，戦時統制経済から戦後の「統制の緩和」のプロセスにおける'accounting change'を志向しつつ，「会計基準」——「それを維持する行政機関・受託機関」——「その権限を根拠づける基本法」という「企業会計体制」の3重構造を明確に提示したのもであった。しかしながら，日本の行政官僚機構の中ではその「正統性」が得られなかった。

今日『会計法』は企業会計法の調和化を直接的な課題とするEC諸国や，また計画経済から市場経済への転換を課題とする旧東欧（現中欧）・中国などにも見られる。しかしそのほとんどは，「企業会計体制」の第1レベルにおける企業会計ルールの基本的な部分を示したのである。その中でも，日本の会計法というべき『企業会計基準法』構想が，統制の緩和の過程で登場したという点から考察する限り，会社制度の自由化・免許制度化に対置しつつ，その統制の継続を図る現代中国の問題が興味深い。また，現中国の「企業会計体制」構築構想が，どれだけ実現し，今日どれだけ機能しているのかといった観点からなされなければならない。

いうまでもなく重要なのは，単なる法規の制定や機関の設置の問題ではない。これらの制度をどのように機能させるのかという問題である。日本における戦後初期の構想は著しく後退したが，その後の展開の過程が，こうした機関や基本法の欠如を，各種機関や「担い手」の機能的展開によっていかに補いえたのかの総括が今後の課題であろう」（千葉，1998，131頁）。

上記の先行研究を手がかりに，敢えて戦後日本の情勢を参照しながら，中国の『会計法』を覗いてみる。中国では，『会計法』の制定段階である1980年代において，資本市場の再建の前夜でもあり，戦後日本の「官主導による間接金融」[10]の全盛期というより，むしろ計画経済から市場経済への切り替

---

[10] 企業会計基準法という構想に関する法案は日本の国会に提出されることはないままで終わった。その最大の理由は「官主導による間接金融全盛の当時の日本には，会計基準法構想を受容するだけの基盤がまだ整えられていなかったからではあるまいか」（諸井，2006，17頁）という指摘がある。

えの過渡期であり，国，政府，会計学者がいっせいに会計法規範の整備活動に取りかかっており，社会主義市場経済が『憲法』改正によって確立されている現在でも，国，政府が主導しながら，学者，さらに民間有識者を動員して，『会計法』の整備が行われている。したがって，『会計法』が君臨する会計体制は中国の現代社会システムの欠かせない一部として形成されたのである。

当時日本での統制経済の緩和の一環としての'accounting change'志向に比して，中国の現代経済社会において，「会計行為を規範するため，会計資料の真実性・完全性を保証し，経済管理と財務管理を強化し，経済効果を高め，社会主義市場経済の秩序を守るために」（『会計法』第1条より）『会計法』が制定されたのである。

また，日本では，この会計体制は"「会計基準」――「それを維持する行政機関・受託機関」――「その権限を根拠づける基本法」という3重構造"が提示されたが，中国の場合には，さらに強化・整合されているような構造を目指している。つまり国家は統一的な会計制度を実行する。国家統一的な会計制度は国務院財政部門より本法を根拠とし制定かつ公布される。国家機関・社会団体・会社・企業・事業法人とその他組織は本法に従って会計業務を行わなければならない。国務院財政部門は全国の会計業務を主管する（『同法』第8，2，7条より）。

"これらの制度をどのように機能させるのかという問題"について，中国の『会計法』の第三章：企業会計処理の特別規定（24～26条），第四章：会計監督（27～35条），第五章：会計部門と会計担当者（36～41条），第六章：法律責任（42～49条）にて関連規定が定めてあり，さらに詳細なる条例・規定などは国務院の関連部門により『会計法』に従って，制定・公布されている。

日本の会計基準法構想の基本的な目的として「具体的な会計基準や会計原則を法制化するためのみならず，何よりも企業会計に関する総合的な行政機関の設置を根拠づけるためのものであったはずである」（千葉，1998，129頁）と指摘されていた。しかしながら，会計基準法案は当時の国会に提出することすらなく，構想の段階でやむを得ず終焉を迎え，「日本で最初の「会計法」制定構想は実現されなかった」（千葉，1998，128頁）。一方，立法に成功し

た中国では，上述した内容から現代中国『会計法』の最も重要な役割のというのは下記の5つを取り上げることができよう。

①会計法規範に法的根拠の提供
②会計法規範の設定主体は国務院財政部門とする法的根拠の提供
③会計法規範（国家統一会計制度）の実行における法制化
④会計法規範の適用対象による諸規範遵守の義務化
⑤会計業務における管理の体制化

したがって，中国では，『会計法』は会計体制あるいは諸規範には法的強制力を持たせると同時に設定主体にも正統性を与え，会計法規範の整備をより効率的，整合的に行われたことを評価したい。また，国際会計基準における世界規模の普及を背景に，各国の会計関連法の整備の後押しにもなり，まさに中国はその一例と言えるであろう。そこで，日本の『企業会計基準法』の構想と中国『会計法』におけるさらなる検討が必要と考えて，別稿の課題とする予定である。

中国『会計法』の改正や会計法規範の制定などについては，財政部主導での研究・整備活動を通じて適時行われているのだが，社会主義市場経済の展開とグローバル経済の参入などに対応しきれていないこともある。例えば，『会計法』の適用範囲から見る際に，「国家機関・社会団体・会社・企業・事業法人とその他組織は本法に従って会計業務を行わなければならない」（『会計法』第2条），つまり，『会計法』の適用対象として政府関連あるいは非営利組織である国家機関，社会団体，事業法人，と営利目的法人である会社，企業，その他の組織を網羅していることが明らかである。すなわち，官庁会計（公会計）と企業会計（私会計），非営利組織会計に関しては，それぞれの会計主体の目的を問わずに1つの『会計法』で統制している。この点は，英米型あるいは大陸型の会計モデルには見られない特徴である。中国では『会計法』を頂点として会計法規範が多種多様に存在しており，法規範における量的肥大化を問題視せざるを得ないのが現状である。

企業を取り巻く諸法と会計

　中国では，企業を取り巻く法律の多くは**図表1-1**で示している民商法と経済法に属している。特に企業・会計と関わっている法律は言うまでもなく『会計法』以外，『公司法』（日本の『会社法』に相当する。以下，『会社法』と称す），『証券法』，税法などが存在するが，会社法会計，金融証券取引法会計，税法会計と呼ばれている制度会計のような会計は存在しない。しかしながら，それぞれの法律と会計は関わりを持っており，下記に簡単に紹介しておく。

◆図表1-4　『会社法』の構成（2014年版）

第一章	総則（1-22条）
第二章	有限責任会社の設立及び組織機構
第一節	設立（23-35条）
第二節	組織機構（36-57条）
第三節	一人有限責任会社に関する特別規定（58-63条）
第四節	国有独資企業に関する特別規定（64-70条）
第三章	有限責任会社の持分譲渡（64-70条）
第四章	株式会社の設立及び組織機構（71-75条）
第一節	設立（76-97条）
第二節	株主総会（98-107条）
第三節	取締役会，経理（108-116条）
第四節	監事会（117-119条）
第五節	上場企業組織機構に関する特別規定（120-124条）
第五章	株式会社の株式の発行と譲渡
第一節	株式の発行（125-136条）
第二節	株式の譲渡（137-145条）
第六章	会社取締役，監事，高級管理職の資格と義務（146-152条）
第七章	社債（153-162条）
第八章	会社の財務，会計（163-171条）
第九章	会社の合併，分割，増資，減資（172-179条）
第十章	会社の解散及び清算（180-190条）
第十一章	外国会社の支店機構（191-197条）
第十二章	法律責任（198-215条）
第十三章	付則（216-218条）

1.『会社法』と会計法規範

　現代中国最初の『会社法』は1993年12月29日第8回全人代常務委員会第5次会議にて中国人民共和国主席令第42号として採択・公布され，1994年7月1日より施行された。1999年，2004年，2005年と2013年の計4回の改正が行われ，2017年現在，執行中の『会社法』は4回目の改正で2014年3月1日より施行されたものである。その構成内容は**図表1-4**に示すとおりである。

(1)　『会社法』の目的

　1994年版『会社法』の第1条では，立法目的および根拠法について，「現代企業制度確立の必要性に応え，会社の組織と行為を規制し，会社，株主と債権者の合法的権益を保護し，社会の経済秩序を維持し，社会主義市場経済の発展を促進するため，『憲法』に従って本法を制定する」と明記している。この法律は有限責任会社と株式会社に適用され，十一章230条から構成されている。2005年版以降の『会社法』の目的とは「会社の組織および行為を規範し，会社，株主および債権者の合法権益を保護し，社会経済秩序を維持し，社会主義市場経済の発展を促進するため，本法を制定する」（2005年版第1条）と改正され，現在に至っても有効である。

　2005年頃には，中国現代企業制度の確立および「法治国家」の建設がほぼ一定水準に達していたために，立法根拠の文言を削除し，より簡単明瞭な条文に改正されたと見られる。同時に，『会社法』の立法によって有限責任会社と株式会社の株主と債権者における権益の保護は中国経済社会においてすでに定着していることが明らかである。

(2)　会社の財務と会計

　企業が会計業務を行うことにあたって，中国の『会社法』では，企業会計基準および会計規定に準拠すべきという会計基準の遵守を要求する明文化された規定は設けておらず，そのかわりに，『会社法』の第八章「会社の財務，会計」（163-171条）にて，会社の財務・会計業務規定，財務報告および会計

情報開示に関する規定が定められている（**図表1-4**）。

　第163条によれば，「会社は，法律，行政法規および国務院財政部門の規定に準拠して，自社の財務・会計規定を定めなければならない」としている。すなわち，具体的な会計法規範名などの表現はせず，自社の会計ルールの制定根拠のみを示している。

　第164条では，財務会計報告に関しては，次のように定めている。「会社は毎会計年度終了後，財務会計報告を作成し，法に従って会計士事務所の監査を受けなければならない。財務会計報告は法律，行政法規および国務院財政部門の規定に従って作成しなければならない」。財務会計報告には，①貸借対照表，②損益計算書，③キャッシュ・フロー計算書，④附属明細書，⑤財務諸表注記が含まれる（江・李主編，2006，p.406）。ここでいう法律，行政法規および国務院財政部門の規定とは『会計法』，「企業財務会計報告条例」，「企業会計規定」，「企業財務通則」，「企業会計基準」（基本基準，個別会計基準，指針等）等に該当するものと理解できる。

　したがって，財務会計報告は『会計法』を頂点に据え置かれている「ピラミッド型会計法規範」に準拠すると判断できよう。中国のピラミッド型構造の会計法規範は法的強制力を持っており，かつ，独立性，網羅性を有するシステムとして機能している。『会社法』の適用対象には有限責任会社と株式会社がある。

2．『証券法』と会計法規範

　新中国の誕生に従って，旧政権の下でつくられた会計法，証券法等の法規が廃止され，従来の証券取引も停止されてしまった。その約40年後の1990年に，まず上海、それから，深圳で証券取引所が開設され，両取引所を中心として証券取引が復活し，新中国資本市場が芽生えた。初年度の国内上場会社の数はわずか10社にすぎなかったが，1999年9月には，約10年間で国内上場会社数は920社に上り，香港，ニューヨーク，ロンドン，シンガポールでの上場企業が45社となり，取引されている銘柄数は1,000を突破した[11]。中国

---

11 「証券市場実現質的飞跃」（人民日報〈海外版〉，1999年9月25日より）。

の証券市場の復活・成長に伴い，政府関連部門から公布された証券に関連する通達は当時約250通[12]に達したが，このような状況を背景にして，1992年より起草し始めた『証券法』草案はいくつかの問題点を持っているにもかかわらず，1998年12月29日に公布され，1999年7月1日より実施されることになった。2004年，2005年，2013年，2014年8月31日に4回目の改正案が第12回全人代常務委員会にて採択された。現在，計十二章240条から構成されている（**図表1-5**）。ちなみに，5回目の改正草案が審議中である（2017年現在）。

◆図表1-5 『証券法』の構成（2014年版）

第一章	総則（1-9条）
第二章	証券発行（10-36条）
第三章	証券取引
第一節	一般規定（37-47条）
第二節	証券上場（48-62条）
第三節	継続的情報開示（63-72条）
第四節	禁止される取引行為（73-84条）
第四章	上場企業の買収（85-101条）
第五章	証券取引所（102-121条）
第六章	証券会社（122-154条）
第七章	証券登録決済機構（155-168条）
第八章	証券サービス機構（169-173条）
第九章	証券業協会（174-177条）
第十章	証券監督管理機構（178-187条）
第十一章	法律責任（188-235条）
第十二章	付則（236-240条）

---

[12] 北京大学金融法研究中心編（1999），p.9。

(1) 『証券法』の目的および証券市場の監督管理

　この『証券法』は，①証券の発行と取引行為を規範とすること，②投資者の合法的権益を保護すること，③社会経済の秩序と社会共同（公共）の利益を守ること，④社会主義市場経済の発展を促すこと，を主たる立法目的（第1条)[13]としている。

　中国の国内において，株式，社債および法に従って国務院に認定されたその他の証券の発行と取引が本法に適用される。本法で規定されていないことについては，『会社法』と他の法律，行政法規の規定が適用される（『証券法』第2条）[14]。

　全国の証券市場は国務院証券監督管理機構によって，集中的統一的に監督管理される（『同法』第7条）。ここでの国務院証券監督管理機構とは，「中国証券監督管理委員会」（略称：中国証監会；China Securities Regulatory Commission：CSRC）を指している。中国では，行政管理部門の新設，改組等がしばしば行われるため，証券監督管理部門の具体的な名称を特定せず，原則として国務院証券監督管理機構という通称を用いている。

(2) 情報開示に関する規定と会計法規範

　『証券法』の第二章「証券発行」の第12条では，株式を公開発行するにあたっては，『会社法』に定められた条件に従い，国務院証券監督管理機構の審査・許可を経なければならないと規定している。株式の上場取引の認可を申請するにあたって，法に従って会計士事務所の監査を受けた直近3年分の財務会計報告を提出しなければならない（『証券法』第52条5項）。

　中国の会計士事務所とは日本の監査法人に相当することは限らないのであるが，管轄当局の指定条件に満たせば，それ相応の監査業務が許可される。ここでいう会計士事務所とは財務諸表の監査業務が担当できる公認会計士事務所を指す。財務会計報告書の作成にあたって，準拠すべき規定が何である

---

[13] 中国語原文：第一条为了规范证券发行和交易行为，保护投资者的合法权益，维护社会经济的发展，制定本法。

[14] 中国語原文：第二条在中华人民共和国境务院依法认定的其他证券的发行和交易，适用本法；本法未规定的，适用《中华人民共和国公司法》和其 他法律，行政法规的规定。

かについては,『証券法』には規定されていないが,1999年版の『証券法』の注釈によれば,これらの財務会計報告は財務会計に関わる法律,行政法規および国務院財政部門の関連規定に従わなければならない[15]。2014年版も同様である。1999年当時,ここでいう関連規定には「企業会計基準」,「株式会社会計規定」は含まれていたが,2017現在,「企業会計規定」,「企業財務通則」,「企業会計基準」(基本基準,個別基準,指針等)等に該当するものとも理解できる。

上場企業の「継続的情報開示」に関しては,『証券法』第66条に次のように規定している。「上場企業と社債取引のある会社は毎会計年度終了後,4ヵ月以内に国務院証券監督管理機構と証券取引所に以下の内容を記載した年度報告書を提出・開示しなければならない。

①会社の概況
②企業財務諸表と経営情況
③取締役,監査役,高級管理者の略歴および持ち株数の状況
④発行済み株式,社債の状況,上位10位までの大株主の名簿とその持ち株数を含む
⑤会社の実際支配者
⑥国務院証券監督管理機構が規定したその他の事項

これまで紹介したように上場企業の財務諸表の作成に関する詳細な規定は『証券法』に設けておらず,その作成においては,『会社法』および関連法律,行政法規,国務院財政部門および国務院証券監督管理機構の関連規定に従わなければならないと考える。すなわち,『会社法』,それから『会計法』を頂点とする「ピラミッド型会計法規範」に委ねていることである。

また,財務諸表には,前期と当期の比較形式による貸借対照表,利益および利益処分案,キャッシュ・フロー計算書が含まれる。比較財務諸表の作成にあたっては,企業会計基準,および財政部,中国証監会から公布されたその他の基準,規定に従わなければならない[16]。

---

15 証券法起草小組編写 (1999), p.106。
16 証券法起草小組編写 (1999), pp.125-126。

3.『企業所得税法』と会計法規範

　会計と税収について，Nobes, C.W.氏の分類法によれば，①会計基準と税収制度とは統一するモデル，②会計基準と税収制度とは分離するモデルの2種類がある。財務会計と税務会計との関係について，中国の会計理論界では，3つの観点が紹介されている。つまり，①税務会計と財務会計の統一論，②税務会計と財務会計との協調論，③税務会計と財務会計との分離論（周文華，2009, pp.1-2）である。現代中国においては，会計基準と税収制度とは，ほぼ1990年代より同時に本格的な整備が始まっており，上述のどちらのモデルへの定着もまだしていないのが実情である。

　中国では，経済体制が計画経済から社会主義市場経済へ移行したことに伴って，1990年代より「税法の統一化，税負担の公平化，税制の簡素化，合理的分権化」[17]という基本原則に基づいて税制改革が進められた。現在，『中華人民共和国税収徴収管理法』[18]を含めて，約24種の税収基本法が存在する（劉佐，2016, pp.16-21）。図表1-6では，税収徴収に関する管理法である『税収徴収管理法』と多くの税種の中，最も重要視される『企業所得税法』の整備状況を示したものである。

　『税収徴収管理法』の2014年版第20条によれば，生産・販売等に従事する納税者は財務・会計規定あるいは財務・会計処理方法と会計計算ソフトを税務主管部門に提出することが要求されている。さらに，納税者の課税所得額における財務・会計規定あるいは，財務・会計処理の方法は国務院あるいは国務院財政・税務主管部門の税収に関する規定と抵触する場合には，国務院あるいは国務院財政・税務主管部門の税収規定に従って納税計算を行うべき

---

17 「税法の統一化，税負担の公平化，税制の簡素化，合理的分権化」とは，この基本原則は，税法を統一し，税負担を公平にし，税制を簡潔にし，分権を合理的にし，中央と地方の税分配関係の規範を設け，財政収入を確保し，社会主義市場経済の要求に適応する租税体系を建設することを意味している」（伏見ほか，1997, 261頁）。

18 『中華人民共和国税収徴収管理法』とは，1986年4月21日に国務院から公布された「中華人民共和国税収徴収管理暫定条例」に代わって，1992年9月4日に公布され，1993年1月1日より執行された。その後，当管理法は中国のすべての租税に関する管理規範として用いられ，1995年2月28日に『税収徴収管理法を改正する規定について』に従って改正が行われ，2001年に2回目，2013年に3回目の改正が行われた。

であると明確に定めている。

　したがって，税収規定は納税者に採用されている会計規定や会計処理の方法より優位に立つことは明らかである。

　また，**図表1-6**で示したように，2007年3月16日に主席令第63号にて『中華人民共和国企業所得税法』（八章60条）が公布され，2008年1月1日より施行され，従来の「企業所得税暫定条例」の使命を終えた。この法律では，中国国内の企業と収入のある他の組織は企業所得税法の納税者として企業所得税法に従って納税を行う（『企業所得税法』第1条）。課税所得額は納税者年間の収入総額から徴税しない収入，免税収入，各控除項目額および前年度の繰越欠損金の控除限度額を引いたものとする（『同法』第5条），その収入総額，控除可能項目，控除不可能項目などについて，第6～10条まで簡単な説明が行われている。企業会計法規範と関わる要件については，言及されていないが，第21条では「税法優先適用」の内容が明白に規定されている。つまり「課税所得を計算するにあたって，会社財務，会計処理の方法が，税収法律，行政法規の規定と一致していない場合，税収法律，行政法規の規定に従って計算すべきである」となっている。すなわち，税法と企業会計規定との間に抵触が生じた場合には，国家の関連税収法律と行政規定が優先されることは明らかである。

　さらに，2015年3月に『立法法』の改正案が採択されたことにより，税収法定原則に対して明確に規定された。すなわち，税法の設立，税率の確定と税収徴収管理等における税収の基本的な制度は法律のみによって規定できる。

◆図表1-6　企業所得税法に関する法規範整備

法規範	名称	施行日		名称	施行日
法　律	『税収徴収管理法』	1993年1月1日		『企業所得税法』	2008年1月1日
行政法規	「税収徴収管理法施行細則」	1993年8月4日		「企業所得税法実施条例」	2008年1月1日
行政法規	「企業所得税暫定条例」	1994年1月1日	2008/1/1より廃止	—	—
部門規章	「企業所得税暫定条例施行細則」	1994年1月1日	2008/1/1より廃止	—	—

税収における法規制が"税収法治"の一環として今後も強化されつつあるであろう。

言うまでもなく,税法会計と財務会計とは異なる目的・役割を持っているため,特に中国の会計基準における国際会計基準へのコンバージェンスが実質的に実現したことを背景に,台頭しつつある税法会計と財務会計との分離論が注目されるようになったのが現状である。

4．小　括

現在,中国における社会主義市場経済の発展は初期段階であるため,新たな法規体制と経済秩序が形成されつつあるが,『会計法』,『会社法』,『証券法』,『税収徴収管理法』,『企業所得税法』のような会計関連法規の整備が進むにつれて,相互に調整すべき問題が生じている。その対応としての法律の改正が頻繁に行われている。**図表1-7**では,「改革・開放」という政策が打ち出された1978年から2017年まで40年間にわたって,外資系企業,株式会社,証券市場と密接に関わる主な民商法および企業会計,監査,税制と密接に関わる主な経済法の公布および改正の軌跡である。現段階において,企業会計法規範および会社法,証券法,税法は引き続き整備されつつあるため,これからの改正も頻繁に行われることが予想される。

◆図表1-7　企業会計と関連諸法の公布と改正のタイムリスト

初公布年	諸法の改正年	1990	1992	1993	1994	1995	1996	1998	1999	2000	2001	2004	2005	2006	2007	2013	2014	2015	2016	2017	改正回数
1979	中外合資経営企業法	改								改								改			3
1985	**会計法**			改						改										改	3
1986	外資企業法									改								改			2
1988	中外合作経営企業法									改								改	改		3
1992	**税収徴収管理法**					改					改					改		改			4
1993	**会社法**				改							改	改			改					4
1993	公認会計士法														改						1
1998	**証券法**					改	改					改	改								4
2006	破産法											破産法									0
2007	**企業所得税法**													企業所得税法							0
2007	反独占法													反独占法							0

出所：諸資料に基づき,筆者作成。

 **むすび**

「法の支配」への理解は様々であるが,ブライアン・Z・タマナハによれば,「法の支配という概念は,急速かつ目を見張る勢いでグローバルな理想としての地位を獲得したにもかかわらず,実に捉えどころのない概念である。(中略)中国の法学教授李曙光の言葉を借りれば,「『中国の指導者は法の支配ではなく,法による支配を求めている』」(タマナハ,2011, 4-5頁)。「法の支配」という概念は捉えどころがないという解釈があるからこそ,グローバルな理想概念として国際連合にも用いられている。

2015年9月に国際連合で採択された「我々の世界を変革する:持続可能な開発のための2030アジェンダ」(Transforming our world: the 2030 Agenda for Sustainable Development)では,「法の支配を国家および国際的なレベルで促進する」という目標が掲げられている。国際社会で持続可能な活躍を目指す中国においては,これからも「法の支配」をめぐる体制形成に力を注ぐであろう。とは言え,中国の法系形成は成文法であるという特徴は変わらないままで,「法の支配」と「法治主義」との整合によって,さらに,国際情勢を踏まえながら,国内の法規建設に励んでいくと思われる。

中国会計における法律体制の形成と整備は自国の法制度,経済政策,外資政策,納税制度などの影響を受けながら,諸法律の間の協調を図りながら行われている。これまで概略を述べてきたように,中国会計体制における枠組みの形成に最も規制を与えているのは『憲法』および『立法法』である。

まず,『憲法』の下で,企業を取り巻く主な諸法である『会計法』,『会社法』,『証券法』,『税収徴収管理法』,『企業所得税法』などは並列的な位置関係が形成されている。**図表1-8**で示したように,財務諸表の作成などの会計業務に関しては,『会社法』および『証券法』の規定は『会計法』および関連法規範に委ねていることと,税法および関連規定が会計法規範より優先されることが現状である。

それから,『立法法』に基づいて定められている階層的な法規範構図である。

◆図表1-8　現代中国会計における法的枠組みの構図

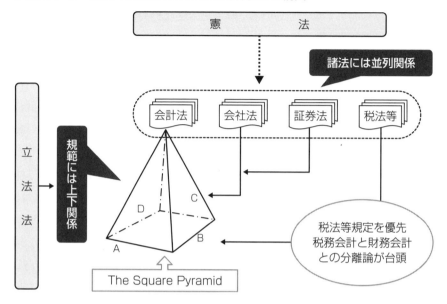

出所：筆者作成。

　会計に関する法規範の設定においても例外なく階層的な「ピラミッド型会計法規範」が形成されている。企業所有形態の多元化につれて，所有と経営の分離が進む中，会計情報を利用する現代企業を取り巻く主な外部利害関係者としての株主，投資者および債権者への保護には，とかく各種の明文化した条文から構成されている法律に委ねられていると同時に，法の下に制定されている各種の規則・基準・規定も大きな役割を果たしている。

　1990代頃に行われていた国際会計における先行研究の中で，最も知られている会計の分類型の1つは，ミューラー，ガーノンおよびミークが論究した包括的な一般化水準で識別された①英米モデル，②大陸モデル，③南米モデル，④混合経済モデル，⑤国際基準モデル，⑥共産主義国における会計という6つのモデルである。ミューラーらは当時の中国会計に対して，大陸モデルに分類せず，共産主義における会計の部分では，「中国の基本的な会計制度はマルクス主義者の原則と首尾一貫している。市場経済の概念と実務が徐々

に優勢になるにつれて、指令経済の会計は衰退しはじめた。中国は混合経済会計モデルへうまく移行していっているとみてよいであろう」との指摘があった（ミューラーほか，1999，19頁）。

　当初，おそらく，社会主義体制に市場経済の概念が導入されたことは中国法規体制の実態よりはるかに大きなインパクトをミューラーらに与えていたと思われる。当時の中国会計は混合経済会計モデル以外に，例えば，会計における成文法の存在というような大陸型または大陸モデルとしての特徴，また，会計基準の国際的共有による国際基準モデルとしての特徴などを有したことは重要視されていなかったであろう。とは言え，中国会計は上述の6つのモデルの中のどれに完全に当てはまるかは難しいと言わざるを得ない。

　現代中国においては，明文化された『会計法』の存在によって，会計理論を会計規制設定の依拠であるということにより，『会計法』という法律を規範体制，設定体制の根拠とし，国務院財政部門が統一した会計規範を制定公表するアプローチを取っている。**図表1-8**で示したように『会計法』を頂点にする多面体の「ピラミッド型会計法規範」が形成されつつある。2章では，この多面体である「ピラミッド型会計法規範」の検討を行う。

第2章

ピラミッド型会計法規範

I はじめに

　21世紀を迎えるとともに，国際会計基準への関心と対応は多くの国・法域での会計研究のホットスポットとなった。これを背景に，一国の会計制度のあり方もできる限り明白に描くことがなおさら欠かせなくなった。なぜなら，国際会計基準におけるあらゆる対応はその一国にある既存の会計制度という土台で行われるのである。さらに，その土台は国際会計基準への対応により，絶えず新たな姿に変わっていく。この一連の変化を捉えることこそ，その一国の会計制度を究明する過程でもある。一国の会計制度を究明することは決して容易なことではないと認識しながら，敢えてここで現代中国会計制度の1つあり方として，すなわち，ピラミッド型会計法規範をめぐる初歩な検討を試みる。ここで用いる"現代中国会計"の時間軸は西洋式簿記が伝来した20世紀初期，すなわち中華民国の時期を起点とする。

　周知のように，中国最後の封建王朝である清王朝は辛亥革命の勃発により終焉を迎えたのち，1912年に中華民国が誕生した。その後，絶え間ない戦乱を経て，1949年に中国共産党が中華人民共和国を樹立して現在に至る。新中国では，社会主義計画経済の建設が急速に進められてきたが，1979年に「対内改革・対外開放」という新しい政策が打ち出され，1984年に経済政策の目標は，計画経済の建設から計画的商品経済の建設へと転換され[1]，経済関連法規の整備も急務となっていた。さらに，1993年以降，社会主義市場経済が憲法改正によって確立されたことを背景に，中国は積極的な市場政策を取り入れ，持続的な高度経済成長を実現させている。2001年に中国は世界貿易機関（World Trade Organization：WTO）への加盟を果たし，グローバル経済への参入が本格的な展開を迎えた。2014年に，さらなる一歩として，中国で開催されたアジア太平洋経済協力首脳会議にて，"一帯一路"の経済圏構想が

1　1984年10月の中国共産党の第12回3次会議で中国の経済現代化を実現する必須条件として，計画的商品経済の実行が明確に決定された。詳しくは，孫健（1999）p.2130を参照されたい。

初披露となった。2017年に"一帯一路国際協力サミットフォーラム"の開催が成功を収めた。同年,"一帯一路"は中国共産党の党規約にも盛り込まれていたのである。

　上述したような異なる政治的・経済的な社会背景に置かれた現代中国会計は様々な局面を経験し,今日まで発展してきた。前章では,現代中国会計の法的枠組みを紹介するにあたって,『会計法』を頂点とする多面体であるピラミッド型会計法規範の存在のみに言及した。本章では,まず,現代中国会計の展開を時間軸に沿って段階に分けて紹介する。それから,この展開によって形成された多面体のピラミッド型会計法規範を４つの側面から描きたい。最後に,ピラミッド型会計法規範に収められているChinese GAAP（4章Ⅱ参照）の形成をめぐって,中国特有の借　鑒式アプローチ（IFRSをそのまま採用せず手本とする方式）を紹介する。
_{ジィエジィエン}

現代中国会計の段階的展開

　現代中国会計の段階的展開について,経済体制,会計法規範の構造,会計戦略,会計ルールのモデル,記帳法,会計等式,バランスシート,企業形態,主な会計情報利用者の側面から検討を行い,その結果,経済体制と会計規制の変化に着目し,資本主義萌芽期段階（1912～1948年）,計画経済段階（1949～1978年）,「改革・開放」段階（1979～1992年）,市場経済段階（1993～2005年）,グローバル経済段階（2006～2018年）の５つの段階に区分することができる。図表２－１では,各側面に基づいて区分した５つの段階の簡略図であるが,以下では各経済段階を背景にした会計規制の展開における主な特徴を紹介する。

１．資本主義萌芽期段階（1912～1948年）

　この段階は清王朝の統治から中華民国体制に入っており,半封建・半植民地または資本主義の萌芽というのが当時の経済状態または特徴であった。中国の固有単式簿記・伝統的複式簿記から,改良中式簿記・西洋式簿記（複式

簿記)への移行が図られ，多くの記帳法が共存していた。その中でも，米国や日本から中国に伝来した西洋式簿記は今日に至るまで存続している（王昱，2001，40-42頁）。また，会計理論の研究において，ペイトンとリトルトンの『会社会計基準序説』が中国で翻訳・紹介されたが（詳細は7章を参照），戦乱のため，進展することはなかった，にもかかわらず，この時期に導入された西洋式簿記および会計理論研究の始動は現代中国における会計規制の形成には草分け的存在となったことは違いないのである。

2．計画経済段階（1949～1978年）

計画経済段階では，周知のように，毛沢東政権に基づき，戦乱後の経済復帰は旧ソ連に学ぶことが多かった。このため，旧ソ連式会計モデルが1950年代に確立されたが，当該モデルは，両国友好関係の悪化・文化大革命などの影響で，その後ほとんど進展することはなかった。しかしながら，国営企業の会計実務においては，旧ソ連式会計モデルが主流となり，英米式会計モデルについては貸借記帳法だけが存続することとなった。この段階は，中国会計発展史上の停滞期とも言われている。

3．「改革・開放」段階（1979～1992年）

1979年の「改革・開放」政策によって，外国資本の導入や外資系企業の設立が認められるようになり，同年，財政部会計制度課（中国語：財政部会計制度司）が再設置されたことを契機に，会計法規範における本格的な改革・整備が始まった。その結果，1985年に，『中華人民共和国会計法』と「中外合資経営企業会計規定」[2]が公布された。のちに，この規定に従って，「中外合資経営製造業企業勘定科目と財務諸表」[3]に関する規定も財政部より制定・公布された。中外合資経営企業限定で貸借記帳法や財務諸表などの資本主義先進諸国にある会計慣行が約30年振りで再び中国に導入されたのであった。

2　中国語：「中华人民共和国中外合资经营企业会计制度」（1985年3月4日に財政部より公表）。

3　中国語：「中外合资经营工业企业会计科目和会计报表」，1985年4月24日に財政部より公表され，外資系企業で使用される勘定科目の名称，財務諸表の様式などが定められている。

1990年と1991年に上海証券取引所と深圳(せん)証券取引所の開業に伴い,「株式試行企業会計規定」も上記外資系企業会計規定などを参考にして制定された。さらに,現行のChinese GAAP(詳細は3章)にも会計基準の別項に勘定科目と財務諸表様式を設置して公表するスタイルがキープされている[4]。したがって,当時の中国本土において,中外合資経営企業に中国の会計規定ではなく国際会計慣行を導入するということは,現代中国会計における国際化への第一歩を踏み出したと考えられる。同時に,外資系企業は中国の国内経済だけではなく,国内会計インフラ整備にも欠かせない大きな役割を果たしていたと認識している。また,当時再建されつつあった中国の資本市場も現代中国会計法規範の研究・整備に大切なプラットフォームの役割を提供したのである。

4. 市場経済段階(1993~2005年)

1993年に中国の『憲法』改正により,中国では「市場経済を実行する」という運びになった。この段階において,国際化の顕著化とWTOへの加盟の成功を背景に現代中国会計法規範の動きを捉えてみる。

その1:企業会計基準の登場(1993~2000年)

1993年7月1日に国際会計基準(International Accounting Standards:IAS)や英米式会計を参考に初めて明文化された「企業会計基準—基本基準」(以下,企業会計基準と称す)が導入され,現代中国会計規制における国際化の動きが顕著になりつつであった。一方,国内ピラミッド型会計法規範の構成は会計法と各種会計規定の2階層から,会計法,企業会計基準,各種会計規定の3階層まで整備されるようになった。これに伴い各種の会計規定が順次に会計基準に従って改正された。特に1993年から1996年にかけて,「改革・開放」の展開と市場経済の導入に伴い,これまでの計画経済下での会計規定は民営化されつつある国有企業および外資系企業への対応が不十分となっていたため,会計規定の大幅な見直しと関連法規の整備が行われていた。計画

---

[4] 財政部に制定・公表された勘定科目と財務諸表様式はChinese GAAPの構成内容となっている。2017年12月25日に,財政部がいくつかの個別会計基準の改訂内容に対応するため,一般的な企業財務諸表様式における改訂の知らせを公表した。http://kjs.mof.gov.cn/zhengwuxinxi/zhengcefabu/201712/t20171229_2790889.html

経済的な要素を残しながらも記帳方法（貸借記帳法に統一）や財務諸表体系（貸借対照表，損益計算書，キャッシュフロー計算書を主要財務諸表とする体系）などの国際的な会計慣行を取り入れたのであった。

その2：企業財務会計報告条例の登場（2001～2005年）

1995年に中国はWTO加盟を旧ガット（関税と貿易に関する一般協定：GATT）の失効により再申請したが，EUと米国においては，中国の市場経済国認定がなされないまま，2001年12月11日に念願のWTO加盟を実現したのである。市場経済国の地位を獲得することは中国における会計規制の国際的調和化がさらに加速された一因ともなっていたであろう。2001年1月1日より，「企業財務会計報告条例」（国務院令第287号）が財務諸表の作成および開示を行う企業を対象に適用し始めたのである。この条例は中国の会計基準および各種の会計規定を制定・公布する財政部ではなく，中国国務院から公表されたものであり，「企業会計基準」よりも強い法的強制力を持つものである。この条例に定められている会計基本要素である資産・負債・所有者持分・収益・費用の内容は国際会計基準委員会（International Accounting Standards Committee：IASC）の「財務諸表の作成及び表示に関するフレームワーク」を参照して作成されたため，のちに制定された全企業[5]に適用する「企業会計規定」の制定根拠ともなっている。この条例の公布により，中国現代会計法規範のピラミッド型構造が3階層から4階層に変わったのである。当時，4つの階層に置かれている諸会計法規範の適用対象は同一分類ではないのだが，各種の会計規定などの整備につれて，このピラミッド型会計法規範はより充実・拡大され，Ⅲでは四角錐状のピラミッド型会計法規範を解説する。

また，この段階より「企業会計基準」と「企業財務会計報告条例」のどちらかは中国版概念フレームワークに相当するかにおける議論が中国で展開し始めており，第1次「北京声明」を契機に政府主導の下でIFRSへのコンバージェンスが本格的に動き出したのである（詳細は3章を参照）。

---

[5] 全企業とは海外資金調達を行っている企業，比較的，経営規模が小さい企業，金融保険業以外の企業を指す（企業会計規定（中国語：企業会計制度）第2条により）。

◆図表2-1 現代中国の会計法規範における一覧表

		年代	経済体制	会計法規範の構造	会計戦略	会計ルールのモデル	記帳法	会計等式	バランスシート	主要な企業形態	主な会計情報の利用者
中華民国	①	1912-1948	半封建・半植民地資本主義の萌芽	民国時期『会計法』、民間慣習、非統一業種別会計規定（会計理論導入の始動期）	主に民間人による伝入	伝統的中式会計英米式	会計伝統的中式記帳法 貸借記帳法	四柱決算等式 資産＝負債＋資本	紅帳 貸借対照表	公営企業 半官半民企業 株式会社 個人企業	他政府、株主、投資家、債権者等の利害関係者
中華人民共和国	②	1949-1978	社会主義計画経済	単層構造業種別・所有制別会計規定	政府主導	英米式会計 旧ソ連式会計	収付記帳法 貸借記帳法 増減記帳法	資産＝負債＋資本 から 資金の占用＝資金の源泉へ変更	貸借対照表から資金平衡表へ変更	国営企業 集団企業 人民公社 個人企業 他	マクロ経済管理のため、政府、企業、行政部門等主管部門に会計データを提供
	③	1979-1992	「改革・開放」か始動 計画経済から商品経済へ	2階層：新中国『会計法』業種別・所有制別会計規定	政府主導 国際的な調和化	英米式会計 旧ソ連式会計 IASCのIAS	収付記帳法 貸借記帳法 増減記帳法	資金の占用＝資金の源泉資産＝負債＋資本両者併存	資金平衡表 貸借対照表の復活両者併存	国営企業 集団企業 外国投資系企業 株式会社 個人企業 他	政府、行政部門、企業、株主、投資家、債権者等の利害関係者に計情報の提供
	④	1993-2000	社会主義市場経済	3階層：法、基準、規定	政府主導で趨同戦略の布石	IASと米国基準	貸借記帳法に統一	資産＝負債＋所有者持分に統一	貸借対照表に統一	国有企業 集団企業 外国投資系企業 株式会社 非営利組織 個人企業 他	上記に以外、海外の金融機関、企業、株主、債権者、投資者等の利害関係者に会計情報の提供
		2001-2005	WTO加盟	4階層：法、条例、基準、規定	政府主導で趨同・等効戦略の幕開け	IFRSと米国基準					
	⑤	2006-2018	グローバル経済	『会計法』とChinese GAAPのハイブリッドによるピラミッド型会計規範構造の形成	政府主導の趨同戦略は持続的から全面的なコンバージェンスへ展開	IFRS 同時に関与強化					

出所：筆者自作成。

ピラミッド型会計法規範 第2章

5．グローバル経済段階（2006～現在）

　この段階において，中国当局による「改革・開放」，「市場経済の実行」が持続的に行われながら，さらにグローバル経済の目線で会計規制のインフラ整備に全力投球してきたのである。その結果，政府主導での会計趨同（Convergence，中国語：趨同）・等効（Equivalence，中国語：等効）戦略が大いに展開され，特に，会計趨同戦略（詳細は3章）においては，IFRSへの実質的（2006～2009年），持続的（2010～2014年），さらに全面的なコンバージェンス（2015～2018年現在）へとステップ・バイ・ステップで着実に実現されつつある。ここでのねらいは，調整措置なしの中国製財務諸表を世界の資本市場で通用させることにある。そこで，中国特有の借鑒式アプローチを用いて，IFRSに対して，斟酌しながら中国の会計法体制に取り入れた結果，Chinese GAAPを設定することになったのである。さらに，このChinese GAAPを『会計法』の下に配置し，上場企業におけるピラミッド型会計法規範の初歩的な構図を完結させたのである。

　したがって，英米法系（コモン・ロー）を背景に設定されたIFRSと大陸法系を背景に採択された『会計法』を同時に中国の会計法規範に収めたが，もちろん，中国にとって，IFRSへのコンバージェンスだけではなく，IFRSの改訂・策定への直接的な関わりが多くなっており，さらに，IFRS財団および関連機構へのメンバー入りを通じて，IASBに対する発信力と発言権の強化を目指している。

　また，Chinese GAAPは欧州連合（European Union：EU）による同等性評価も得られたことで，「市場経済国」地位の認定につながるとも思われていた。中国は2016年12月にWTO加盟して15年の節目を迎え，WTO協定上において，中国は市場経済国の地位を自動的に取得したとのことを再度EUと米国に強く主張していた。しかしながら，2016年7月に欧州委員会（European Commission：EC）は中国を「市場経済国」と認定せずと発表[6]，さらに，

6　「中国を「市場経済国」と認定せず　欧州委が基本方針」（日本経済新聞，2016年7月21日より）。https://www.nikkei.com/article/DGXLASGM21H8C_R20C16A7FF1000/

2017年11月に米国は中国の「市場経済国」認定を見送る方針も固めたのである[7]。この問題は双方間の対立が解消できないまま今日まで続いている。

ピラミッド型会計法規範における4つの側面

　前述したように，中国の会計法規範について，経済体制や国際情勢に応じながら，各種の整備活動が各分野で行われている。その結果，企業会計だけではなく，公会計，非営利会計などの多くの会計規範が整備されつつあることが判明した。したがって，現代中国会計制度とは『会計法』を頂点とする国家統一の会計制度であり，国家財政部門により制定される。また，『立法法』に従って階層的な法規体制が形成されるため，ここでは，ピラミッド型会計法規範構造と名付ける。このピラミッド型会計法規範について，①会計行政管理，②企業会計基準，③企業会計規定，④公会計・非営利組織会計規範の4つの側面から考察を試みる。

　まず，**図表2-2**で示したような多種多様な法人形態のデータを手がかりに，下記の4つの側面からそれぞれの法人に適用されている会計法規範の確認を行った。

・会計行政管理的な側面A：
　　すべての法人に適用する会計業務担当・監督等に係る主な法規範
・企業会計基準的な側面B：
　　主に上場企業に適用する法規範
・企業会計規定的な側面C：
　　主に非上場企業に適用する主な法規範
・公会計・非営利組織会計的な側面D：
　　企業法人以外の法人に適用する主な法規範

7　「米，中国の「市場経済国」認定見送りへ　貿易摩擦拡大の恐れ　米英メディア」（日本経済新聞，2017年11月30日より）。
　https://www.nikkei.com/article/DGXMZO24100690Q7A131C1FF2000/

◆図表2-2　多種多様な企業形態とピラミッド型会計法規範略図

多種多様な企業形態			法人数（2013年）単位：万社	
企業法人	内資企業	国有企業	11.3	
		集団企業	13.1	
		株式合作企業	6.5	
		聯営企業	2	
		有限責任会社	149.4	
		株式会社	12.3	
		私営企業	560.4	
		その他の企業	45.6	
		小計	800.6	
	外国系投資企業		10.6	
	香港・マカオ・台湾投資企業		9.7	
計				820.9
機関・事業法人			103.7	
社会団体とその他の法人			161.1	
合計				1,085.7

（ピラミッド図：側面A、側面B、側面C、側面D（A、B、C、Dの頂点で構成））
側面B、側面C → 企業法人 → 法人
側面A → 企業法人
側面A → 機関・事業法人、社会団体とその他の法人

出所：中華人民共和国家統計局2014年12月16日公布した「第三次全国経済調査主要データ公報」（第一号）の法人分類及び法人者数に基づいて筆者作成。

図表2-2で示した各種の企業形態の企業に適用されている法規範を確認した結果，上記4つの側面から構成される四角錐状のピラミッド型会計法規範の構図が浮かび上がったのである。すべての側面の頂点に置かれているは言うまでもなく『会計法』であり，その次に行政法規等がある。各側面の詳細な法規範の構成内容について，以下，それぞれ図表を用いて紹介する。

1．行政管理的な側面A

図表2-3Aで示したように，『会計法』と関連する行政法規等に基づいて，各種の部門規章や部門規定が制定されている。これらの規範が図表2-2で示したすべての法人1,085.7万社（2013年）に適用されている。2017年の『会計法』改正に伴い，図表2-3Aで取り上げた会計業務の担当・資格・監督

に係る諸規章・規定は**図表2-3 A**の備考欄に記しているように廃止手続き中であったり，改正手続き中であったり，改正予定であったり[8]というのが現状である。これらの規範は会計基準・会計規定の執行業務にあたって，各担当者への各種の要請であるため，ここでは，会計業務における行政管理上の側面としての位置づけをし，すべての企業の経理業務担当者および企業の責任者はこれらの行政的な法規範に従うべきである。

◆**図表2-3A　行政的な側面A：会計業務の担当・執行・監督に係る主な法規範**

根拠法規	『会計法』と行政法規など		施行日	備考欄
行政法規	1990年国務院令第72号	「総会計師条例」	1990年12月31日	1978年に公布された「会計担当者職権条例」にある関連規定は廃止
部門規章	2001年財政部令第10号	「財政部門による会計監督の実施方法」	2001年2月20日	改正なし
部門規章	2012年財政部令第73号	「会計従事資格管理方法」	2013年7月1日	2000年版廃止 2005年版廃止 『会計法』改正のため，2018年1月に左記規定は廃止手続き中
部門規章	2006年財政部令第80号	「代理記帳管理方法」	2006年5月1日	2005年版は廃止 『会計法』改正のため，左記規定の改正案が2017年11月20日に公表
部門規定	1996年財政部公布	「会計基礎業務規範」	1996年6月17日	1984年4月24日に公布された「会計担当者業務規則」は廃止，『会計法』改正のため，左記規定改正案が2017年11月20日に公表
部門規定	財会[2013]18号	会計担当者継続教育規定	2013年10月1日	2006年版改正 『会計法』改正のため，左記規定は2018年1月以後改正予定

出所：筆者作成。

また，『会計法』の改正においては，主に会計業務担当者への規制緩和と見られている。以前に要求された会計従事資格が廃止され，改正後の内容は下記のとおりである：「第三十八条　会計担当者は，会計業務を従事するた

---

[8] 財政部（2017）「关于认真做好宣传贯彻新《会计法》有关工作的通知」財会[2017] 27号 http://kjs.mof.gov.cn/zhengwuxinxi/gongzuotongzhi/201711/t20171109_2746973.html

め必要とされる能力を備えるべきである。法人の会計部門の責任者を担う人（会計主管担当者）は、会計師以上の専業技術職務資格を備える、あるいは会計業務に三年以上従事する経歴を有すべきである。本法で称する会計担当者の範囲は国務院財政部門が規定する」。

このように行政管理的な側面から観察したピラミッド型会計法規範は、主に会計業務に従事するための行政上の要請も『会計法』および関連行政法規に従って制定されている特徴が明らかになっており、下層にいくにつれて、法的効力が低下していくが、規定の内容はより具体的に定められている。

2．企業会計基準的な側面Ｂ

図表2-3Ｂで示したのが上場企業に強制適用されている基準的な側面である。図表2-2で示した株式会社12.3万社の中で、2,489社[9]の上場企業がこれらの基準的な側面から見た諸規範を使用している。もちろん、中国当局は一部の非上場大中企業にも強制適用と命じており、また、一部の企業に基準の自主採用を推奨している。

これらの規範の適用会社と企業法人との割合がわずか0.03％しかないにもかかわらず、この側面は中国企業会計法規範において、最も重要な側面であり、同時に、IFRSへのコンバージェンスを実現した証ともなっている側面である。制定根拠法としては例外なく『会計法』と関連する行政法規等に基づいて、「企業会計基準―基本基準」、個別会計基準、応用指針、基準解釈が財政部に制定された。上層にいけばいくほど法的強制力が強くなっていき、下層にいけばいくほど規範の具体性が増していくことはこの側面から見たピラミッド型会計法規範の特徴である。また、前述したように法と基準との相乗効果によって、中国における企業会計システムが支えられる一面もうかがえるのである。

図の中心部にある「企業会計基準―基本基準」とそれ以下の規範からChinese GAAPが構成されている（詳細は次章以降を参考にされたい）。

9　財政部会計司（2014）「我国上市公司2013年实施企业内部控制规范体系情况分析报告」
http://kjs.mof.gov.cn/zhengwuxinxi/diaochayanjiu/201410/t20141009_1147429.html

◆図表2-3B　基準的な側面B：主に上場企業法人に強制適用される法規範

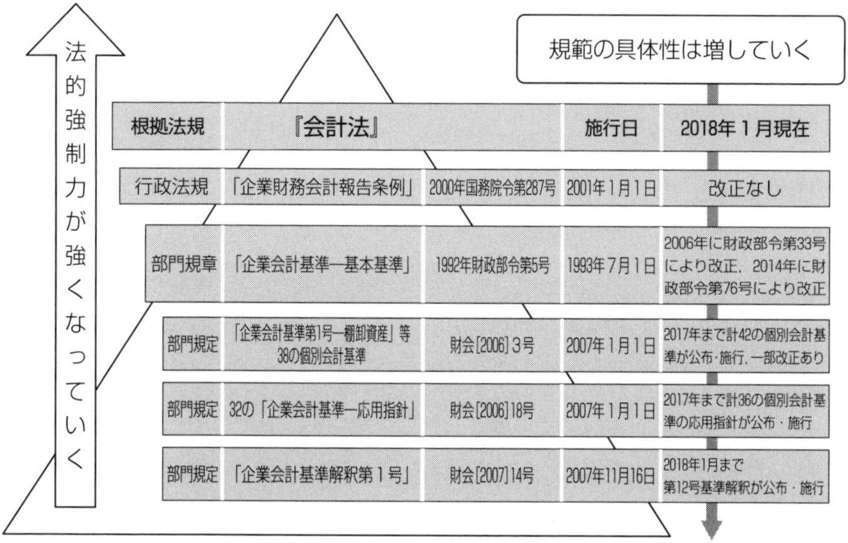

法的強制力が強くなっていく

規範の具体性は増していく

根拠法規	『会計法』		施行日	2018年1月現在
行政法規	「企業財務会計報告条例」	2000年国務院令第287号	2001年1月1日	改正なし
部門規章	「企業会計基準―基本基準」	1992年財政部令第5号	1993年7月1日	2006年に財政部令第33号により改正，2014年に財政部令第76号により改正
部門規定	「企業会計基準第1号―棚卸資産」等38の個別会計基準	財会[2006]3号	2007年1月1日	2017年まで計42の個別会計基準が公布・施行，一部改正あり
部門規定	32の「企業会計基準―応用指針」	財会[2006]18号	2007年1月1日	2017年まで計36の個別会計基準の応用指針が公布・施行
部門規定	「企業会計基準解釈第1号」	財会[2007]14号	2007年11月16日	2018年1月まで第12号基準解釈が公布・施行

出所：筆者作成。

3．企業会計規定的な側面C

　規定の中国語表現は漢字の"制度"となっているが，ここでは広義の制度を指す場合，制度の表現を用いるが，狭義の制度，すなわち，明文化された条文がある場合，規定の表現を用いる。例えば，中国語の「企業会計制度」を「企業会計規定」と表現する。

　したがって，ここでは，基準的な側面とは異なる規定的な側面からピラミッド型会計法規範を観察する。これらの規定的な側面に含まれている諸規範は**図表2-3C**で示したB以外の企業法人に適用されている。**図表2-2**で示した企業法人数から上場企業数を除いて約99.96％の8,206,511社がこれらの規定的な側面に属される諸規範を執行している。外資系企業も2002年よりこの側面にある「企業会計規定」に従って，会計処理を行うことになったのである。

◆図表2-3C　規定的な側面C：B以外の企業法人に適用する主な法規範

根拠法規	『会計法』と行政法規など		施行日	備考欄
行政法規	2000年国務院令第287号	「企業財務会計報告条例」	2001年1月1日	改正なし
部門規章	1992年財政部令第5号	「企業会計基準―基本基準」	1993年7月1日	2006年に財政部令第33号により改正，2014年に財政部令第76号により改正
部門規定	財会字[1992]67号	「工業企業会計規定」	1993年7月1日	企業会計規定や小企業会計基準の導入を背景に財会[2015]3号により廃止
部門規定	財会[2000]25号	「企業会計規定」	2001年1月1日	株式会社に適用，2002年1月1日より中外合資企業に適用
部門規定	財会[2001]49号	「金融企業会計規定」	2002年1月1日	上場している金融企業に適用
部門規定	財会[2011]17号	「小企業会計基準」	2013年1月1日	財会[2004]2号により公布・施行された「小企業会計規定」が廃止

出所：筆者作成。

　図表2-3Cの備考欄で示したように，異なる業種の企業には異なる会計規定が用意されており，これらの規定は『会計法』と「企業財務会計報告条例」に従って，財政部に制定・公布されている。「企業会計基準―基本基準」は部門規章として表示されているが，行政法規である「企業財務会計報告条例」は各規定内容において言及されていることが多いのである。例えば，「企業会計規定」の第151条には企業は「企業財務会計報告条例」の定めに従って，真実かつ完全な財務会計諸表を作成・外部に提供すべきであると規定されている。また，「工業企業会計規定」など計13種の業種別会計規定が1993年に「企業会計基準―基本基準」従って制定・公布されたが，2001年に「企業会計規定」，2013年に「小企業会計基準」の整備につれて，これらの業種別会計規定の多くが少しずつ廃止されていく傾向が現れていた。財政部の廃止通知によれば，上記13種の業種別会計規定の中で，すでに6つ[10]の会計規定が廃止されたのである。

---

[10]　財政部（2015）によれば，《工業企業会計制度》，《旅游・飲食服務企業会計制度》，《商品流通企業会計制度》，《施工企業会計制度》，《房地産開発企業会計制度》，《対外経済合作企業会計制度》がすでに廃止された。

これらの規定的な側面に会計規定の形式ではない「小企業会計基準」がある。この基準の前身は「小企業会計規定」であったが，2009年に，IASBに公表された「中小企業のための国際会計基準（International Financial Reporting Standards for Small and Medium sized Entities：IFRS for SMEs）」の登場によって，中国当局は「小企業会計規定」を廃止し，改めて「小企業会計基準」を制定・公布したのである。この基準の内容によれば，当基準が「企業会計基準—基本基準」に基づいて制定されたことが言及されていない，また，第1章第3条によれば，「企業会計基準—基本基準」を執行している小企業は同時に「小企業会計基準」を使用してはいけないことが定められている。

　したがって，この規定的な側面から見たピラミッド型会計法規範においては，「企業会計基準—基本基準」より「企業財務会計報告条例」のほうがより諸規範の制定根拠となっていることはこの考察を通じて明らかになった。同時に，99.96％の企業に適用されている規定的側面には，基準的な側面と比べてみると，下層にいけばいくほど具体性が増していく特徴が顕著ではないことが判明したのである。その代わりに，規定レベルにおいては，業種別と規模別によって，会計規定の設計配置が行われている傾向が見られている。例えば，**図表2－3C**で示した部門規定では，一般企業，金融系企業，小企業における会計規定は，業種別・規模別で設けられている。それぞれの会計規定および基準には，勘定科目や財務諸表に関する詳しい内容が含まれている。

　したがって，基準的な側面Bと比較して見ると，規定的な側面Cは報告条例を基に業種別・規模別の会計規定が整備され，基準的な側面Bは，企業会計基準—基本基準を基に個別会計基準が整備されている特徴が見えてくる。

4．公会計・非営利組織会計的な側面D

　近年，会計基準の標準化は企業会計領域にとどまらず，公会計の領域にまでも及んでいる。中国も国際公会計基準審議会（IPSASB）のメンバーとして，積極的に活動している。国内においては，**図表2－3D**で示したように，特に2012年以後，多くの公会計等的な諸規範が設定・公表された。

◆図表2-3D　公会計等的な側面D：企業法人以外の法人に適用する主な法規範

根拠法規	①会計法と②行政法規など	施行日	①会計法と②行政法規など	施行日	備考欄
行政法規	存在しない				
部門規章	2012年財政部令第72号	③「事業法人会計基準」(①と②)	2013年1月1日	2016年財政部令第79号	④「政府会計基準—基本基準」(①と②)	2017年1月1日	根拠法として『会計法』の他に『予算法』がある
部門規定	財会[2004]7号	「事業法人会計規定」	1997年1月1日	財会[2016]12号	「政府会計基準第1号—棚卸資産」(④)	2017年1月1日	2017年現在計6つの個別会計基準が公布・施行
部門規定	財会[2013]30号	「高等学校会計規定」(①と③)	2014年1月1日	財庫[2015]192号	「財政総予算会計規定」(①と②)	2016年1月1日	財予字[1997]287号により公布・施行された同規定は廃止。根拠法として『会計法』の他に『予算法』がある
部門規定	財会[2004]7号	「民間非営利組織会計規定」(①と②)	2005年1月1日				

出所：筆者作成。

　現在，直接的な諸規範とかかる行政法規は明文化されていないが，諸規範名の前にある番号は①会計法，②行政法規など，③事業法人会計基準，④政府会計基準—基本基準の各内容を指している。規範名の後に記した番号はそれぞれの規範の設定根拠となる上記の①から④までの内容を示している。これらの諸規範は**図表2-2**で示した機関・事業法人，社会団体とその他の法人に適用されている。法人全体数1,085.7万社の約24％を占めており，意外と多いが，社会主義市場経済国の中国では機関・事業法人の役割は欠かせないため，なおさら公会計等における諸規範の整備も急を要すると感じられる。詳細な検証は今後の課題としたい。

借鑒式アプローチの定着

　これまで，現代中国会計法規範の構造について，4つの側面から考察してきた。ピラミッド型的な特徴を明らか持っている側面とは基準的な側面であった。前述したようにこの側面とは，すなわち上場企業に適用する法規範の側面である。この側面に当てはまるChinese GAAPは中国の国家会計戦略である趨同・等効の産物とも言えよう。グローバル経済の進行に伴い，会計情報の比較可能性，透明性がより要請されるようになったことを背景に，中国はIFRSへのコンバージェンスに執念を見せている。米国，日本およびEU

では，IFRSへの対応において，様々なアプローチが導入されているが，中国の場合には，最初から借鑑式アプローチをブレずに用いている。このアプローチを通じ，IFRSとの調整・照準をしながら，ピラミッド型会計法規範は整備されつつあるのが現状である。以下では，前述した基準的な側面の内容を踏まえて，コンバージェンスとアドプションの二者択一にこだわらず，国益を最優先するために用いている「借鑑式アプローチ」を検討する。

1．現行のIFRSへの対応アプローチ

2014年時点では，IFRSを採用する国の数は法域をまたいで105ヵ国を超えていると言われるが，IASBあるいはIFRS財団による「採用」に関する詳細な定義について，必ずしも確定された見解は見られていない。EUのようにIFRSに対してカーブアウト付きの採用もあれば，カナダのように純粋なIFRSを採用する国もある。一方，米国，日本，中国のように，すでにコンバージェンス国としてIASBに公認されたケースもある。

コンバージェンスとアドプションをめぐる中国の対応をより理解するために，ここでは，上述したように公認されている「コンバージェンス国」あるいは「採用国」をめぐって，IFRSへの対応アプローチのしかたを分類してみる。

(1) フル・アドプション式アプローチ

フル・アドプション式アプローチとは，共通語は英語であるカナダのようにWord for Word（英語のまま）でIFRSをフル採用する，または，韓国のように自国の言語に翻訳してIFRSをフル採用するアプローチを指す。このようなアプローチを行う国あるいは法域にとって，自国上場企業に適用する会計基準の設定権は事実上IASBに譲られる。また，フル・アドプションを満たす要件については，必ずしも明確ではないのが現状である。

(2) カーブアウト式アプローチ

カーブアウト式アプローチとは，EUのようにIFRSをカーブアウト（適

用除外）付きでアドプションが行われているアプローチを指す。EUでは，暫定的にIAS第39号「金融商品の認識及び測定」のヘッジ会計に関する要求事項の一部が取り除かれる条項で，EU版IFRSのアドプションが行われている。しかしながら，Pacter（2014，121頁）によれば，約8,000社の上場企業のうち，20社程度のみEU版IFRSを使っており，99.5％の上場企業はIASBのIFRSを使用している。また，改訂・新規とされたIFRSの一部については，エンドースメント（承認）手続きが進行中である。一方，より多くの外国企業の資金調達がEU域内で行われるため，他国のGAAPに対して，EUによる同等性評価も導入されている。

(3) **共同作業式アプローチ**

共同作業式アプローチとは，アドプションをしない国あるいは法域では，米国，日本のようにIASBとの間で基準差異を取り除くための共同作業を設け，コンバージェンスを推進しているアプローチを指す。このアプローチを行うには，自国の会計基準がすでに存在していることが要件となっている。現存の自国基準とIFRSとの差異を段階的に縮小する，または取り除く作業によって，IFRSへのコンバージェンスを実現することである。同時に，エンドースメント手続きを用いて，IFRSを自国に導入することもある。日本はその一例であり，その結果，日本での4つ目の基準である「修正国際基準」（JMIS）が登場した。米国では，IFRSの個々の基準に対するエンドースメント手続きを特段に設けていないが，SECのメンバーがコンバージェンス（Convergence）にエンドースメント（Endorsement）を加えてコンドースメント（Condorsement）という新しい造語[11]を用いて，IFRSへの対応アプローチをする時期もあった。また，共同作業式アプローチを取っている米国と日本のそれぞれの資本市場では，IFRSの任意適用が要件付きで認められている。

---

11 コンドースメント（Condorsement）とは2010年12月にSECのPaul Beswick副主任会計士が使い始めたConvergenceとEndorsement造語である。

(4) 借鑒式アプローチ
（ジィエジィエン）

借鑒式アプローチとは、「自らの意思を損なわないことを前提に、あるお手本をよく学んで、妥当な部分を取り込み、不都合な部分は取り込まずあるいは修正して取り込む方式」と定義する。IFRSへのコンドースメントを実現するため、中国では、このアプローチを用いる。その詳細は2．で検討する。

2．中国の借鑒式アプローチのあり方

IFRSへの対応について、米国、日本、中国では自国の基準を使用していることがよく知られている。同様にコンバージェンス国として、中国は米国と日本とは異なるアプローチを取ってきたのである。前述したように米国と日本は共同作業式アプローチを用いているのに対して、中国では、借鑒式アプローチが使用されている。

ここでは、まず借鑒の意味について紹介しておく。借と鑒との2文字は『淮南子・主術訓』（淮南王・劉安）[12]の一文「借明於鑒以照之」に由来する。鑒（鉴）とは鏡を指すが、人の手本、模範の意味がある。借鑒とは、他人や物事を鏡にして、自分自身を照らし合わせ、経験や教訓から学ぶことを指すのである。

中国では、社会主義市場経済の導入、さらに、グローバル経済への参与に伴い、国際社会から多くの経験や教訓を吸収せざるを得ないことになっており、特に海外の優れた経験を学ぶことを意識して取り入れようとする時によく「優れた経験を借鑒する」と表現する。特に、会計分野では、大陸法系の中国は、会計基準を持った経験がなく、国際的調和化ないしコンバージェンスという船に乗った以上はより多くのものを学ぶ必要がある。その際に、目の前にある良いお手本であるIAS（後のIFRS）から借鑒するというアプローチ、すなわち「自らの意思を損なわない前提で、あるお手本をよく学んで、妥当な部分を取り込み、不都合な部分は取り込まず、あるいは修正して取り

---

[12] 『淮南子-主術訓』は淮南王劉安が道家思想を中心として陰陽・法家など諸家をまとめ編集した書である。劉安（前178頃～前122）とは前漢の学者で漢の高祖の孫である。借鑒とは《淮南子・主术训》："夫据幹而窺井底、雖達視猶不能見其睛；借明於鉴以照之，則寸分可得而察也"に由来する。https://baike.baidu.com/item/％E5％80％9F％E9％89％B4

込む」アプローチとは何より安全かつ確実的なアプローチである。この借鑒式アプローチの執行主体は言うまでもなく中国財政部会計司である。2018年現在，中国はこの借鑒式アプローチを用いて，IFRSへのコンバージェンスを果たしており，特に米国や日本と異なって，中国はIASBとの間で具体的な共同プロジェクトを持っていないにもかかわらず，コンバージェンスに対して明確な位置づけを持っている。

中国当局が主張するコンバージェンスとは(a) is the direction（方向性），(b) is not the same（同一でない），(c) is a process（プロセス），(d) is an interaction（お互いの行動・作用），(e) is a new starting point（新しい出発点）である。特に(b)の主張から中国基準とIFRSとは同一ではないこと，さらに，(d)の主張からIFRSの開発・制定への強い参与意思をうかがうことができる。これらの主張に基づき，IFRSを完全導入するようなアドプションではなく，中国スタイルの「借鑒式アプローチ」を用いて，IFRSとの「趨同」と「等効」戦略が進められてきたのである。

以下では，米国，日本の共同作業アプローチと比較しながら，中国の借鑒式アプローチのあり方について，分析してみる。

図表2-4で示したように，①から④まで，Ⅳで紹介したIFRS対応における4つのアプローチがある。アドプション国および法域には①フル・アドプション式アプローチと②カーブアウト式アプローチの2種類のアプローチが見られるが，コンバージェンス国および法域では③共同作業式アプローチと④借鑒式アプローチとの2種類のアプローチを取り上げている。

「ノーウォーク合意」と「東京合意」を背景に，米国・日本では，IASBとの共同作業が完成した後，アドプションへの切り替えになると予測されていた。中国では，第1次「北京声明」を背景に，借鑒式アプローチを用いて，実質的なコンバージェンスを実現した。その後も持続的な，さらに全面的なコンバージェンスを続行している，言い換えれば，アドプションをしないという戦略が展開されている。

米国では，「概念フレームワーク」をめぐる検討について，IASBとの共同作業が中止になったり，エンドースメントを設けずに，コンドースメント

という新しいアプローチを試みたりして，結局，IFRSの強制適用が見送りになり，コンバージェンスの最終目標を見失ったように見える。

日本では，IASBとの共同作業を続けながら，エンドースメントにより第4番目の会計基準である「修正国際基準」が登場し，日本基準，米国会計基準およびIFRSと合わせて4つの基準が連結財務諸表の作成企業の選択肢となっている。IFRSにおける強制適用の代わりに任意適用の策が取られているように見える。

一方，図表2-4で示したように，中国では，固有の会計基準を設けていなかったため，IASBとの現行基準における差異を取り除く共同作業は存在しておらず，IFRSを借鑒して自国の会計基準を作り上げている。また，エンドースメントという仕組みも存在していない。エンドースメントとは，裏

◆図表2-4　IFRS対応における各種のアプローチ略図

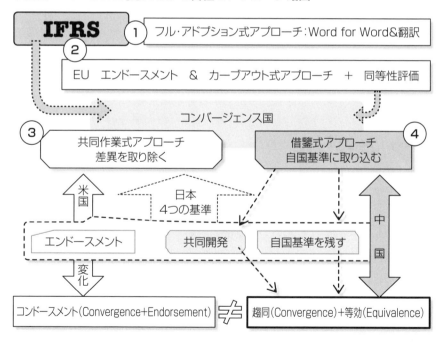

出所：筆者作成。

書きという意味で使われているが，会計領域では，承認というニュアンスで用いられ，国益を守る役割を持つとも言われる。そういう意味では，EUはエンドースメントの先駆者とも言える。

欧州財務報告諮問グループ（European Financial Reporting Advisory Group：EFRAG）がECに対してIFRSの個々の基準に採用の是非に関する勧告をし，それを受けて個別基準がエンドースメントされるという仕組みが用いられている。もちろん，承認の先にはアドプションという避けられない選択肢が待っている。したがって，日本がエンドースメントを導入することはアドプションへの布石とも見えるが，その時の日本基準の行方が懸念される。図表2-4で示した中国の④借鑒式アプローチを用いる際に，コンバージェンスを行う主体は中国財政部および中国会計基準委員会であるため，すでにIFRSの是非を解析し，その結果を受け，中国基準，すなわちChinese GAAPの内容として制定・公布をしている。敢えて言えば，借鑒式アプローチがエンドースメントの一部の役割も担っている。したがって，図表2-4の一番下の図式に示したように，中国は，同じコンバージェンス国としての米国のコンドースメントに追随せず，借鑒式アプローチを通じて，自国基準を整備しつつ，同時に，IFRSにおける共同開発への参与を目指し，国家会計戦略である「趨同・等効」を全うする勢いを見せているのである。

 ## おわりに

本章では，現代中国会計の段階的展開を1912年から2018年まで時系列に沿って，4つの段階に分け，経済体制・会計規範の構造・会計戦略・会計ルールのモデルなどの項目をめぐって簡単な要約を行った。

また，これまで整備されてきた階層的な会計法規範体制に対して，ピラミッド型会計法規範と称し，会計行政管理，企業会計基準，企業会計規定，公会計・非営利組織会計規範の4つの側面から考察を試みた。

最後に，市場経済の導入およびグローバル経済の参与を背景にして，ピラミッド型会計法規範において，最も重要な側面である企業会計基準，すなわ

ち，Chinese GAAPの形成アプローチに焦点を当て，IFRSへのコンバージェンス対応を手がかりにして，中国特有の借鑒式アプローチおよびそのあり方をEU・米国・日本の取り組みを比較しながら簡潔に検討を行った。

　これまでの検討は，現代中国会計における時系列の展開と現状であるピラミッド型会計法規範構造ならびにこの構造の形成を支えている借鑒式アプローチのあり方に及んでいたが，中国会計における法規範について，さらなる詳細な検討が必要であることを痛感しており，とりわけここまでを一段落とする。次章以後の内容は中国の国家会計戦略および会計基準の視点から中国会計の再考に照準を合わせて探ってみる。

第2部

中国の国家会計戦略

第3章

中国における趨同戦略の幕開け
―第1次「北京声明」―

I はじめに

　近年，企業経営活動のグローバル化に伴い，資本市場のグローバル化も急速に進んでおり，資本市場のルールである会計基準の国際的調和化も急速に進んでいる。2001年4月に，国際会計基準委員会（International Accounting Standards Committee：IASC）は機構改組を行い，国際会計基準審議会（International Accounting Standards Board：IASB）が会計基準の設定主体となった。これを受け，IASBの目的は国際会計基準（International Accounting Standards：IAS）への調和化から「公共の利益のために，高品質で理解可能かつ強制しうる一組の全世界的会計基準を開発する」[1]という目的に切り替えた。国際財務報告基準[2]（International Financial Reporting Standards：IFRS）の採用または趨同[3]（すうどう），すなわち，コンバージェンス（Convergence）[4]が世界規模で展開され始めた。

　会計基準の国際的なコンバージェンスを図るために，IASBは米国財務会計基準審議会（Financial Accounting Standards Board：FASB）との間で「ノーウォーク（Norwalk）合意」（2002）を，日本企業会計基準委員会（Accounting Standards Board of Japan：ASBJ）との間で「東京合意」（2005）を取り交わした。

＊付記：本章の一部は国際会計研究学会第23回大会（2006年，同志社大学）自由論題での報告内容である。本章の完成にあたり，原光世先生（龍谷大学），徳賀芳弘先生（京都大学）から，貴重なアドバイスを頂戴した。ここに記して感謝申し上げたい。

1　国際会計基準審議会編，企業会計基準委員会・財務会計基準機構監修（2005），30頁。
2　IFRSとはIASBによって設定された会計基準であり，IASCに制定されたIAS, SIC（Standing Interpretations Committee：解釈指針委員会）の解釈指針書，国際財務報告基準書とIFRIC（International Financial Reporting Interpretations Committee：IFRS解釈指針委員会）の解釈指針書を含む。
3　「趨同」とはConvergenceの中国語訳であり，同じようになっていくという意味である。結果が同じであることよりは，むしろ同じようになるまでのプロセスが強調されていると思われる。ここでは，コンバージェンスという言葉を用いるが，中国の会計「コンバージェンス戦略」を表現する場合に「趨同戦略」を用いる。
4　"Convergence"という言葉は「収斂」，「共通化」，「統合化」などの日本語訳があり，「①一点への集中，集合。②（物理・数学）収束。③意見・結果の一致」（『ジーニアス英和大辞典』より）などの意味を持っており，会計分野で用いる意味は①か③に当たる。

IASBによるコンバージェンスの推進は，米国，日本のような経済先進諸国に限らず，新興経済諸国「BRICs」[5]の一員である中国にも及んでいる。2005年11月にIASBと中国会計基準委員会（China Accounting Standards Committee：CASC）との間でコンバージェンス・プロジェクトへの参加の声明（以下，第1次「北京声明」と称する）が取り交わされた。

　第1次「北京声明」がきっかけに，中国における会計規範の整備目標は，国際的な調和化（harmonization）から国際的コンバージェンスへと転換され，資本市場のグローバル化への本格的な備えが始まった。2006年に，改訂基準と新基準を含めた39の会計基準と，32の応用指針が中国財政部（Minister of Finance：MoF）に公布され，2007年1月より上場企業に適用されることとなった（非上場企業に対しては推奨にとどめられている）。IASB当時の議長David Tweedie氏はこれらの新基準の施行は中国会計基準システムがIFRSとの間に実質的なコンバージェンスをもたらす[6]と評価した。この評価に対して，中国側は自国の会計基準とIFRSとのコンバージェンスが実質的に実現したと受け止めている。

　2007年頃には，IFRSを自国の基準として採用した国の数は約100を超えており，他方，IFRSとのコンバージェンスを図りつつある国として，主に米国，日本および中国がある。この3つの国の企業会計基準をめぐって欧州連合（European Union：EU）による同等性評価も話題を呼んでいた。当時，コンバージェンス国として位置づけられている中国に対して，むしろアドプション国の位置づけの方がふさわしいという見方もあった。

　2005年から2015年の十年間において，中国では，「趨同および相互承認」という国家会計戦略が貫かれている。もちろん，今も，これからも続くのであろう。

---

[5]　「BRICs」とはブラジル，ロシア，インド，中国の英字の頭文字から作った言葉であり，投資銀行ゴールドマン・サックスの使用により，世界中に広まった。現在，南アフリカを加えて，最も注目されている新興経済諸国となっている。

[6]　IASB議長David Tweedie氏は「The adoption of the new Chinese accounting standards system brings about substantial convergence between Chinese standards and International Financial Reporting Standards (IFRSs), as set by the International Accounting Standards Board (IASB)」と述べている（Tweedie, 2006, p.30）。

中国の国家会計戦略である「趨同戦略」を実質的なコンバージェンス，持続的なコンバージェンス，全面的なコンバージェンス3つの段階に区分をすることができるが，本章では，同期にある米・日のコンバージェンス初動に注目しながら，「趨同戦略」の幕開けとして，2005年にIASBとCASCとの間で取り交わされた第1次「北京声明」に焦点を当て，その真意と実質的なコンバージェンスの本質を検討してみる。

米・日・中における　コンバージェンスへの初期対応

　周知のように，21世紀の米国，日本，中国3ヵ国の経済的関係において，その密接度と相互依存度が日々高まっている。中国人民銀行（日本銀行に相当する）の公表（2006年11月）によれば，中国経済は国内総生産（GDP）[7]が2003年から4年連続2ケタの成長を続けているという。その要因は主として貿易黒字と建設投資の増加によるもので，「低インフレ下の高成長」[8]を達成した。また，この成長の国際的な背景としては，アメリカ経済の低成長と日本経済のバブル崩壊後の「力強い成長」が見られる。この3ヵ国の経済関係は，今後もより影響を与えあう密接な関係を維持するであろうが，それぞれの国の経済成長に大きな役割を果たしている各国の会計制度の整備も，会計基準のコンバージェンスという目標を照準として，各国で展開されている。

　IASC設立憲章（「IASC Foundation Constitution」Approved 24th MAY 2000）によれば，IASCの目的は下記の内容のとおりである。

　"The objectives of IASC are：

(a) to develop, in the public interest, a single set of high quality, understandable and enforceable global accounting standards that require high quality, transparent and comparable information in financial statements and other financial reporting to help participant in

---

7　GDP（国内総生産）とは，国内の生産活動による商品・サービスの産出額から原材料などの中間投入額を控除した付加価値の総額。http://ecodb.net/ranking/imf_ngdpd.html
8　「中国，4年連続2ケタ成長」（日本経済新聞，2006年11月15日より）。

the world's capital markets and other users make economic decisions;
(b) to promote the use and rigorous application of those standards; and
(c) to bring about convergence of national accounting standards and International Accounting Standards to high quality solutions."

2001年に，IASCは大幅な改組を行い，IASBがIFRSの設定主体となる。IASBの目的の(c)の表現は下記のように変わった。
(c) to work actively with national standard-setters to bring about convergence of national accounting standards and IFRSs to high quality solutions.

すなわち，「各国の国内会計基準と国際会計基準の高品質解決策への統合をもたらすこと」から「各国の会計基準とIFRSとの高品質の解決に向けてのコンバージェンスをもたらすために，各国の基準設定主体と積極的に協同すること」と変化している。この変化は世界規模で起こっているIFRSへのコンバージェンスの発端であると言えよう。その結果，米国をはじめ，日本，中国の3ヵ国はIASBとの間で，それぞれの合意ないし声明を取り交わした。

3ヵ国のそれぞれの対応内容をみると，IASBが特に中国のアプローチに対して極めて寛容な態度を見せていた。以下では，経済発展途上国である中国における会計基準のコンバージェンスへの経緯を究明するワン・ステップとして，IASBの目的と「ノーウォーク合意」・「東京合意」の内容を再確認した上で，第1次「北京声明」の真意を分析する。

1．「ノーウォーク（Norwalk）合意」(2002)

2002年9月17日，19日，20日に米国の東海岸にあるコネチカット州のノーウォークにあるFASBの本部で，IASBとFASBとの共同会議により，国際財務報告基準と米国会計基準とのコンバージェンスを目指す合意が取り交わされた。10月には「ノーウォーク合意」と呼ばれる覚書が公表された。これは，のちに「ノーウォーク合意」と呼ばれる。

IASBとFASBは，「両者の会計基準の交換性をより高め，次の4点を今後推進していくことで合意した」（山田，2006，66-67頁）とされている。
「(a)IFRSと米国会計基準との間にある多様な差異で比較的容易に解消できる差異を削除する目的で短期的な統合化プロジェクトに着手する。
(b)2005年1月1日時点で残っている両者の会計基準の間の差異を両者の将来の作業計画を調整することを通じて取り除くこと。すなわち，差異の項目それぞれについて，両者が個別かつ同時にプロジェクトを開始して検討する。
(c)現在遂行している共同プロジェクトを継続してとり進める。
(d)両者のそれぞれの解釈指針設定組織がそれぞれの活動を相互に調和させることを促進する。」

　上記の合意内容から，IFRSと米国会計基準に存在する多様な個別的な"差異を取り除く"という目標が明白である。偶然にも，IASBの前身であるIASCとFASBとは，同じ1973年に1日違いで設置された組織である。当初，各自の目標を持ちながら，それぞれの会計基準づくりに努力してきたが，約30年間の歳月が経ち，グローバル経済の拡大に対応するため，コンバージェンスという共通の目標で結ばれた。
　当初，IASBとFASBとの間で「ノーウォーク合意」が取り交わされたことによって，「国際的コンバージェンスの流れは，IFRSsを1つの中心として，加速的にそして不可逆的に各国に伝播してく」（黒澤，2007，34頁）ことが世界規模で現実化されつつある。しかしながら，米国によるIFRSのアドプションは実現されないままである（2017年時点）。

2．「東京合意」(2005)

　IASCからIASBへの改組の影響を受け，日本の会計基準設定主体は，2001年7月に金融庁の企業会計審議会から財務会計基準機構のASBJに変わった。
　会計基準の国際的調和化を図るために，IASBのリエゾン国として意見交

換をするほか，基準開発作業への意見提供なども行ってきた。2004年10月12日，ASBJのHPでは，ASBJとIASBとの間で，会計基準のコンバージェンスを最終目標として現行基準の差異を可能な限り縮小する共同プロジェクトの立ち上げに向けて協議を開始したことが公表されている。翌年の1月21日，ASBJとIASBとは，前回協議の延長線として，現行基準の差異を縮小する共同プロジェクトを立ち上げることで合意した。合意の全容は「企業会計基準委員会と国際会計基準審議会は共同プロジェクトの進め方に合意」するとし，のちに奥田碩氏に「東京合意」と呼ばれたが[9]，この合意内容はあくまでもASBJが公表した資料であった。その後，2007年8月8日にASBJとIASBとの間で，取り交わされた「会計基準のコンバージェンスの加速化に向けた取り組みへの合意」が一般的に言われている「東京合意」であるが，ここでは，「北京声明」をめぐる国際的な動向の1つとして2005年の「東京合意」を紹介しておく。

　「東京合意」（2005）の合意事項は以下のとおりである[10]。
(1) 経済実態や法制度のような市場環境が同等である場合には，双方の概念フレームワーク又は会計基準の背景となる基本的な考え方を基準として利用し，現行基準の差異を縮小することを目的として，現行基準の差異を識別し，評価する。
(2) 双方の概念フレームワークの差異についても検討対象とする。これは，本プロジェクトの中では，別のプロジェクトとして，双方が検討することに合意した時点で行う。
(3) 検討結果の合意においては，双方のデュー・プロセス（適正手続）を考慮する。
(4) ASBJは，日本基準と国際会計基準との主要な差異の全体像を整理し，検討項目を提案する。
(5) 複数のフェーズに分けて個々の基準の差異を比較検討する。

---

[9] 奥田碩（2005），4頁より。
[10] 財務会計基準機構企業会計基準委員会事務局ホームページより。
https://www.asb.or.jp/jp/wp-content/uploads/pressrelease_20050121.pdf

(6) 第1フェーズでは，2004年3月31日時点で存在する基準を対象範囲とする。ただし，以下の基準を除く。
① IASBとFASBとの共同プロジェクトで検討中，あるいは検討予定の基準
② 差異が概念フレームワークや基本的考え方の相違に起因する基準
③ 最近開発した基準
④ 法制度の制約のある，または日本での適用が現状では考えられない基準

第1フェーズで検討対象としなかった項目については，その後の段階で検討する。

　上記の合意内容から，日本の現行会計基準とIFRSとの間に存在する"差異を縮小する"という目標がうかがえる。FASBが目指す「差異削除」に対して，日本は自国の会計基準とIFRSの「差異縮小」という道を選んだ。なぜならば，「日本は米国ほどの圧倒的な影響力を持つ国ではないが，3極に近い大きな資本市場を有し，また適用の長い歴史があり，かつ，国際的に遜色のないレベルの会計基準を有する国である」と西川郁生氏に指摘されている（西川郁生，2007，45頁）。
　IASBと米国および日本との間で結ばれた合意は，IFRSと自国基準との差異を「取り除く」，あるいは，「縮小する」ことへの合意だけではなく，合意後の研究プランにも具体的に取り組み，継続的な共同研究も見られている。

3．第1次「北京声明」(2005)

　中国のCASCは1998年10月に，中国財政部（MoF）の会計基準委員会（CASC）として正式に設置された。その後，IASCの改組を受けて，2003年3月にCASCも機構改革を行い，政府関連機構・学術分野・会計職業団体・証券取引所および企業などのセクターから選ばれた20名の委員のほかに，約160名の会計分野とかかる専門家から構成されている。CASCは当時，制度上も実質上も，プライベート・セクターではなく，パブリック・セクターの

組織であり，中国会計基準制定の諮問機構として存在する。

2002年9月の「ノーウォーク合意」と2005年1月の「東京合意」に続き，2005年10月に開かれたCASC―IASBスタッフワーキング会議の後には，11月8日，9日にCASCとIASBの主なメンバーが北京で会合を行って，コンバージェンスに関する共同声明，すなわち第1次「北京声明」を公表した。会合においては，中国MoFの副大臣兼CASCの事務長王軍氏とIASB議長David Tweedie氏が共同で議長を務めた。この時，IASBの理事Warren McGregor氏，Patricia O'Malley氏，山田辰巳氏も同席している。声明書の中で，CASCとIASBの双方は，会計基準のコンバージェンスに対する共同認識と，今後の共同研究における各自の役割分担などについて意見を述べているが，特に下記の内容に注目されたい（**図表3-1**）。

第1次「北京声明」の内容を正確に把握するために，中国語の声明文ではなく，**資料3-1**の英字声明文を参照されたい。

◆図表3-1　第1次「北京声明」の主な内容

項　目	第1次「北京声明」の主な内容
必要性	会計基準の国際的なコンバージェンスにはプロセスが必要。
基本目標	コンバージェンスは中国の基準設定作業における基本目標の1つである。
実現方式	いかにコンバージェンスを図るかは中国が自ら決定する。
基準現状	中国の会計システムは，コンバージェンスを実現するために整備中である。
実現方法	新基準より構成される会計システムの実施によって，IFRSとのコンバージェンスを実現する。
現存差異	双方は新基準とIFRSの間では，ごく少数の差異が存在すると認識した。これらの差異には①資産減損の戻入，②関連当事者および取引の開示，および③部分政府補助金が含まれている。 双方は，それらの差異を取り除くための作業にできるだけ早く取り組むことに同意した。
特別な役割および問題	中国のいくつかの会計問題は特殊な情況と環境下にあるために，IASBが高品質の国際財務報告基準解決案を見出すのに役に立つ。これらの問題は①関連当事者取引の開示，②公正価値の測定，および③企業結合である。

資料3-1　第1次「北京声明」(英語版)

Joint Statement of the Secretary-General of the China Accounting Standards Committee and the Chairman of the International Accounting Standards Board

The China Accounting Standards Committee (CASC) and the International Accounting Standards Board (IASB) held a successful convergence meeting on accounting standards on November 7-8, 2005 in Beijing. The meeting was co-chaired by China's Vice-Minister of Finance and Secretary and Secretary-General of the CASC Mr. Wang Jun and IASB Chairman Sir David Tweedie. Mr. Liu Yuting, member of CASC and Director-General of the Accounting Regulatory Department of the Ministry of Finance, and key members of the accounting standards setting team of the Accounting Regulatory Department attended the meeting. Three IASB members joined Sir David: Warren McGregor, Patricia 'Makkey, and Tatsumi Yamada, as did two IASB directors Wayne Upton and Paul Pacter. This high-level meeting followed a series of CASC-IASB staff working meeting that lasted over one week in October.

Both parties agree that establishing and improving a single set of high quality global accounting standards is the logical consequence of the trend of economic globalization. International convergence takes time to happen. It is a goal to which the IASB as well as national accounting standard setters of all jurisdictions in the world should continue to make sustained efforts. China stated that convergence is one of the fundamental goals of their standard-setting programme, with the intention that an enterprise applying CASs should produce financial statements that are the same as those of an enterprise that applies IFRSs. How to convergence with IFRSs is a matter for China to determine.

The IASB notes that, in convergence their national standards with IFRSs, some countries add provisions and implementation guidance not included in IFRSs to reflect the circumstances of those countries. This is a pragmatic and advisable approach with which China agrees.

During the past year, China has issued Exposure Drafts of the Basic Accounting Standard for Business Enterprises and 20 specific standards. China expects to issue two more Exposure Drafts. At the same time, China has also begun a review of its 16 existing CASs. As a result, China's accounting standards system for business enterprises is being developed with a view to achieve convergence of those standards with the equivalent IFRSs. The IASB applauds and expresses admiration for the enormous progress already made

toward convergence.
　The two parties acknowledged that differences between CASs and IFRSs still exist at the moment on a limited number of matters, including reversal of impairment losses, disclosure of related party relationships and transactions, and accounting for certain government grants. Both parties agreed to work to eliminate those differences as quickly as possible. They noted, however, that there are relatively small matters as compared to matters on which the CASC's recent work has achieved such significant progress toward convergence.

　During the discussions, the IASB identified a number of accounting issues for which China. Because of its unique circumstances and environment, could be particularly helpful to the IASB in finding high quality solutions for IFRSs. These include disclosure of related party transactions, fair value measurements and business combinations of entities under common control. The CASC has agreed to assist the IASB in researching and providing recommendations on these issues. Similarly, in reviewing the revisions to the EDs, existing standards, and the implementation guidance, the CASC will get assistance from the IASB as well.

　As a result of the success of this joint meeting the CASC and the IASB have agreed to continue to meet periodically and strengthen the exchange and co-operation between the two parties, to achieve convergence of the Chinese Accounting Standards for Business Enterprises with the International Financial Reporting Standards.

Wang Jun	David Tweedie
Secretary-General	Chairman
China Accounting Standards Committee	International Accounting Standards Board

注：傍点は筆者。

第1次「北京声明」の真意

　第1次「北京声明」が取り交わされたことは，中国にとって「コンバージェンス国への入国許可書」が授受されたことに等しい。この役割は会計基準の設定に大きな役割を果たすことだけではなく，中国経済のさらなる成長の一助となっている。

1979年の「改革・開放」，1993年の「市場経済」[11]，2001年の「WTOへの加盟」，2008年の「北京五輪」，2010年の「上海万博」は中国の代名詞になるほど知られている。持続的な高度経済成長を成し遂げながらも，解決し難い問題も山積みになっているが，数多くの難問の中でも，最も目立っていることは，WTOへの加盟を果したにもかかわらず，「市場経済国」の地位を米国，EUに承認されておらず，アンチダンピング訴訟の敗訴率が急上昇していることである。敗訴延べ損失は96.6億米ドルにも上っており，その原因としては，会計基準の差異，国際会計慣行を熟知する会計人材の不足などが指摘されている。

　この「非市場経済国」というレッテルと「会計基準の差異」は，国際通商上において致命的なハンディキャップである。これらのハンディキャップを乗り越えるためには，米国，日本と肩を並べることができる場がいかにしても必要である。米国と同じように「IFRSへのコンバージェンス」を目指すことは，競争相手でありながらもまずは同じ立場に立つことでもある。さらに，「東京合意」(2005)の公表による刺激を受けて，"会計基準整備途上国"である中国は，IFRSのアドプションではなく，敢えてIFRSへのコンバージェンスという趨同戦略をとった。第1次「北京声明」の調印は，まさに中国会計趨同戦略の幕開けであった。

　第1次「北京声明」による中国の真意とは，IASBを通じて，世界各国の会計基準設定主体・関係者および中国国内に発信したメッセージでもある。そのメッセージとは以下のとおりであろう。

①コンバージェンス国の位置づけはIASBに認可された。
②会計規範制定自主権を保有し，自国の特徴あるいは特殊性を堅持する。
③中国の現存会計基準はIFRSレベルに近づいている。
④新基準の公布・施行はコンバージェンスの実現につながる。
⑤コンバージェンス国として米国，日本とは肩を並べで接点を持つようになった。

11　1993年3月に中国憲法の修正案が全国人民代表大会で採択され，第15条で「国家は社会主義市場経済を実行する」と定めた。

もちろん，新基準が未公表のままで，中国側の主張，特に③と④に対して，異議が唱えられていることも事実であるが，第1次「北京声明」後の中国会計基準などの公布現状について，Ⅳで述べる。

新基準の公布による趨同戦略の展開

　中国の会計趨同戦略は新基準の公布・施行によって展開されていく。IFRSへのコンバージェンスは決して容易なことではないが，新基準の整備・施行だけでもIFRSへのコンバージェンスを実現した証（あかし）として中国側に位置づけられている。しかも，新基準および応用指針の施行によって中国の企業会計システムは大きな進化を遂げているのは事実である。

　第1次「北京声明」の中で言及された新しい企業会計基準（Accounting Standards for Business Enterprises：ASBE）は，2006年2月15日に中国MoFより公布された。さらに，2006年10月30日に，MoFが，個別会計基準第15号「建築勘定」，第25号「原保険契約」，第26号「再保険契約」，第29号「後発事象」，第32号「中間財務諸表」，第36号「関連当事者の開示」を除き，32の個別会計基準の応用指針及び付録（勘定科目と主な会計処理）を公布した。よって，中国の会計基準システムは①基本基準，②38の個別会計基準，③各個別会計基準の応用指針及び付録から構成されるようになった。

　これと同時に，MoFは2007年より，ASBEと応用指針を執行する企業に対して，現行基準，「企業会計規定」，「金融企業会計規定」，その他の専門計算方法などの執行を中止することを命じた（財政部，2006，財会［2006］3号，18号）。

　中国では，初めて明文化された「企業会計基準―基本基準」は1993年にすべての企業に導入された。一部の個別会計基準も同時にすべての企業，あるいは，株式会社，上場企業で執行し始めた。2006年に公布された基準等は新規と改正された基準であり，2007年より，まず上場企業に強制適用されたのである。以下では，基本基準と38の個別会計基準の制定経緯および制定上において参考にしたIFRSの内容を簡単に紹介する。

1．「企業会計基準―基本基準」

　　Accounting Standard for Business Enterprise-Basic Standard
　当基準は，中国で初めて明文化された「企業会計基準」（1993年7月より施行）を土台としており，『会計法』と「企業財務報告条例」（**巻末資料3**を参照）を根拠にしつつ，IASCの「財務諸表の作成及び表示に関するフレームワーク」（以下，CFと称す）を参考にして，改正された会計法規の1つである。この基準は，法的位置づけを有しないIASCのCFとは異なり，会計基準の基本基準として，法的強制力を持ち，各個別会計基準の制定根拠となっている。基準内容は全11章（総則，会計情報の品質要求，資産，負債，所有者持分，収益，費用，利益，会計上の測定，財務諸表，付則）50条から構成されている。

　　詳細は**巻末資料2**：「企業会計基準―基本基準」（2014年版）を参照されたい。

2．「企業会計基準―個別会計基準1号〜38号」（2006年版）

企業会計基準第1号―「棚卸資産」Inventories
　当基準は，2002年1月に株式会社で施行され，2006年に改正された基準である。棚卸資産の原価算定方式について，先入先出法，加重平均法および個別法を用いる。IAS第2号「棚卸資産」と同様に後入先出法を採用していない。

企業会計基準第2号―「長期持分投資」Long-term Equity Investments
　当基準は，長期持分投資取引の歴史がまだ浅いことから，IFRSへのコンバージェンスを図るために，IAS第27号「連結および個別財務諸表」，IAS第28号「関連会社に対する投資」，IAS第31号「ジョイント・ベンチャーに対する持分」，IAS第39号「金融商品：認識および測定」の一部関連内容を手本として制定された新しい基準である。

企業会計基準第3号―「投資不動産」Investment Properties
　当基準は，IAS第40号「投資不動産」を参考にして制定された新しい基準

であるが,中国の土地使用権,建築物使用権及び所有権などの特殊性を配慮しながら,IFRSへのコンバージェンスを図るために,投資不動産の時価評価が選択肢に加えられた。

企業会計基準第4号—「固定資産」Fix Assets

　当基準は,2002年1月に株式会社で施行され,2006年にIAS第16号「有形固定資産」とIFRS第5号「売却目的で保有する非流動資産および非継続事業」を参考にして改正された基準である。固定資産の再評価に時価評価が導入された。

企業会計基準第5号—「生物資産」Biological Assets

　当基準は,IAS第41号「農業」の関連内容を参考にして制定された新しい基準である。生物資産に対する確認標準,測定方法などについては部分的に異なっている。

企業会計基準第6号—「無形資産」Intangible Assets

　当基準は,2001年1月に株式会社で施行され,2006年にIAS第38号「無形資産」とIFRS第5号「売却目的で保有する非流動資産および非継続事業」を手本にして改正された基準である。両者の内容はほぼ一致している。

企業会計基準第7号—「非貨幣性資産の交換」Exchange of Non-monetary Assets

　当基準は,2000年1月に全企業で施行され,2001年に,2006年に改正された基準である。当初の名称は「非貨幣性資産による取引」であった。この基準はFASBの関連基準と米国会計原則審議会(Accounting Principles Board：APB)のAPB第29号を参考にしており,公正価値の導入を実現した。IFRSでは,非貨幣性資産の交換について,単独の基準はなく,IAS第16号「有形固定資産」,IAS第38号「無形資産」,IAS第40号「投資不動産」の中に関連規定を設けており,当基準とは重要な差異がないと見られる。

企業会計基準第8号—「資産減損」Impairment of Assets
　当基準は，IAS第36号「資産の減損」を参考にして，2006年に制定された新しい基準である。計上された減損は次の会計期間で戻入れの会計処理を認めていない。減損の戻入れの会計処理は，第1次「北京声明」で取り上げられた3つの基準差異の1つであるが，中国の経済事情を優先して考えており，IAS第36号「資産の減損」に規定されている減損の戻入れ可能（のれんの減損を除く）に対して，中国側はすべての資産の減損戻入れを認めないことを堅持する。

企業会計基準第9号—「従業員給与報酬」Employee Compensation
　当基準は，中国国内の従業員事情を十分に配慮しつつ，IAS第19号「従業員給付」を参考にして，2006年に制定された新しい基準である。

企業会計基準第10号—「企業年金基金」Enterprise Annuity Fund
　当基準は，「企業年金試行方法」と「企業年金基金管理試行方法」が施行（2004年5月より）されている中で，IAS第26号「退職給付制度の会計および報告」の関連内容を参考にして，2006年制定された新しい基準である。

企業会計基準第11号—「株式報酬」Share-based Payment
　当基準は，中国上場企業の成熟度や多様な株式給付現状を十分に配慮しつつ，さらに，IFRS第2号「株式に基づく報酬」の関連内容を参考にして，2006年に制定された新しい基準である。

企業会計基準第12号—「債務再構築」Debt Restructurings
　当基準は，1999年1月にFASB第15号を参考にして制定され，全企業で施行となった。2001年に改正されて，さらに，2006年にIAS第39号「金融商品：認識および測定」の一部関連内容を手本にして改正された基準である。

企業会計基準第13号─「偶発事象」Contingencies
　当基準は，2000年1月に全企業で施行され，2006年にIAS第37号「引当金，偶発債務および偶発資産」を手本にして改正された基準であり，内容はほぼ一致する。

企業会計基準第14号─「収益」Revenue
　当基準は，1999年1月に上場企業で施行され，2006年にIAS第18号「収益」を手本にして改正された基準であるが，適用指針が公布されず，内容はほぼ一致する。

企業会計基準第15号─「工事契約」Construction Contracts
　当基準は1999年1月に上場企業で施行され，2006年にIAS第11号「工事契約」を手本にして理解しやすいように改正された基準であり，内容はほぼ一致する。

企業会計基準第16号─「政府補助金」Government Grants
　当基準は，2006年にIAS第20号「政府補助金の会計処理および政府援助の開示」を参考にして制定された新しい基準である。政府補助金の会計処理において，第1次「北京声明」に取り上げられた3つの基準差異の1つであったが，2006年2月に開催されたCASCとIASBとの会合によって，この差異が取り除かれた。
　中国のMoFは，すでに1994年に政府補助金に関する会計基準の草案を公開したが，種々の原因で公布まで至らなかった。WTOへの加盟を果たし，貿易や商談の成功の一助とするために，2002年に「企業会計基準─政府補助と政府援助」の草案を再度公表したが，結局，正式な基準公布は見送られた。当時，差異が取り除かれた新基準が公布されているが，IASBとFASBとの短期統合項目として検討されている政府補助金とIAS第41号「農業」については，中国側が注目されていた。

企業会計基準第17号—「借入費用」Borrowing Costs
　当基準は，2001年1月に全企業で施行され，2006年にIAS第23号「借入コスト」を手本にして改正された基準である。内容はほぼ一致する。

企業会計基準第18号—「所得税」Income Taxes
　当基準は，IAS第12号「法人所得税」を手本にして制定された新しい基準である。内容はほぼ一致する。

企業会計基準第19号—「外貨換算」Foreign Currency Translation
　当基準は，中国既存の関連規定と「基本基準」に基づいて，IAS第21号「外国為替レート変動の影響」を参考にして制定された新しい基準であり，内容はほぼ一致する。IAS第29号「超インフレ経済下における財務報告」のような基準を制定していないが，当基準では，企業は，超インフレ経済下における海外営業の財務諸表の換算および修正後の再表示について定めている。

企業会計基準第20号—「企業結合」Business Combinations
　当基準は，中国既存の関連規定に基づき，IFRSの一部内容を参考にして制定された新しい基準である。これまで不明瞭であった企業結合の定義，会計処理などについて明確な規定が設けられた。従来，パーチェス法の使用のみ認められているが（財政部会計准則委員会編，2006，p.92），事実上，中国式のパーチェス法と持分プーリング法の両方とも使われている。
　「企業結合」において，第1次「北京声明」で取り上げられたいくつかの会計課題の1つであると同時に，IASBに求められている特殊性を持っている部分でもある。このたび，企業結合の会計処理法について，中国側はIFRS第3号「企業結合」（持分プーリング法を棄却した）に定められているパーチェス法が共通支配下の企業結合に対応していないと判断し，共通支配下の企業結合には現状に対応できる中国式持分プーリング法を，非共通支配下の企業結合には国際会計慣行上のパーチェス法を使用することとした。

企業会計基準第21号—「リース」Leases

　当基準は，2001年1月に全企業で施行され，2006年に，IFRSへのコンバージェンスを図るために，IAS第17号「リース」を参考にして改正された基準である。

企業会計基準第22号—「金融商品の認識と測定」
　Recognition and measurement of Financial Instruments
企業会計基準第23号—「金融資産の移転」Transfer of Financial Assets
企業会計基準第24号—「ヘッジ取引」Hedging

　中国金融商品の歴史がまだ浅いことから，この3つの基準は，IAS第39号「金融商品：認識および測定」の関連内容を手本にして制定された新しい基準である。3つの基準を併せてIAS第39号に相当する。

企業会計基準第25号—「原保険契約」Direct Insurance Contracts
企業会計基準第26号—「再保険契約」Re-insurance Contracts

　この2つの基準は，IFRSの関連内容と米国会計基準を参考にして制定された新しい基準である。応用指針が公布されていないが，IFRS第4号「保険契約」に相当する。

企業会計基準第27号—「石油・天然ガスの採掘」Extraction of Petroleum and Natural Gas

　当基準は，IFRSの関連内容と米国会計基準を参考して制定された新しい基準である。IFRS第6号「鉱物資源の探査および評価」に相当する。

企業会計基準第28号—「会計方針，会計上の見積りの変更および誤謬の訂正」
　Changes in Accounting Policies and Estimates, and Correction of Errors

　当基準は，1999年1月に上場企業で施行され，2006年2月に「基本基準」と企業実務に基づいて改正された。IAS第8号「会計方針，会計上の見積りの変更および誤謬」を手本にして制定されて，内容はほぼ一致する。

企業会計基準第29号—「後発事象」Events Occurring After the Balance Sheet Date

　当基準は，1998年1月に上場企業で施行され，2003年に改正されて，株式会社に適用となり，2006年2月に「基本基準」と企業実務に基づいてさらに改正されたが，応用指針が公布されず，IAS第10号「後発事象」の内容とはほぼ一致する。

企業会計基準第30号—「財務諸表の表示」Presentation of Financial Statements

　当基準の一部は，「企業財務会計報告条例」を参考にして制定された新しい基準である。IAS第1号「財務諸表の表示」に相当する。

企業会計基準第31号—「キャッシュ・フロー計算書」Cash Flow Statements

　当基準は，1998年1月に全企業で施行され，2001年に改正，2006年2月にIAS第7号「キャッシュ・フロー計算書」を手本にして改正され，内容はほぼ一致する。

企業会計基準第32号—「期中財務報告」Interim Financial Reporting

　当基準は，2002年1月に上場企業で施行され，2006年に改正された基準である。中間財務諸表の開示内容について，IAS第34号「期中財務報告」よりさらに詳細な内容が求められている。

企業会計基準第33号—「連結財務諸表」Consolidated Financial Statements

　当基準は，IAS第27号「連結および個別財務諸表」を参考にして制定された新しい基準であり，内容はほぼ一致する。

企業会計基準第34号—「一株当たり利益」Earnings Per Share

　当基準は，中国資本市場が未熟であるため，IAS第33号「一株当たり利益」

を参考にして簡単に制定された新しい基準であり，内容はほぼ一致する。

企業会計基準第35号―「セグメント報告」Segment Reporting
　当基準は，IAS第14号「セグメント別報告」を手本にして簡単に制定された新しい基準であり，内容はほぼ一致する。

企業会計基準第36号―「関連当事者についての開示」Related Party Disclosure
　当基準は，1997年1月に上場企業で施行されたが，関連当事者の取引がますます複雑となったために，2006年にIAS第24号「関連当事者についての開示」を手本にして改正された基準である。適用指針が公布されていない。第1次「北京声明」の際に言及されたようにIFRSとの開示差異が存在する。2008年に，中国側からの積極的な提言と主張を受け，IASBはIAS第24号「関連当事者についての開示」を改正することが決まっている。

企業会計基準第37号―「金融商品の開示および表示」Presentation of Financial Instruments
　当基準は，中国金融商品の歴史がまだ浅いことから，IFRSへのコンバージェンスを図るために，IAS第32号「金融商品：開示および表示」を手本にして制定された新しい基準である。

企業会計基準第38号―「企業会計基準の初度適用」First time adoption of Accounting Standards for Business Enterprises
　当基準は，IFRS第1号「国際財務報告基準の初度適用」の様式を参考にして，自国の旧準から新基準への切り替えのために制定された新しい基準である。

　上記，新会計基準は2007年1月1日より，約1,400社の上場企業に強制適用され，2010年をめどに非上場の大型・中型企業まで適用させる予定であった。これらの新基準の公布・強制適用を受けて，IASBの当時の議長David

Tweedie氏は,「Like the United States and Japan, China is committed to convergence IFRS.」(Tweedie, 2006, p.30) と評価していた。すなわち,IFRSへのコンバージェンスにおいて,中国は米国と日本と同じようなプラットフォームに乗ったのである。さらには,新基準の公布・強制適用はIFRSへの実質的なコンバージェンスの始まりであり,終点ではないとの指摘もあった。

一方,中国側は,自国の立場から「コンバージェンスとは進歩であり,方向であると解している。コンバージェンスが同一の基準を有することを意味するわけではない。コンバージェンスにはプロセスが必要である。コンバージェンスとは相互作用である,コンバージェンスとは新しい起点である」(王軍, 2006, p.52) と主張した。のちにこれらの主張は第1次「北京声明」および中国趨同および等効戦略 (詳細は5章) の礎になる。

中国では,1980年代半ば頃より,会計基準の国際的調和化を図りながら国内会計規範の整備を続けてきた。**図表3-3**の左上で示したように,1985年に『会計法』が整備されてから2006年において,準備段階 (外資系企業会計の導入など),基礎作り段階 (93年版,会計基準―基本基準の公布・施行),具体的なルール作り (業種別会計規定・個別会計基準の公布・施行) の3つの段階に分けて捉えた。その結果,**図表3-2**の左下で示したように,2006年版の「ピラミッド型会計法規範」(王昱, 2001) は①会計法,②企業財務会計報告条例,③会計基準―基本基準,④会計基準―16の個別会計基準,⑤各業種別会計規定の5階層から構成されていた。

◆図表3-2　2006年版コンバージェンスの構図

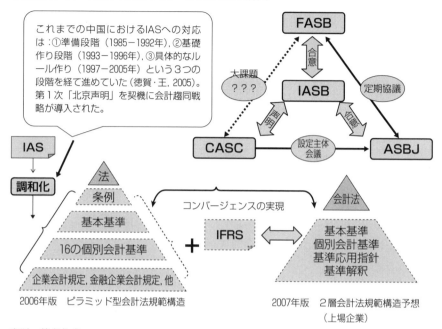

出所：筆者作成

　中国会計趨同戦略の展開につれて，2007年からは，中国の会計規範構造が事実上，『会計法』と新基準との2層構造（**図表3-2**，右下）に進化する傾向も見られた。すなわち，『会計法』以外にある「企業財務会計報告条例」[12]や業種別会計規定などが会計基準に集約されていくことが予想されていた。この二層構造の下で，グローバル経済と国内経済に対応するすべての会計基準は『会計法』を根拠法としたため，法的権威性が持たされることとなる。しかしながら，第1章で述べたように，中国の『立法法』に定められている階層的法規範構造の下で，形成されたピラミッド型会計法規範構造における階層的設置は不変な存在であるため，2018年現在においても，上場企業における会計法規範は法，条例，基本基準，個別会計基準等の4階層となってい

12　企業財務会計報告条例は「概念フレームワーク」のような役割の一部を果たしてきたが，新基準が施行されたにもかかわらず，現状維持となり，一時的廃止とされる可能性があると思われたが，2018年現在でも中国会計法規範の中の行政法規として欠かせない存在である。

る。

　中国では，IFRSへのコンバージェンスの展開につれて，現存のピラミッド型会計法規範構造を活かしながら，借鑒式アプローチを用いてIFRSを自国法規に取り込んだ（**図表3-3**，中央）。さらに，会計基準の改訂・廃止に対して，絶対的な自主権を持つこともIASBに認めさせることができた。これこそ，IFRSへのコンバージェンスにおける中国の趨同戦略の本当に真意であろう。

むすびにかえて
―実質上のコンバージェンス国へ―

　第1次「北京声明」を契機として中国の会計規範の整備目標は，国際的な調和化（harmonization）から国際的コンバージェンスへと切り替えられて，会計基準の整備を梃子とする資本市場のグローバル化への本格的な準備が始まっている。

　図表3-3の右上で示したように，米国，日本，中国は，コンバージェンス国としてIASBと一緒に「公共の利益のために，高品質で理解可能かつ強制しうる一組の全世界的な会計基準を開発すること」に協力し合うべきだが，IASB・FASB・ASBJの間で，積極的かつ計画的に諸項目の共同プロジェクトや，定期協議などが着々と実行されている中で，「北京声明」が公表されて間もなく，中国だけが出遅れていることは否定できない。国内においても，新基準と会計実務との適応性については非常に懸念されている。

　さらに，日本・米国・カナダと同様に中国もECによる同等性評価の対象となる可能性も出てきた。もし，中国会計基準とIFRSとの同等性が認められれば，中国にとって2枚目の「コンバージェンス国への入国許可書」が授受されることに等しい。その時の中国会計基準は高品質なものと評価されて，海外投資家からの高い信頼を得ることが可能となり，「市場経済国」としての信用向上にもつながる。しかし，2007年時点において，中国の市場経済と会計基準の成熟度は決して，米国や日本ほど高いものではないため，同等性が認められることは至難の業であろう。

2007年からIASB理事会の14人の委員の1人として中国証券監督委員会首席会計師である張為国氏が抜擢された[13]。このことは，今後，5年間に中国を「基準作り上の」コンバージェンス国から「実質的な」コンバージェンス国へと進化させる絶好の機会となるに違いないだろう。目下，中国は「会計趨同戦略」を通じて，FASBとASBJならびにEUとの交流を強化し，相互信頼を得た上で，「非市場経済国」および「会計基準の差異」という大きなハンディキャップを乗り越えようとしている。

　その結果，至難であろうと予測した「同等性評価」は一度の"postpone"（延期）のみで，条件付きではあるが，無事に得られたのである。2010年に「中国企業会計基準は国際財務報告基準へのコンバージェンスを持続するロードマップ」（中国語：中国企業会計准則与国際財務報告准則持続趨同路線図）が中国財政部より公布された。2012年に，欧州委員会（EC）はこのロードマップの公布を受け，中国企業会計基準はEU版IFRSとは同等である評価を下した（詳細は5章へ）。

　さらに，2015年に中国の財政部とIFRS財団とは共同声明を公布した（4章で第2次「北京声明」と称す）。この共同声明では，中国が持続的ではなく全面的なコンバージェンスを通じて，G20（Group of Twenty）と金融安定化フォーラム（Financial Stability Forum：FSF）に目標を掲げた「単一で高品質な国際基準」の実現に努力することが表明されている。

13　「国際会計基準理中国から委員」（日本経済新聞，2006年11月9日より。理＝理事会）。

会計趨同戦略の持続
―第2次「北京声明」をめぐって―

I はじめに

　周知のように，成熟した資本市場を持つ経済先進国である米国・日本は，自国の会計基準と国際会計基準との差異を取り除く，あるいは縮小するためにIASBとの間でそれぞれ，「ノーウォーク合意」・「東京合意」を取り交わした。以降，米国発の国際会計基準設定への影響力が増したことは否定できない。日本の場合には，「日本からIASBの議長を出せばいい」[1]との声もある。米国・日本に比べて，新興経済国である中国の資本市場は未熟であるが，1993年版「企業会計基準」[2]が導入されて以来，高品質を目指している国際会計基準を始終，追随し続けている。第1次「北京声明」が公表された時点から，コンバージェンス国としての中国は，発達した資本市場を持つ米国・日本とは異なり，新興経済国として自国の特殊性をIASBに強く主張し始めていた。つまり，自国の会計基準設定権をIASBに委ねることはしないことが示唆されていた。これは，IFRSとコンバージェンスして設定された新基準は中国のピラミッド型会計法規範構造に取り込まれており，さらに，『中華人民共和国会計法』により法的強制力が付与されていることによる。

　また，当初，企業会計基準の設定権について，現在の日本と似通っており[3]，設定権は中国の会計基準委員会ではなく中国財政部（MoF）にある。この権力を行使することによって，国家法規の一部が改廃されることになるのである。これらの基準の設定・施行はIFRSへの実質的なコンバージェンスを果たした証でもあり，ECによる同等性評価を契機に，これらの基準は「Chinese GAAP」と呼ばれ，中国企業会計基準（ASBE）の別名として定着している。このChinese GAAPはIFRSへの実質的なコンバージェンスによ

1　山田（2009），43頁より。
2　1993年版「企業会計基準」の設定プロセス，経緯，内容などについて，王昱（2001），126～137頁を参照されたい。
3　当時の中国会計基準委員会が会計基準の設定権を持っていないことは，日本の現状とよく似ている。「企業会計基準委員会は，会計基準設定権限を法令上持っていない。しかも，法令上会計基準の設定権限は金融庁にあり，その担当は現在でも企業会計審議会である」（佐藤信彦，2004，191頁より）。

って登場したものであるが,のちに,持続的なコンバージェンスを実行していくため,よりIFRSに近づいている。それにもかかわらず,第2次「北京声明」によれば,IFRSへの全面的なコンバージェンスは中国当局の策略であり,Chinese GAAPはIFRSとは同一のものにすることはないのであろう。

本章では,幕開けをした中国会計趨同(すうどう)戦略の展開をめぐって,まず,Chinese GAAPにおける初年度適用[4]の状況を紹介する。それから,2009年版のロードマップ草案,2010年版の正式ロードマップを通じて,趨同戦略の進行状況を確認する。さらに,第2次「北京声明」を紹介しながら,IFRSとは同一でないChinese GAAPの今後を展望し,経済先進国と新興経済国におけるIFRSに対する異なる役割への注意を喚起したいのである。

Chinese GAAP 初年度適用の状況

会計分野では,「GAAP」(Generally Accepted Accounting Principles)は一般に認められた会計原則・会計基準という意味で使われており,「US GAAP」(米国会計基準)と「IFRS」(国際会計基準)は世界の二大会計基準として知られている。2006年に公表された中国の会計基準は,2007年にEC(欧州委員会:European Commission)によるEU(欧州連合:European Union)版IFRSとの同等性評価を受ける際に「Chinese GAAP」と呼ばれるようになった。2008年12月に,「US GAAP」と「Japanese GAAP」はEU版のIFRSと同等であることがECに認められた一方で,「Chinese GAAP」に対しては,2011年までに状況の見直しを行うという条件付きでEU版のIFRSと同等であることを認める決定が公表された(詳細は5章を参照されたい)。

しかしながら,英語の表現で「GAAP」と呼ばれる中国の会計基準には,経済先進国である日米欧に現存する「GAAP」の設定主体・内容・役割などをめぐって多くの差異が存在していることも無視することはできない。それ

---

[4] 本文で用いる"初年度適用"は初めてChinese GAAP全般を適用することを指しており,個別会計基準第38号「企業会計基準の初度適用」のことではない。

ゆえ，時価会計を中心とする高品質かつ単一の国際会計基準は，発達した金融経済セクターを持つ経済先進国と持たない新興経済国において，それぞれ異なる役割を果たしていると考えており，異質な経済環境の下で提供された高品質の会計情報が「透明かつ比較可能な」情報であるか否かに対して注意を払う必要がある。

1．Chinese GAAPの実像

　中国の会計趨同戦略はIFRSへの対応には，借鑒式アプローチ[5]を用いて，新基準の設定・施行によって展開されてきた。周知のようにIFRSが設定中のムービング・ターゲット的な存在であるため，中国のIFRSへのコンバージェンスは決して容易なことではない。ともかく，2007年に中国当局の主導により，第1次「北京声明」で言及された新基準，すなわち，Chinese GAAPがまずすべての上場企業を対象に強制適用されたのである。その実施状況について，中国財政部会計司（日本の金融庁に相当する）が『我が国の上場企業2007年度における新会計基準の執行状況に関する分析報告』を公刊した。ここでは，まず，当初のChinese GAAPにおける実質上の構成を**図表4-1**に紹介しておく。

　①の部分は2006年2月15日に中国財政部より公布された基本基準である。②の部分は38の個別会計基準である。①と②の内容はよくChinese GAAPとして一般的に認識されている。③の部分は各個別会計基準の応用指針である。個別会計基準第15号「建築勘定」，第25号「原保険契約」，第26号「再保険契約」，第29号「後発事象」，第32号「中間財務諸表」，第36号「関連当事者の開示」を除き，2006年10月30日に，財政部より公布された32の個別会計基準の応用指針及び付録（勘定科目と主な会計処理）が含まれている。企業がこ

---

[5]　中国語の"借鑒"とは"手本としてみる，見分ける"を意味する。借鑒式アプローチとは，「自らの意思を損なわないことを前提に，あるお手本をよく学んで，妥当な部分を取り込み，不都合な部分は取り込まず，あるいは修正して取り込む方式」である。詳細は2章に記したとおりである。以前は，手本式アドプションとも呼んだ。詳細については，王昱（2009b）を参照されたい。

◆図表4-1　実質上のChinese GAAP構図（2007〜2009年）

Chinese GAAP構成（2007〜2009年）			
構成	公布日	設定主体・属性	文書記号
① 企業会計基準—基本基準	2006年2月15日	財政部・規章省令	財政部令第33号
② 企業会計基準—個別会計基準 1号-38号	2006年2月15日	財政部・規範性文書	財会［2006］3号
③ 企業会計基準応用指針（32の指針および付録：勘定科目と主な会計処理）	2006年10月30日	財政部・規範性文書	財会［2006］18号
④ 企業会計基準解釈第1号	2007年11月16日	財政部・規範性文書	財会［2007］14号
企業会計基準解釈第2号	2008年8月7日	財政部・規範性文書	財会［2008］11号
企業会計基準解釈第3号	2009年6月11	財政部・規範性文書	財会［2009］8号
企業会計基準実施課題における専門家ワーキンググループの助言			
第1期	2007年2月1日	ワーキンググループ	—
第2期	2007年4月30日	ワーキンググループ	—
第3期	2008年1月21日	ワーキンググループ	—

出所：諸資料に基づき，筆者作成。

れらの応用指針及び勘定科目などを採用すれば，従来，使用していた基準，「企業会計規定」，「金融企業会計規定」，各業種の計算方法などの執行を中止するようにと財政部に求められていた（図表4-1より財政部・規範性文書，財会［2006］18号）。②と③とは，①の部門規章である基本基準に従って作成・公布される部門規定である，また規範性文書とも呼ばれる。

　④の部分は企業会計基準解釈である。Chinese GAAPをスムーズに執行するため，また，執行中に生じた課題などについて，すばやく対応するために財政部が作成・公布したものである。第1号から順次に作られているが，それぞれの内容はQ＆Aの形式で構成され，特定な基準に対する解釈ではない。これらの基準解釈はムービング・ターゲットであるIFRSへの1つの対応策としても用いられている。これらの基準解釈は必ずしもChinese GAAPの内容として認識されているわけではないかもしれないが，実務上において，財政部会計司に公布された規範性文書であり，Chinese GAAPの一部として役割を果たしているのが現状である。2018年現在，第12号まで公布されている。

以上の①から④までは会計実務上におけるChinese GAAPの構成となるが，図表4−1の点線部分では，「企業会計基準実施課題における専門家ワーキンググループの助言」を取り上げている。これらの助言とは財政部の管轄であるCASCが設立した専門家のワーキンググループによるものである。その構成メンバーには，MoF会計司，証券監督委員会，銀行監督委員会，保険監督委員会，国務院国有資産管理委員会，国家税務総局の関連担当者が含まれている。会計基準と指針の執行上の問題・課題について，専門領域をまたがって，総合的な研究を行った上，④の基準解釈と同様にQ&Aの形式で回答や討論の結果などを公表していた。当時，上場企業や監査法人に対して，基準への理解や早急に執行できるよう，指導することが目的とされていた（財政部会計司, 2008, p.77）が，第3期以後，新たな公表がなく，すでに公表された助言の効力性については不明のままである。

　図表4−1で示した①〜④までの内容については，財政部が設定主体であり，中国のピラミッド型会計法規範の構成であるため，法的強制力を持っている。一方，ワーキンググループによる助言は中国における実質的なコンバージェンスの達成につれ，第3期以降，新たな公表がないままである。これらの助言は会計法規範としての位置づけができないにもかかわらず，Chinese GAAPの初年度適用，また，ECによる同等性評価を得るためにも総合的かつ指導的な役割を果たしたと考え，Chinese GAAPの構成を紹介するにあたって，取り上げることにした。

2．Chinese GAAPの初年度適用に対する海外の反応

　Chinese GAAPは2007年1月1日より中国国内上場企業を対象に強制適用が始まっており，非公開企業についても適用が推奨されている。この節では，Chinese GAAPの初年度適用状況を把握するために，まず，海外の反応を，次に中国基準と国際会計基準との差異を紹介する。

　2008年に，Chinese GAAPの初年度（2007年度）の適用状況を把握するため，中国財政部会計司の集権管理の下で「日々の時価を把握，個々の財表を分析」することが行われた。その結果をもって，上場企業1,570社のうち，

1,557社の有価証券報告書に関する集計分析が英文報告書に編集され，IASB，世界銀行，EU，FASBに提示された。その後，2008年度，2009年度のChinese GAAPにおける執行状況分析報告書が公表された。以下では，この2007年度の報告書で取り上げられた海外の反応[6]を簡単に紹介する。

① IASBが専門家を中国に派遣して，Chinese GAAPの実施状況について現地調査を行い，中国企業会計基準体系の安定かつ有効な実施を再確認した。

② 世界銀行もChinese GAAPの有効な実施状況について，高い評価を与えると同時に，「中国会計改革と発展」プロジェクトは世界銀行の長期貸付プロジェクトの中で最も成功した模範事例として認可した。

③ ECによる同等性評価は，「延期」から「条件付きで認める」に一転した。

④ 中国側が米・中GAAPにおける相互承認の達成を期待する中で，FASBはまず中国との共同研究に関するMOU（覚書）に調印した。

⑤ IFRSを導入したHK（香港）当局はChinese GAAPと香港財務報告基準とは同等であることを承認した。

このような反応を受けて，中国当局は2009年度よりChinese GAAPの適用範囲を上場企業から非公開の大中企業まで広げていった。

3．Chinese GAAPとIFRSとの主な差異

IFRSへのコンバージェンスを実行している中国当局は「借鑒式」アプローチを用いて，ムービング・ターゲットであるIFRSを節度よく中国会計法規体制に取り込んでおり，同時に，新興経済国としての特殊性を隠さずChinese GAAPの中で反映させている。したがって，Chinese GAAPとIFRSとの内容は完全一致ではなく，両基準の異なる内容について，差異として認定された項目と認定されていない項目が存在している（**図表4-2**）。前述したように，2008年に，IASBは中国の主張を受け，IAS第24号「関連当事者についての開示」を改正したことはその一例である。

---

[6] 中国財政部会計司課題組（2009），p.10を参照されたい。

特に差異として認定された項目である資産減損の戻入れ処理については，国際会計基準では認められているのに対して，中国側はIASBに新興経済国としての特殊性を主張し，経済先進国と同様な会計処理を行うことは困難であり，自国の事情に合わせて，資産減損戻入れ処理を禁止する現行基準の設定に至った。

　国際会計基準は高品質を目指しながら，常に設定，改正されている"動的な目標"であるため，潜在する新たな差異が生じる可能性も十分に考えられる。このため，Chinese GAAPのIFRSに対する追随は，"動的な対応"を取らざるを得ない。この"動的な対応"とは，借鑒式アプローチ（詳細は2章を参照）によるIFRSへのコンバージェンスを意味している。

　また，周知のようにIFRSをカーブアウト（適用除外）して採用しているEUは米国，日本などの会計基準に対して同等性評価を行っていた。新基準を公布・施行した中国は，コンバージェンス国として米国，日本と肩を並べた以上，EUによる同等性評価の獲得に向けて積極的な働きかけをしていた。

　2008年12月の欧州委員会（EC）のプレスリリース"European Commission grants equivalence in relation to third country GAAPs (Reference：IP/08/1962)"によれば，米国基準・日本基準の双方はEUで

◆図表4-2　2007年版Chinese GAAPとIFRSとの差異（基準内容の主な差異）

両基準の主な異なる項目	差異として認定された項目		(1)関連当事者間取引についての開示
			(2)資産減損の戻入れ処理
	差異として認定されていない項目（内容は異なるが，差異ではない）	Chinese GAAPにない項目	・売却目的保有の非流動資産
			・廃止事業
			・従業員給付と退職給付
			・超インフレ経済下における財務報告書
		自由裁量項目	☆　公正価値の測定
		IFRSにない項目	★　持分プーリング法の適用

出所：筆者作成。

採用されている国際会計基準と同等であることが認められた一方で，中国，カナダ，韓国，インドの会計基準は2011年までに状況の見直しを行うとの条件付きで，同等と認める決定が下された（詳細は5章を参照）。

中国の目的は，EUのようにより多くの国・地域にChinese GAAPを認めてもらうことであろう。2007年12月に中国本土と香港との間では，会計基準における相互承認の声明がすでに公表され，内陸企業の香港上場にあたっては，双方の資本市場の発展と資金調達ためのコストダウンが期待されている。

しかしながら，ECのように「Chinese GAAP」に対して"条件付きで認める"ことと，さらに同等である評価の他に，IFRSの導入においては，中国は「IFRSを自国の体系に合わせ，基準を書き換えた。似ているがよく見ると違い，投資家は信じていない。信頼を得るには，そのまま導入するのがベストだ」[7]という厳しい評価もされているが，新興経済国として持続的な成長を成し遂げている中国では，IFRSを手本にして整備されてきたChinese GAAPは，国内資本市場のインフラとして大きな役割を果たしていることも事実である。

中国には中国の事情があり，自分の身の丈にあった基準を持つことは，むしろ投資家には受け入れられやすいと言える。異なる基準が存在するということにはそれなりの理由があり，投資家の注意を喚起することもできる。または，「投資家は信じていない」という内容は，主に会計情報の内容・精度であり，会計基準そのものではない。仮にそのまま国際会計基準が導入されても，会計情報に対する十分な信頼が得られるとは言い切れないであろう。

持続的なコンバージェンスの続行

ここでは，米国・日本・中国におけるロードマップの概略を踏まえて，中国ロードマップの草案および2010年版のロードマップを比較しながら，中国におけるコンバージェンスの試行錯誤を捉えてみる。

7　山田（2009），43頁より。

1．米国・日本・中国におけるロードマップの概略

　21世紀の初頭頃には，IFRSをアドプションすることは，もはや"会計世界の常識"になりかけていた。特にリーマン・ショック以後，日米の動向は明らかにこの"常識"を踏襲しようとしていた。2008年に開催されたG20ワシントン・サミットで，「単一で高品質な国際基準」を策定するという目標が掲げられた。その翌年に，FSF（金融安定化フォーラム）の改組で設立された金融安定理事会（Financial Stability Board：FSB）が国際会計基準の国際的コンバージェンスを促していた。これらの目標に向けて，米国，日本は2008年，2009年に相次いでロードマップを公表し，まず国内上場企業を対象にIFRSの強制適用に関する"公約"を示唆していた。

　第3番目のコンバージェンス国としての中国は日米の動きに追随せずに，世界の動きに注目しながら，自国の実情に合わせて，2009年9月10日に「中国企業会計基準におけるIFRSへの全面的なコンバージェンスを持続するロードマップ（公開草案）」（中国語：中国企业会计准则与国际财务报告准则持续全面趋同路线图（征求意见稿））が財政部により公表されたのである[8]。公開草案では，IFRSの強制適用に言及せずに，全面的なコンバージェンスを持続することを掲げていた。

　しかしながら，翌年に，公表されたものでは，ロードマップ公開草案での題目に用いた「全面的」という文言が取り除かれ，「持続的なコンバージェンスを行う」という文言を用いたロードマップが正式に公表されたのである。2009年から2010年にかけて，中国は，従来どおりの「趨同戦略」を貫くが，持続的または全面的に行うことをめぐって，一瞬のためらいはあったにもかかわらず，中国当局はIFRSをそのままアドプションする意思表明を一度もせず，趨同戦略を全うする姿勢を明確した。米国・日本・中国におけるロードマップと関わる諸項目の概略については，**図表4-3**に示したとおりである。

8　財政部「关于中国企业会计准则与国际财务报告准则持续全面趋同路线图征求意见的函」財会函［2009］26号。http://www.casc.org.cn/2009/0910/92876.shtml

◆図表4-3　米国・日本・中国におけるロードマップの概略

項　目	米　国	日　本	中　国
会計基準設定機構名称	FASB 財務会計基準審議会	ASBJ 日本企業会計基準委員会	CASC 中国会計基準委員会
機構設立期日	1973年	2001年	1998年
機構属性	常設民間組織	常設民間組織	財政部の管轄組織
IFRSへの対応	2002年9月 ノーウォーク合意 Norwalk Agreement	2005年／2007年 東京合意 Tokyo Agreement	2005年11月 北京声明 Beijing Joint Statement
EUにおける同等性評価 2008年当時	2008年12月 US GAAPは同等である	2008年12月 Japanese GAAPは同等である	2008年12月 Chinese GAAPは評価延期→条件付きで同等
ロードマップの公表	2008年11月14日，SECが米国上場企業によるIFRSの適用に関する待望のロードマップ案を公表。	2009年6月30日に日本企業会計審議会が「我が国における国際会計基準の取り扱いに関する意見書（中間報告）」を公表。	2009年9月10日，中国財政部が「中国企業会計基準におけるIFRSへの全面的なコンバージェンスを持続するロードマップ（公開草案）」を公表。
ロードマップに示された3ヵ国の今後の予定	米国内の登録企業を対象に，要件付きで2009年12月期よりIFRSを任意適用。2011年に強制適用の採否を行う。採用が決定された場合には，IFRSを三段階に分けて強制適用，時期は2014年から2016年にかけて進める。	2010年3月期より，IFRSを任意適用。2012年に強制適用の採否を行う。採用が決定された場合には，IFRSの強制適用時期は2015年または2016年と確定。	2007年1月よりChinese GAAPがすでに上場企業を対象に強制適用。IFRSに対応するために，2010年から2011年にかけて，Chinese GAAPの全面改正を行う。2012年からすべての大中規模企業に導入。
ロードマップの執行状況	2010年2月にSECが予定していた段階的強制適用の時期が2015年以後に延期することを公表。2018年現在，強制適用に関する公表はなし。	自見元金融大臣の2011年6月21日の発言によれば，2015年の強制適用は考えておらず，強制適用の延期が示唆された。2018年現在，強制適用に関する公表はなし。	2010年4月2日に「中国企業会計基準におけるIFRSへのコンバージェンスを持続するロードマップ」を公表。持続的なコンバージェンスを実行し，強制適用には言及しない。2018年現在，全面的なコンバージェンスが持続中。

出所：諸資料に基づき，筆者作成。

　図表4-3で示したように，米国証券取引委員会（Securities and Exchange Commission：SEC）は2010年2月にロードマップで予定していた2014年よりの段階的強制適用について，2015年以後に延期するワークプランを公表した。当時，強制適用における延期発表として受け止められていたが，2018年時点で，米国の対応姿勢を再考して，この公表は強制適用の延期告知

ではなく,IFRSにおける強制適用の無期限撤回の告知であろう。また,日本においても,IFRSへのコンバージェンスをしながら,「修正国際基準（国際会計基準と企業会計基準委員会による修正会計基準によって構成される会計基準)」を登場させたのである。

世界上位GDPの保持者としての米国・日本の動向を鑑みて,中国も自国の対応にも軽くブレーキをかけていたようである。その影響は下記のロードマップ公開草案の修正内容に反映されたと考えられる。

2. 公開草案と2010年版ロードマップ

G20とFSBがグローバルな会計基準を支持していることを背景に,中国財政部は公開草案に修正を加えた後,2010年4月2日に,「中国企業会計基準におけるIFRSへのコンバージェンスを持続するロードマップ」(中国語:中国企业会计准则与国际财务报告准则持续趋同路线图）を正式に発表した。公開草案の表題および本文にあった"全面"という文言がすべて消えていた。図表4-4では,公開草案と正式版ロードマップの構成内容とそれぞれの三の(三)と正式版の三の内容の比較を行った。

その結果,中国におけるコンバージェンスの現状をめぐって,下記の3つの内容が中国当局に主張されていることが改めて判明したのである。

①中国では,第1次「北京声明」以後,企業会計基準におけるIFRSへのコンバージェンスはすでに実現され,持続的なコンバージェンスを保っていくこと。

中国当局はIFRSにおけるコンバージェンスの度合いを表現する言葉である"全面的"を取り下げたことは,米国や日本の強制適用における延期とは直接的な関連性を持っていないにもかかわらず,IFRSにおける整備および今後の自国対応の展開において,若干の懸念を表すものであると考えられる。仮に全面的なコンバージェンスが実現したとすれば,その次に待っているのはIFRSのアドプションという選択肢しかないのである。その選択肢は中国の国家会計戦略に沿わないものであるため,敢えて"全面的"を取り下げにして,持続的なコンバージェンスを保つという言葉が選ばれたと思われる。

②中国にとっての持続的なコンバージェンスとはIFRSにおける改訂・新規の進度と同期することを目指すこと。

図表4-4の公開草案の三の（三）で示したようないくつかの個別会計基準の改正日程およびIASBによるIFRSの改正予定などは正式なロードマップでの言及が避けられていた。中国はIFRSをそのままアドプションしない代わりに、できる限りIASBの改訂作業および新規開発に携わって、IFRSとの差異を拡大せず、等効（同等）であることを維持することは当面の目標であろう。

③「企業会計基準―基本基準」は概念フレームワークとして、会計認識、測定及び報告に対する基本的な要求を明確にし、個別会計基準の制定を指導すること。

図表4-4で示した両方の日程内容を比較してみれば、企業会計基準システムを調整することより、基本基準の"立場"を明確にしたことが重要視されたことがわかる。基本基準が1993年に導入された時から、概念フレームワーク（CF）の代用として一部の役割を果たしてきたと考えられるが、IASBのCFに相当するすべての役割については、基本基準が持っているか否かは不明瞭のままである。なぜなら、中国の基本基準とIASBのCFとは同質のものではないからである（詳細は7章を参照）。しかしながら、IFRSへのコンバージェンスをするには、必ず、IASBのCFと同様なものを備えなければいけないことはないため、法規範である「企業会計基準―基本基準」はCFのように中国会計基準の整備および会計実務に寄与することが期待されているのが現状である。

小括：上記ロードマップの公布によって、中国がすでに実現した実質的なコンバージェンスの延長線上に、持続的なコンバージェンスを行う姿勢を用いることで、IFRSの採用はしない意思表明の代わりとなった。また、中国は、世界の単一かつ高品質な会計基準を設定する目標にはコミットしているが、経済新興国の実情を十分に考慮するように促しながら、IASBの重大なプロジェクトに積極的に参加および発言権を確保する姿勢を見せていた。しかし、**図表4-3**で示した通り、のちに、米国・日本ともにロードマップに示され

◆図表4-4　ロードマップにおける公開草案と正式版との見出し比較

公開草案の見出し（2009）	正式版の見出し（2010）
一　G20首脳会議とFSBの提議に呼応し，中国企業会計準則と国際財務報告基準のコンバージェンス全面的持続のためのロードマップを制定する。	一　中国企業会計基準はすでにIFRSへのコンバージェンスを実現した。
二　中国企業会計基準はすでにIFRSと実質的なコンバージェンスを実現しており，全面的なコンバージェンスを持続するための着実な基礎を作り上げた。	二　国際金融危機に対応して，中国は世界の単一かつ高品質な会計基準を設定することを支持し，中国会計基準における国際的なコンバージェンスを積極的に推進する。
三　中国企業会計基準とIFRSの全面的なコンバージェンスを持続するためのロードマップの主要項目と日程	三　中国企業会計基準におけるIFRSへの持続的なコンバージェンスの日程 （筆者注：小見出しなし　下記2段落のみ）
（一）IASBが行う重大な基準修正プロジェクトに積極的に参与し，世界の単一かつ高品質な会計基準が新興市場経済国家の実情を充分に考慮するよう促す。	
（二）中国企業会計基準とIFRSとの現存するわずかな差異を積極的に取り除く。	
（三）中国企業会計基準とIFRSとの全面的なコンバージェンスを持続するため日程。	
IASBは2011年に金融商品・収入・財務諸表表示等重大な項目の修正を完成すると計画しており，中国企業会計基準とIFRSとの全面的なコンバージェンスの持続的な実現も2011年に予定する。2010-2011年は中国企業会計基準とIFRSとの全面的なコンバージェンスを持続的に行う重要な時期であり，財政部は2010年より基準システムの改訂作業を開始し，2011年に完成し，2012年よりすべての大中型企業で実施することに努める。	中国企業会計基準はIFRSとの持続的なコンバージェンスを続け，持続的なコンバージェンスの日程とIASBの進度とは同期（同時進行）を保持し，2011年末まで中国企業会計基準の関連項目の改訂作業を完了することを目指し，同時に必要な宣伝教育を展開し，すべての上場企業と非上場大中型企業に会計基準の変化を把握させて有効な応用を確保する。
改正後の中国企業会計基準システムは依然として基本基準，個別基準，応用指針の三部構成とされる。基本基準は変更がない。個別基準は調整補充される。現行の基準応用指針は個別準則の一部になり，関連する個別準則と一体になる。「企業会計基準解釈」は指針に名称変更を行い，内容と解釈例が調整・補充することになり，企業は全面的なコンバージェンスを持続した後の企業会計基準システムをより良く理解し実行できるようにする。	改正後の中国企業会計基準システムは依然として基本基準，個別基準及び応用指針などに構成される。基本基準は概念フレームワークとして，会計認識，測定及び報告に対する基本要求を明確にし，個別基準の制定を指導する。個別基準は企業で発生した各種の取引事項における会計認識，測定及び報告の具体的な要求を規範とする。応用指針は主に個別基準で扱っている重要かつ難しい問題に関して解釈例と操作性指導を提供する。
2011年以降，中国企業会計基準とIFRSとも相対的な安定時期に入り，実務上において新しい取引または事項が生じた場合に，全面的なコンバージェンス・メカニズムを通じて解決する。	

た方向に進まず，それぞれの国の実情がIFRSへの対応に苦慮し，2018年現在においても，国内上場企業におけるIFRSの強制適用が執行されておらず，しばらくは，中国と同様にIFRSへのコンバージェンスが"最善の道"になっているようである。中国もロードマップで掲げた2011年をめどにしていたChinese GAAPの全面改訂は予定どおりに完成できず，2014年に改訂基本基準を含めて・新規基準計8つが公布されたのであった（**資料4-2**を参照）。

第2次「北京声明」 ―全面的なコンバージェンスへ―

ロードマップで避けられていた"全面的なコンバージェンス"が第2次「北京声明」で再び言及された。この声明は第1次「北京声明」（CASCとIASB）の約10年後の2015年11月18日中国財政部とIFRS財団の間で取り交わした共同声明である。第1次の双方は会計基準設定を担うCASCとIASBであったが，第2次の当事者はそれぞれの上級部門となっており，より確実な合意が期待されていることがうかがえる。その内容は**資料4-1**のとおりである。本文の中では，双方は2005年の第1次「北京声明」の効果を十分に肯定した上で，今後の協力について下記3つの共同認識が得られたのである。

①全面的なコンバージェンスというゴールを再確認した。中国はIFRS財団の活動を支えると同時に，IFRSへの全面的なコンバージェンスを通じて，G20が提唱した「世界の単一かつ高品質な会計基準」を作成するという目標を実現することにコミットしている。

②協力を持続的に展開する。中国は新興経済圏グループを始め，多くのIFRSの開発・策定と関わる機構・グループに参加・貢献していることがIFRS財団に認められ，新興経済圏の主役としての役割が果たされることも期待されている。

③協力を深めるために，ジョイント・ワーキング・グループを設置するコンセンサスを得た。

したがって，第1次「北京声明」の主な真意とはChinese GAAPの公布・施行をすることによって，IFRSへの実質的なコンバージェンスを達成した

資料 4-1　第 2 次「北京声明」（英語版）

Ministry of Finance of China and IFRS Foundation Joint Statement
18 November, 2015, Beijing

Representatives of the Trustees of the IFRS Foundation and the Chinese Ministry of Finance held a bilateral meeting, on the occasion of the Trustees' final meeting of 2015 held in Beijing, China between 13 and 16 October 2015. The bilateral meeting was led by Michel Prada, Chairman of the IFRS Foundation Trustees and Dai Bohua, Assistant Minister of the Ministry of Finance, China.

During the meeting, both parties noted the success of the existing Beijing Joint Statement, published in November 2005 between the China Accounting Standards Committee (CASC) and the International Accounting Standards Board (IASB). It is the view of both parties that the Joint Statement has achieved its objectives. In particular, that Chinese Accounting Standards (CAS) are now substantially converged with IFRS and the use of those standards has significantly enhanced the quality and transparency of financial reporting in China.

Moreover, both parties noted the progress around the world towards the goal of establishing IFRS as the single set of high quality, global accounting standards, and the resulting changes to the financial reporting landscape globally. More than 100 countries now require the use of IFRS for all or most publicly listed entities, while post-adoption analysis has shown that IFRS has substantially increased the quality and consistency of financial reporting within adopting jurisdictions. Furthermore, both parties noted the importance of continued international support for the goal of a single set of high quality, global accounting standards, as demonstrated most recently by the September 2015 statement of the Financial Stability Board.

Recognizing these developments, both parties believe that now is an appropriate time to update the 2005 Beijing Joint Statement to reflect progress made in both China and around the world, and set out below the following basis for future cooperation:

Reaffirming the goal of full convergence

Ten years after the Beijing Joint Statement and continuous cooperation on IFRS under the leadership of Finance Minister Lou Jiwei, Assistant Minister of Finance Dai Bohua reaffirmed China's continued commitment towards the work of the IFRS Foundation, the G20-endorsed goal of a single set of high quality,

> global accounting standards and China's vision to achieve this goal through full convergence with IFRS. This objective is compatible with China's reforms and development.
> 　Enhancing continued cooperation
> 　The Trustees noted their appreciation for China's leadership of the Secretariat of the IASB's Emerging Economies Group, for Chinese involvement in the various advisory bodies and consultative working groups, the provision of technical seconders from the Chinese Ministry of Finance and China's ongoing financial support to the IFRS Foundation. The Trustees will continue to ensure that Chinese stakeholders are fully involved in the future development of IFRS. Such involvement is fully consistent with the request of the G20 to deepen the participation of emerging economies in the work of the IFRS Foundation and the IASB.
> 　Establishing a joint working group for further cooperation
> 　Both parties intend to build upon the success of the 2005 Beijing Joint Statement and to explore possible ways to further the use of IFRS in China. In support of this objective, the Trustees and the Ministry of Finance will establish a joint working group to explore ways and steps to advance the use of IFRS within China and other related issues, especially for those internationally orientated Chinese companies. The first meeting of the working group will take place in the near future.

出所:「中华人民共和国财政部与国际财务报告准则基金会联合声明」より。下線は筆者。
　　http://kjs.mof.gov.cn/zhengwuxinxi/gongzuodongtai/201511/t20151120_1574639.html

ことの表明と，いかにコンバージェンスをするかは中国が決めることであったが，第2次「北京声明」の主な真意とは，中国では，IFRSをアドプションはしないが，IFRSへの持続的なコンバージェンスから全面的なコンバージェンスを目指して，さらに，IFRSの開発・策定などに積極的に関わることであるとした。

　以下では，中国当局は全面的なコンバージェンスをいかに，そして，IFRSの開発・策定にどのように関わっていくのかについて，簡単な検証を行う。

1．Chinese GAAPの改訂・新規による全面的なコンバージェンスの展開

　2015年の第2次「北京声明」以後，Chinese GAAPに含まれている38の個

別会計基準に関しては，第14号「収益」，第16号「政府補助金」，第22号「金融商品の認識と測定」，第23号「金融資産の移転」，第24号「ヘッジ取引」および第37号「金融商品の開示及び表示」の6つの個別会計基準が改訂され，第42号「売却目的で保有する非流動資産と非継続事業」という新規基準，第21号「リース」の改訂公開草案，さらに，4つの基準解釈（第9～12号）が公布されたのである（**資料4-2**）。

資料4-2　2017年版 Chinese GAAP

基準名称		指針	発効年	改正・新公布年	IFRS名称	
第1号	棚卸資産	○	2007		IAS第2号	棚卸資産
第2号	長期持分投資	○	2007	2014	IAS第27号	個別財務諸表
					IAS第28号	関連会社及び共同支配企業に対する投資
					IAS第39号	金融商品：認識及び測定
					IAS第11号	共同支配の取り決め
第3号	投資不動産	○	2007		IAS第40号	投資不動産
第4号	固定資産	○	2007		IAS第16号	有形固定資産
第5号	生物資産	○	2007		IAS第41号	農業
第6号	無形資産	○	2007		IAS第38号	無形資産
第7号	非貨幣性資産の交換	○	2007		IAS第16号	有形固定資産
					IAS第38号	無形資産
					IAS第40号	投資不動産
第8号	資産減損	○	2007		IAS第36号	資産の減損
第9号	従業員給与報酬	○	2007	2014	IAS第19号	従業員給付
第10号	企業年金基金	○	2007		IAS第26号	退職給付制度の会計及び報告
第11号	株式報酬	○	2007		IFRS第2号	株式に基づく報酬
第12号	債務再構築	○	2007		IAS第39号	金融商品：認識及び測定
第13号	偶発事象	○	2007		IAS第37号	引当金，偶発債務及び偶発資産
第14号	収益	○	2007	2017	IFRS第15号	顧客との契約から生じる収益
第15号	工事契約	なし	2007		IAS第11号	工事契約
第16号	政府補助金	○	2007	2017	IAS第20号	政府補助金の会計処理及び政府援助の開示
第17号	借入費用	○	2007		IAS第23号	借入コスト
第18号	所得税	○	2007		IAS第12号	法人所得税
第19号	外貨換算	○	2007		IAS第21号	外貨為替レート変動の影響
					IAS第29号	超インフレ経済下における財務報告
第20号	企業結合	○	2007		IFRS第3号	企業結合
第21号	リース	○	2007	改訂草案公開	IAS第17号	リース
					(現在IFRS16号リース)	
第22号	金融商品の認識と測定	○	2007	2017	IAS第39号	金融商品：認識及び測定
					IFRS第9号	金融商品
第23号	金融資産の移転	○	2007	2017	IAS第39号	金融商品：認識及び測定
					IFRS第9号	金融商品

号	名称	状態	制定	改訂	改訂	対応IAS/IFRS
第24号	ヘッジ取引	○	2007		2017	IAS第39号　金融商品：認識及び測定 IFRS第9号　金融商品
第25号	原保険契約	なし	2007			IFRS第4号　保険契約
第26号	再保険契約	なし	2007			IFRS第4号　保険契約
第27号	石油・天然ガスの採掘	○	2007			IFRS第6号　鉱物資源の探査及び評価
第28号	会計方針，会計上の見積りの変更及び誤謬の訂正	○	2007			IAS第8号　会計方針，会計上の見積りの変更及び誤謬
第29号	後発事象	なし	2007			IAS第10号　後発事象
第30号	財務諸表の表示	○	2007			IAS第1号　財務諸表の表示
第31号	キャッシュ・フロー計算書	○	2007			IAS第7号　キャッシュ・フロー計算書
第32号	期中財務報告	なし	2007			IAS第34号　期中財務報告
第33号	連結財務諸表	○	2007	2014		IFRS第10号　連結財務諸表
第34号	一株当たり利益	○	2007			IAS第33号　一株当たり利益
第35号	セグメント報告	○	2007		?（未定）	IAS第14号　セグメント別報告 （現在IFRS第8号事業セグメント）
第36号	関連当事者についての開示	なし	2007			IAS第24号　関連当事者についての開示
第37号	金融商品の開示及び表示	廃	2007	2014	2017	IAS第32号　金融商品：表示 IFRS第7号　金融商品：開示
第38号	企業会計基準の初度適用	○	2007			IFRS第1号　国際財務報告基準の初度適用
第39号	公正価値測定	○		2014		IFRS第13号　公正価値測定
第40号	共同支配の取り決め	○		2014		IFRS第11号　共同支配の取り決め
第41号	他の企業への関与の開示	○		2014		IFRS第12号　他の企業への関与の開示
第42号	売却目的で保有する非流動資産及び非継続事業	なし			2017	IFRS第5号　売却目的で保有する非流動資産及び非継続事業

その他

	企業会計基準解釈第1号	2007	財会 [14] 号
	企業会計基準解釈第2号	2008	財会 [2008] 11号
	企業会計基準解釈第3号	2009	財会 [2009] 8号
	企業会計基準解釈第4号	2010	財会 [2010] 15号
	企業会計基準解釈第5号	2012	財会 [2012] 19号
	企業会計基準解釈第6号	2014	財会 [2014] 1号
	企業会計基準解釈第7号	2015	財会 [2015] 19号
	企業会計基準解釈第8号	2015	財会 [2015] 23号
	企業会計基準解釈第9号	2017	財会 [2017] 16号
	企業会計基準解釈第10号	2017	財会 [2017] 17号
	企業会計基準解釈第11号	2017	財会 [2017] 18号
	企業会計基準解釈第12号	2017	財会 [2017] 19号
第1期	企業会計基準実施問題専門家ワーキンググループ助言	20070201	
第2期	企業会計基準実施問題専門家ワーキンググループ助言	20070430	
第3期	企業会計基準実施問題専門家ワーキンググループ助言	20080121	

ここでは，Chinese GAAPはどのような経緯で改訂されるのかを検証するため，個別会計基準の第14号「収益」を例にして紹介する。第14号「収益」基準はIAS第18号「収益」基準を手本にして，2006年にChinese GAAPの一個別基準として制定・公布され，2007年にすべての上場企業に強制適用され

◆図表4-5　第14号「収益」の改訂プロセス

IFRS IAS第18号「収益」	Chinese GAAP 第14号「収益」	
2001年4月に採択		
	2006年	公布
2009年1月にIASBはIFRIC第18号「顧客からの資産の移転」を公表。	2007年	発効
	2014年	収益基準プロジェクト・グループ設置
2014年5月にIFRS第15号「顧客との契約から生じる収益」を公表。同時に，IFRS第15号は，IAS第18号とIFRIC第18号を置き換えている	2014年5月―2015年3月	①前期準備段階
	2015年3月―2015年12月	②起草段階
	2015年12月―2016年6月	③コメント募集段階
2016年4月に「IFRS第15号『顧客との契約から生じる収益』の明確化」を公表。他の基準により，IFRS第15号に軽微な結果的修正が行われている。	2016年6月―2016年11月	④テスト段階
	2016年11月―2017年7月	⑤改訂整備段階
	2017年7月5日	公布
発効	2018年1月1日	発効対象：国内と海外同時上場企業
2015年9月にIASBは「IFRS第15号の発効日」を公表し，強制発効日を2018年1月1日に延長した。	2020年1月1日	その他の国内上場企業
	2021年1月1日	Chinese GAAPを使用する非上場企業

出所：2017年版IFRS第15号および財政部会計司（2017b）に基づいて，筆者作成。

ていた。IFRSが改訂される場合，その改訂内容へのコンバージェンスを持続するためには，中国当局は借鑑式アプローチを用いて改訂作業などを行う。2014年にIFRS第15号「顧客との契約から生じる収益」はIAS第18号「収益」を置き換えていた。IFRS第15号が**図表4-5**で示したように最終的な発効日は2018年1月1日になっていた。

したがって，2007年に発効していたChinese GAAPの個別会計基準第14号「収益」はIFRS第15号の公表を受けて，改訂作業を行うために，財政部会計司は収益基準プロジェクト・グループを設置し，約3年間で前期準備，起草，コメント募集，テストおよび改訂整備という5段階のプロセスを経て，2017年7月5日に第14号「収益」の改訂版が公表された。IFRS第15号の発効日に合わせて，とりわけ，中国国内と海外同時に上場している企業が2018年1月1日より第14号が適用対象とされることになった。国内のChinese GAAPを採用している上場企業および非上場企業には2020年，2021年に分けて，段階的に適用されていく。

他の個別会計基準の改訂または新規の際も，第14号「収益」の改訂プロセスとほぼ同様な手続きで実施されている。これからもこのような手続きを踏まえることによって，Chinese GAAPはIFRSへの全面的なコンバージェンスを実現するのである。同時に，これらのプロセスにおいて，中国側に特有な主張・問題意識・特徴なども積極的にIASBおよび関連機構に発信している。

2．IFRSの改訂・策定への参与と発言権の強化

第2次「北京声明」の内容を通じて，中国は新興経済グループ（Emerging Economies Group：EEG）のサテライトオフィスを北京に設置したことだけではなく，IFRS財団および関連機構と関わりながら，IFRSの改訂・策定に深く参与していることをアピールしていた。2015年に，**図表4-6**に示されたIFRS財団の諸機構および関連機構には中国からのメンバーたちが活躍していた。

特にIASBのボードメンバーについて，2007年よりボードメンバーになった張為国氏は2017年6月に2期目の任期満了に伴って退任し，後任者は

◆図表4-6　中国におけるIFRS策定諸機構の参与状況（2015年）

	IFRS策定諸機構	所定人数	中国代表（中国語表示）
1	IFRS評議員　Trustees	22名	亜洲基礎設施投資銀行候任行長　金立群
2	IASBボードメンバー	15名	中国証監会前首席会計師　張为国
3	IFRS諮問会議メンバー	約50名	財政部会計司司长　高一斌 厦門国家会計学院副院长　黄世忠 中国証監会会計部制度処副調研员　王昊宇
4	IFRIC委員会　議決権を持つメンバー	14名	中海油田服务股份有限公司执行副总裁，首席财务官　李飞龙
5	ASAF	12名	財政部会計司准则二処処长　陆建桥

出所：諸資料に基づき，筆者作成。

　ASAF（会計基準アドバイザリー・フォーラム）のメンバーである陸健橋氏（中国財政部会計司に所属）が抜擢されたのである。2017年1月1日現在で常勤12名，非常勤メンバーを3名まで含めることができ，計15名となっている。したがって，ボードメンバーと関連諸機構に抜擢されたメンバーの働きにより，IFRSにおける改訂・策定への参与に関しては安定した立場が保たれているようである。今後，中国はいかに発信力を向上し，発言権を強化していくかという課題が残されている。

　一方，周知のように，2011年4月に「IFRS財団のモニタリング・ボードと評議員会の共同声明」[9]が公表され，基準設定主体のガバナンスにおける継続的強化と改善は当時の課題として取り上げられていた。2012年2月に「IFRS財団　ガバナンス改革に関する報告書」が公表されたことを受け，運営主体ではなく監視機関として，IFRS財団の外に設置されるモニタリング・ボードが多くの資本市場関係機構・組織に注目されるようになった。

　中国当局も例外なく，モニタリング・ボードの動向に関心を寄せていた。上記の報告書によれば，モニタリング・ボードがより効果的に活用されるため，モニタリング・ボードについて，以下の決定が行われた[10]。

「1）モニタリング・ボードのメンバーは，引き続き，会計基準の形式・内容について権限を有する資本市場当局に限定される。

---

9 「IFRS財団のモニタリング・ボードと評議員会の共同声明」（2011年4月27日）。https://www.asb.or.jp/jp/ifrs/press_release/y2011/2011-0427.html
10 「IFRS 財団ガバナンス改革に関する報告書」（仮訳）（2012年2月9日）より。http://www.fsa.go.jp/inter/etc/20120213-1/05.pdf

2）主に主要な新興市場からメンバーを追加するとともに，証券監督者国際機構（IOSCO）と協議して交代制メンバーの制度を導入することで，モニタリング・ボードのメンバーを拡大する。

3）現行のメンバー要件のうち，『高品質で国際的な会計基準の策定を支える』強い意思については，各法域内の市場におけるIFRSの使用とIFRS財団への資金拠出への関与を通じて証明することを求める形に洗練する。モニタリング・ボードのメンバーになるか，メンバーであり続けるためには，すべての常任メンバーは上記の要件を満たさなければならず，また，定期的にメンバーとしての適格性の評価が行われる。」

モニタリング・ボードのメンバー要件については，上記の3）に記述された内容は中国の立場から見るとかなりハードルの高いものであった。特に「各法域内の市場におけるIFRSの使用」については，中国の既存の法体制と既存の資本環境はたやすく容認できないものであった。その主な理由として，まず，既存の会計法規範上においては，そのままの「IFRSの使用」が法規制にそぐわないことは明らかである。中国の『会計法』には，国家は統一な会計制度を実行することと（その制度は明文化された各種の会計基準・規定を指す），その設定主体は財政部であることが定められている。それから，そもそも，海外企業は中国証券市場で資本調達をすることはできないのである。現在，上海証券取引所において，国際ボードの設置を検討中であるため，中国本土の投資家にとって，国内資本市場においては，会計情報の比較は国内上場企業に限られている。そういう意味では，本土の資本市場が国際化（海外企業が中国市場で上場すること）しない限り，IFRSの必要性が必ずしも高いとは言えないであろう。

上記の2点については，すぐに改善できることはないにもかかわらず，2015年11月に第2次「北京声明」が公表されたことを背景に，翌年の8月にIFRS財団モニタリング・ボードは中国財政部をメンバーとして任命したのであった。

モニタリング・ボード・ニュース[11]によれば、この任命に対して、米国証券取引委員会（SEC）は議決を棄権したが、新興市場からのメンバーを4席まで増やす意向に沿って、この任命は、2016年8月11日にIFRS財団モニタリング・ボード憲章への中国MoFの署名に基づいて発効されることとなった。

要するに上記要件3）の主な要件とはIFRSの使用とIFRS財団への資金拠出であることは明白である。そこで、まず、「IFRSの使用」への対応としては、中国当局は第1次「北京声明」を通じて、IFRSへの実質的なコンバージェンスが実現したとIASBとIFRS財団に認めてもらいながら、ECによる同等性評価も得られている。さらに、持続的なコンバージェンスから全面的なコンバージェンスを実行することも第2次「北京声明」で公約し、Chinese GAAPの改訂・新規をできる限りIFRSの改訂・新規と同期させることを最終目標として期待されている。これらの一連の対応への評価として、モニタリング・ボードは中国が「IFRSの使用」という判断を下したのであろうか。その次のIFRS財団への資金拠出であるが、中国にとっては、さほど問題ではない。IFRS Annual Report 2012によれば、中国からの拠出額はドイツ・フランスと同様に総額（20,747,165£）の4％となっており、また、2015年の第2次「北京声明」により、中国の継続的な資金拠出が確認されたのである。したがって、同等性評価を得た「IFRSの使用」と「資金拠出の確認」が取れたことによって、中国財政部はモニタリング・ボード・メンバーとして2016年より任命されたと考えられる。ちなみに、IFRS Annual Report 2016によれば、中国から拠出資金額は2,088,090£であった[12]。

したがって、2016年には**図表4-7**で示したように、IFRS財団および関連機構等計六6つの組織、2つのグループおよび各種のワーキンググループに中国当局の関係者が参与している。IFRSの改訂・策定への関与は、中国は全方位からの参加が実現したのである。言うまでもなく、メンバーたちに新興経済圏の代表として常に特有の問題意識を持つことによって、発信力の向

---

11 「Monitoring Board announces new board member」IFRS Foundation Monitoring Board Press Release19 August2016　http://www.iosco.org/about/monitoring_board/pdf/press-20160819-1.pdf

12 IFRS® Foundation, Annual Report（2016），p.4より。

◆図表4-7　中国におけるIFRS財団および関連諸機構への参与状況（2015年）

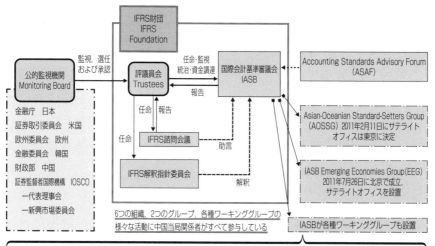

	IASB傘下の各種ワーキンググループ	中国代表（中国語表示）
1	IASB Emerging Economies Group新興経済グループ	中国会計学会副会長，財政部会計司前司長　楊敏
2	IFRS Taxonomy Consultative Group	財政部会計司巡視員　応唯 普華永道会計師事務所合伙人　季瑞華
3	IFRS for SMEs(Small and Medium-sized Entities)	財政部会計司副司長　舒惠好
4	CRUF(Corporate Reporting Uesers' Forum)	中石油中亜天然気管道有限公司総会計師　張少峰
5	教育諮問グループ	上海国家会計学院院長　李扣庆
6	減損専門家諮問グループ	中国工商銀行副行長　谷澍
7	金融資産減損経過措置ワーキンググループ	中国銀行会計信息部経理　于暁飛
8	公正価値教育文書評価専門家グループ	德勤華永会計師事務所合伙人　劉明華 毕馬威華振会計師事務所評估服務合伙人　張慧如

出所：諸資料に基づき，筆者作成。

上と発言権の強化につあがっていくことが中国当局に期待されている。しかしながら，「IASBは様々な論点について議論していますが，これらのほとんどはアジア地域の要請によるものではありません」[13]という厳しい現状も存在する。

13　IASBボードメンバーWei-GuoZhang（張為国）IFRS財団アジア・オセアニアオフィスディレクター竹村光広（2014），36頁より。

3．全面的なコンバージェンスにおける取り組み

　中国はIASBにおけるIFRSの策定などの関与が第2次「北京声明」以後，強くなったことを背景に，国内におけるChinese GAAPの改訂・新規も加速されたように見えた。**資料4-2**で示したように，Chinese GAAPは2006年に公布されてから，大きな改訂・新規が行われたのは2回のみである。1回目は2014年に，2回目は2017年である。特に，2回目の場合，Chinese GAAPの第14号「収益」，第16号「政府補助金」，第22号「金融商品の認識と測定」，第23号「金融資産の移転」，第24号「ヘッジ取引」，第37号「金融商品の開示および表示」が改訂されていた。また，第42号「売却目的で保有する非流動資産および非継続事業」が新規・公布されたのである。これらの改訂・新規内容はほぼ**図表4-2**で示した2007年版Chinese GAAPとIFRSとの差異における対応として見なすことができる。

　また，IFRS第16号「リース」はIAS第17号から置き換えられたことに応じて，2018年1月8日に財政部がChinese GAAPの第21号「リース」の改訂草案を公表した（財办会［2018］1号[14]）。コメント募集が2018年2月28日までに行われる。起草説明によれば，2016年に公表されたIFRS第16号へのコンバージェンスを図るため，2006年に公表された第21号の改訂を行う旨が明記されていた。IFRS第16号は2019年1月1日よりの発効を背景に，中国当局はIASBの改訂作業と同期にすることを目指しているため，第21号の改訂作業も急いでいるように見える。さらに，IFRS第8号「事業セグメント」がIAS第14号「セグメント別報告」から置き換えられたこともあり，Chinese GAAPの第35号「セグメント報告」の改訂も同様なスタンスで行われるのであろう。

14　財政部（2018）「关于征求《企业会计准则第21号——租赁（修订）（征求意见稿）》意见的函」財办会［2018］1号．http://kjs.mof.gov.cn/zhengwuxinxi/gongzuotongzhi/201801/t20180111_2794435.html

**むすびにかえて
――新興経済国におけるIFRSの役割とは――**

　ムービング・ターゲットであるIFRSへの対応は大きくはコンバージェンス方式とアドプション方式に分かれている。米国・日本は2009年に，自国の会計基準と国際会計基準との間に存在する差異を取り除くために展開されているコンバージェンス方式から，IFRSをそのまま導入するアドプション方式への切替えの動きも見られたが，2018年現在もIFRSを完全にアドプションする気配はない。方向性が二転三転する米国・日本に対照的なアプローチを取っているのは中国である。したがって，IFRSへの対応をめぐっては，中国がロードマップの公表によって，自らは日米と異なる道を選ぶことになった。2012年まで，世界で約123の国と法域ではIFRSが適用されている[15]。2015年の第2次「北京声明」を契機に，全面的なコンバージェンスを実行することが明らかになったのである。

　したがって，中国における会計趨同戦略は①実質的なコンバージェンス（詳細は3章を参照），②持続的なコンバージェンス，③全面的なコンバージェンスという3段階に分けて見ることが可能である。中国は全面的なコンバージェンスを持続的に行うことは変わらないのだが，この動きの背後にある直近の経済状況に注意も払う必要がある。

　例えば，世界の名目GDPランキング[16]によれば，中国の2016年のGDPは米国（約18兆ドル）に続いて世界2位（約11兆ドル）となり，国内1人当たりGDPは約8,000ドルで世界の74位程度に過ぎない。確かに，2009年の3,000ドルで100位に比べると倍増したのだが，2016年の米国の57,000ドルの8位と，日本の約38,000ドルの22位の差はまだ大きいのである。

　それから，「世界の証券市場ランキング2017年」の時価総額統計によれば，米国のニューヨーク証券取引所（約2,050兆円），NASDAQ（約820兆円），

15　Deloitte Touche Tohmatsuより公布されたデータによれば，123の国と地域がIFRS適用国とされている，任意適用国を含む。http://www.iasplus.com/country/useias.html
16　GDPに関するデータは「世界の名目GDP（USドル）ランキング」によるものである。http://ecodb.net/ranking/imf_ngdpd.html

日本取引所グループ（約530兆円），その次の第4位は上海証券取引所（425兆円）で，深圳(せん)（350兆円）と香港（340兆円）を合わせてると1115兆円で第2位になる。しかしながら，中国の資本市場には外国株式市場が存在しておらず（外資系企業の上場ができない），株式取引に関する自由度が高いとは言い難い。以前から，中国版ナスダック市場が誕生したことにより，取引の過熱が続いている中で，上場関係者の成金が続出したために庶民の不満が募る一方[17]という報道もある。つまり，資本市場の整備課題がまだ多々存在している。

　これらの社会現象に中国は慎重な対応を取っており，国内の「金融経済」と「実体経済」とのアンバランス成長が存在することも明言して，経済先進国で運用されている様々な金融メカニズムを選別しながら受容しつつある。

　2009年11月18日に「米中共同声明」が公表された[18]が，中国側は海外のマスコミに大いに取り上げられた"米中時代・G2論"を否定し，新興経済国としての"身分"を固持することを世界に見せている。中国の指導層が「……私たちはいわゆるG2として動くつもりはない。……いまのグローバル化，多極化の流れに伴い，国と国の相互依存がどんどん深まってきた。世界のことは一つ，二つの国あるいは国家集団が決めるべきではなく，また決めることは不可能だ。世界のことは各国が話し合いによって解決すべきだ……」[19]と主張している。

　このような背景から，中国版ロードマップおよび第2次「北京声明」が公表されたのであった。中国は新興経済国として，国際会計基準をそのまま導入せず，IASBに新興市場の国家経済の実情を考慮してもらった上での高品質な国際会計基準を目指して欲しいと強く訴えている。

　中国の訴えに共感している筆者は国際会計基準の役割を追究する際には，「金融経済」と「実体経済」の発達度によって，国際会計基準が異なる役割を果たしていると考える。「金融経済」が成熟している経済先進国では，会

17　「中国版ナスダック，過熱続く」（日本経済新聞，2009年11月14日より）。
18　「米中共同声明の要旨」（日本経済新聞，2009年11月18日より）。
19　「習副主席の会見要旨」（日本経済新聞，2009年12月13日より）。

計情報の信頼性・比較可能性が投資家により強く求められるが,「金融経済」が熟していない新興経済国,経済発展途上国においては,投資家に対する信頼性・比較可能性を有する高品質な会計情報を提供することよりも,むしろ国際会計基準の受容によって,様々な関連規制が連動的に整備されて,その国の資本市場に関わるインフラの整備に大きな役割を果たしていることが重要である。その結果,経営者,投資者,債権者,従業員,国,地方自治体などの企業利害関係者への保護にもつながり,経済社会の安定にも大きな役割を果たしている。

　2017年末の中国杭州にて,11月27日に日本,中国,韓国の3ヵ国の会計基準設定主体会議が開催された。11月29日から30日にかけて,アジア・オセアニア会計基準設定主体グループ（Asian-Oceanian Standard-Setters Group：AOSSG）の第9回年次総会も開催された。中国CASCは次期の議長国を務めることになり,中国財政部会計司司長,CASC主任である高一斌が個人代表として主席の職務に務めることになった（任期：2年間）。

　"世界の常識"から敢えてはみ出す行動を取る中国はむしろ自国の状況をよく自覚していると評価したい。拙速に国際会計基準を未熟な資本市場に導入すれば,鵜呑みによる消化不良で会計情報の真実性・比較可能性が損なわれるなど,様々な懸念を無視することはできない。IFRSの整備における発言権をより強く持って,常に特有の問題を意識しながら,IASBへ発信することが新興経済圏の一員である中国の使命になりつつある。

　2050年までに,新興経済国のGDPは世界の半分程度を占めると「BRICs」の名付け親である投資銀行ゴールドマン・サックスは推定している。中国は国際会計基準への持続的なコンバージェンスを行うことよって,人材（会計専門家）,企業,製品を含む"FROM CHINA"が世界で通用することを目指している。

　Chinese GAAPの適用・整備を検討するにあたって,特に新興経済国における国際会計基準の役割についてさらなる研究が必要であることを実感しており,改めて検討していくつもりである。

第5章

中国の等効戦略：
相互承認・同等性評価

I はじめに

　周知のように，新世紀を迎えるにあたって，IASC（国際会計基準委員会）に設定されたコア・スタンダードである30の国際会計基準（IAS）は2000年5月17日にシドニーで開催された証券監督者国際機構（International Organization of Securities Commissions：IOSCO）の年次総会にて承認された。その背景としては，グローバル経済の展開に伴い，資本市場のグローバル化も顕在化しており，会計情報，すなわち，財務諸表の比較可能性をより高める必要が出てきた。企業が海外上場の際にIASの使用がIOSCOに推奨されるようになった。2001年にIASCは国際会計基準審議会（IASB）に改組された。以後，世界各国の会計基準設定活動は，従来の国際会計基準への調和化から「単一で，なおかつ高品質」な国際会計基準への統合化に切り替わることになった。

　したがって，IASBに設定される国際財務報告基準（IFRS）をめぐる対応は多くの国では，アドプションあるいはコンバージェンスによって展開されたのである。その中で，欧州連合（EU）では，米国影響力の増大を意識しながら，欧州域内の市場統合を目標に，2005年より連結財務諸表の作成について，IAS（2001年以後，IFRSに含まれる）に準拠することを域内の上場企業に義務づけることを公表したのである。すなわち，最も早くIASの強制採用を表明したのであった。しかしながら，民間組織であるIASBが設定するIFRSは法的強制力を持たないため，EUの法規制に組み入れる手続きが求められた。これを背景にエンドースメント・メカニズム（承認手続き）が生まれ，さらに，欧州委員会（EC）による第三国会計基準への同等性評価も登場したのである。

　中国は米国・日本・カナダなどの国とともに第三国としてECによる同等性評価を受ける対象となった。しかし，中国の最初の「等効」（同等）相手は「一国両制度」の聖地である中国特別行政区香港であった。後に，ECによる中国会計基準への同等性評価も紆余曲折を経てようやく評価されたので

ある。今後の「等効」相手としては，日米韓，また「一帯一路」の諸国も視野に入れている。

これまで一連の中国の動向を鑑みて，中国における国家会計戦略の展開は趨同（Convergence）というより，むしろ「等効」（Equivalence）に重点を置かれるようになっており，すなわち，「趨同はただの第一歩であり，等効は目標である」（刘玉廷，2011, p.281）。そのねらいは，中国基準版の財務諸表を無調整で世界の資本市場に通用させることにある。このため，中国は，IFRSの導入において，コンバージェンスとアドプションの二者択一にこだわらず，国益を最優先する「借鑒」（中国語：借鉴，IFRSをそのまま採用せず手本とする方式）アプローチが用いられている。

本章では，まず，「相互承認」・「等効」・「同等性（評価）」に関する意味を再確認する。それから，Chinese GAAPをめぐって中国の「等効戦略」がいかに進行されているのかをEU事例と香港事例を通じて紹介する。最後に，3～4章で触れた「趨同戦略」に「等効戦略」を加えて，中国で展開されているIFRSへの対応アプローチ，すなわち，「借鑒式」アプローチの本質を見出すことを試みる。

等効戦略：「相互承認」と「同等性評価」

中国会計基準委員会（CASC）はIASBとの間でコンバージェンスに関する共同声明（「Joint Statement of the Secretary-General of the China Accounting Standards Committee and the Chairman of the International Accounting Standards Board」，以後，第1次北京声明[1]と略称する）が2005年11月に公表された後，中国の企業会計基準と国際財務報告基準（IFRS：International Financial Reporting Standards）とは実質的なコンバージェンス（Substantial Convergence）[2]を実現するという評定がIASB議長David Tweedie氏により与えられた。翌年の2006年2月に，中国財政部は「北京声

---

1 第1次「北京声明」の詳細内容については，3章を参照されたい。
2 Tweedie（2006），p.30。

明」の中でのIASBとの"約束"を果たし，新版企業会計基準の公布と同時に，中国の国内上場企業を対象に2007年1月1日よりの強制適用を求めたのである。同年11月には，中国証券監督管理委員会の首席会計師，財政部企業会計基準委員会メンバーである張為国氏がIASB理事として選出された（任期は2007年7月1日より5年，後に再任5年）。この一件は，日本経済新聞にも取り上げられており[3]，中国とIASBとの間の関係強化につながったが，IFRSをめぐる共同研究作業などにおいて，当時，中国の担うべき具体的な役割はいまだに明確ではない，にもかかわらず，中国は自ら国際的な会計基準の統合に向けて「趨同戦略」に「等効戦略」を加えて多くの国・地域と相互承認の戦略に乗り出したのである。

「相互承認」（Mutual Recognition）の一般的な意味とは相互に承認する，である。経済産業分野において，よく知られているのは適合性評価手続きの相互承認があり，「相互承認の参加機関が，他の参加機関の適合性評価結果を，自ら実施したものと同等であるとして相互承認することです」と解釈されている。さらに，相互承認には，参加機関により①政府間相互承認，②認定機関間相互承認，③適合性評価機関間相互承認，の3種類がある[4]。会計分野においては，「相互承認方式」と「調整方式」がある。「相互承認方式」について，長谷川（2008，18頁）によれば，相互にお互いのGAAPを認めることから，「相互承認方式」と呼んでおり，例えば「日本の証券取引所は，海外企業が上場する場合には当該企業の国のGAAPでの報告を認める。そのかわりに，海外の国でも日本企業が上場する場合には，日本基準での報告を認めてもらっている」。

「同等性」（Equivalence）の定義について，2007年12月21日にECに公表された委員会規則No1569/2007で定めている：「第三国のGAAPは，当該GAAPの財務諸表が，第三国の財務諸表がIFRSの財務諸表との比較で，投資家が企業の資産・負債，財政状況，損益，将来の予想の同様な評価をする

---

3 日本経済新聞，2006年11月9日より。
4 経済産業省「相互承認について」より。http://www.meti.go.jp/policy/economy/hyojun/kijyun/mrarenew/MR.html

◆図表5-1 相互承認と同等性評価ならびに等効における会計上の意味

	当事者	事	例	会計上の意味
相互承認	両者以上	中国と香港	相互承認の共同声明が公表	両者のGAAPをお互いに評価・承認する
同等性評価	評価側のみ	ECによる評価	ECが公表	第三国のGAAPがIFRSと同等であることを評価・承認する
		中国による評価	中国が公表	
等 効				

出所:筆者作成。

ことを可能にする場合(投資家が当該企業の証券の取得,保持,処分について同様な決定をするだろうという結果とともに)には,IFRSと同等とみなされる」(長谷川,2008,21頁)。

中国語の「等効」(Equivalence)は,会計分野において同等性・同等性評価という意味であり,「同等性」または「同等性評価」と翻訳されることが多い。原語の中国語「等効」には"対等的な"ニュアンスも少なからず入っているため,しばしば「相互承認」の意味として用いられることもある。**図表5-1**で示したように,中国本土と香港のような相互承認の共同声明が公表された事例があれば,中国からEU版IFRSがChinese GAAPと同等であることを公告する事例,また,ECによる中国GAAPはEU版IFRSと同等である評価事例もある。以下では,「等効」を用いる際に同等性評価あるいは相互承認の使い分けを明記しておく。

EUにおける同等性評価への布石

中国にとってECによる同等性評価の対象になったことは,決して不利益なことではなく,むしろよい機会であった。なぜなら,中国ではコンバージェンス(趨同)戦略を段階的に進めながら,より多くの国・地域との「等効」(相互承認・同等性評価)関係を築こうとしているからである。4章で述べたように中国では,IASBが期待するようにフルアドプションを行うことは

現存の会計規範構造上においては不可能[5]であるゆえに，同等性評価あるいは相互承認を通じて，IFRSに全面的なコンバージェンスをする中国版の財務諸表を多くの国・法域の証券市場で通用させることを目指している。

2004年6月25日付で，ECが欧州証券規制当局委員会（Committee of European Securities Regulators：CESR）に対して，第三国のGAAPとIFRSの同等性に関する技術的助言を要請した。CESRは同等性の定義，同等性における技術的評価のための方法と規準，執行メカニズムの記述方法を「概念ペーパー」（CESR, 2005a）として公表した。同等性評価に対応するため，中国の政府関連部門・担当者は様々な対応を行ってきた。

ECによるChinese GAAPに対する「等効」（同等性評価）の経緯を紹介することにあたって，EUと中国間の主な会合を時間軸に沿って，下記の3つの段階に分けて整理しておく。

2005年11月に，IASBとCASCとの間で，IFRSへのコンバージェンスの実現宣言となる第1次「北京声明」が公表されたことを背景に，EUの域内市場委員会は中国財政部（MoF）との間で「中国財政部‐EU域内市場委員会による会計基準のコンバージェンスと双方協力の共同声明」（Joint Statement by the Ministry of Finance of China and the Directorate General for Internal Market and Services of the European Commission on International Convergence of Accounting Standards and Bilateral Cooperation, 24 November 2005, Brussels.）[6]が調印され，同等性評価に関する両者の間の協議が本格的に開始した。

2006年5月に，欧州連合域内市場コミッショナーであるCharlie McCreevy氏は北京に訪れ，ECと会計と監査におけるECと中国と協力（「EC-China cooperation on Accounting and Auditing」[7]）と題する講演を行っ

---

5 中国企業会計基準は国家会計制度の一部となっているため，『会計法』に従って，設定主体である財政部に制定しなければならない。したがって，目下，Chinese GAAPと呼ばれている中国企業会計基準は財政部に設定され，法的強制力を有するものである。

6 中国語名称：「中华人民共和国财政部-欧盟内部市场总司会计准则国际趋同及双边合作联合声明」。http://www.gov.cn/jrzg/2006-02/14/content_191115.htm

7 「EC-China cooperation on Accounting and Auditing」。https://www.iasplus.com/en/binary/europe/0605mccreevy304.pdf

た。中国は欧州のグローバルパートナーズだけではなく，EUにとって重要なパートナーであることを講演中に言及した。そこでは王軍氏よりECによる同等性評価を受けたいという要望が伝えられた[8]。

2007年3月に，CESRはECに対して，カナダ，日本および米国の基準設定主体の作業計画書，同等性の定義と現在EU資本市場で利用されている第三国のGAAPのリストに関する助言[9]を公表した。助言書では，EUの規制市場に上場する第三国の発行体数の調査結果が公表され，約34ヵ国のGAAPが利用されていたことが判明した。Chinese GAAPを含め，助言書のパラグラフ4および32で言及した発行体数上位6つの国の詳細状況を**図表5-2**で

◆図表5-2　EU規制市場に上場する主な第三国の発行体数

	第三国のGAAP	EU規制市場に上場する第三国の発行体数 （株式・社債）
1	US GAAP	(102・131)
2	Indian GAAP	(69・1)
3	Japanese GAAP	(13・71)
4	Canadian GAAP	(13・32)
5	South Korean GAAP	(20・10)
6	Chinese GAAP	(19・1)
7	Russian GAAP	(3・11)
…	……	……
34	……	……
	Total	(295・296)

出所：CESR Ref:CERS/07-138, 2007, pp.20-21より抜粋（脚注9参照），筆者作成。

8　中欧財金対話第二次会議联合声明（2006年5月15日　中国北京）。http://www.gov.cn/jrzg/2006-05/16/content_282121.htm

9　"CESR's advice to the European Commission on the work programmes of the Canadian, Japanese and US standard setters, the definition of equivalence and the list of third country GAAPs currently used on the EU capital markets" 6 MARCH 2007, Ref: CESR/07-138 "In terms of number of issuers, the Indian (around70 issuers), Korean (around 30), Chinese (around 20) and Russian (around14) GAAP are the most common "other GAAP" on EU regulated markets." (p.3) https://www.esma.europa.eu/sites/default/files/library/2015/11/07_138.pdf

まとめている。

前述したように，2006に公布された中国企業会計基準は2007年1月1日より初めて上場企業に強制適用されたが，この基準は今回のCESRの助言書に初めてChinese GAAPと称されたのである。しばしば，CASs（Chinese Accounting Standards） やASBE（Accounting Standards for Business Enterprises）とも呼ばれる。本文では，企業会計基準について，Chinese GAAPの表現を用いる。Chinese GAAPは中国の『会計法』に従って，中国財政部（MoF）によって設定され，法的強制力を持つ会計規範の一部である。

2007年6月に，王軍氏は1年振りに北京でCharlie McCreevy氏に再会して，同等性評価について，同氏より"China would be the forth country after the United States, Japan and Canada, to accounting standards equivalence to those in the EU"[10]との意思表明を受けた。すなわち，米国，日本，カナダに続き，中国は4番目の国として，Chinese GAAPにはEU版IFRSとは同等であることが同氏に期待されていた。同等性が評価されれば，欧州証券市場に上場する中国企業のAnnual Financial Reportsの調整が不要になることも言及された。

同年7月に，第3回EC—中国経済と金融対話会議にて共同声明（「Joint Statement The 3rd EU-China Economic and Financial Dialogue」[11]）が公表された。双方が会計基準における意見交換を行い，政策と技術分野の提携を強化し，ワーキンググループの設置も予定されていた。また，中国基準に対する同等性評価の最終決定は2008年内にする[12]ことも言及された。

---

10 "EU set to approve Chinese accounting standards", http://chinadaily.com.cn/chian/2007-06/13

11 「Joint Statement The 3rd EU-China Economic and Financial Dialogue」http://ec.europa.eu/economy_finance/thematic_articles/article10291_en.htm

12 "EU to decide on equivalence of Chinese accounting standards by mid 2008"："The EU Commissioner for the Internal Market and Services Charlie McCreevy said last month that the European Commission was to approve Chinese accounting standards in line with the IFRS by the end of 2008"．"The Chinese companies listed in European stock markets would have no need to change their annual financial reports." http://english.peopledaily.com.cn/90001/

EUにおける同等性評価の展開

 以下では，EUにおける第三国の会計基準の同等性評価に関するメカニズムではなく，EC（欧州委員会）によるChinese GAAPに対する同等性評価の展開に焦点を当てることにする。この同等性評価はChinese GAAPの初年度強制適用とほぼ同時に展開されてきた。Chinese GAAPは一度の延期判定を受け，条件付きで2011年まで同等で評価され，最後に2012年に米国，日本のGAAPのようにEU版IFRSと同等であることが評価されたのである。

1．同等性評価の延期（2007年）

 Chinese GAAPに対する同等性評価は，ECからCERSに助言を求めることから本格的な展開を迎えたのである。2007年12月11日に「透明性指令と目論見書規則による第三国のGAAPsの同等性に関する予備的作業の開始」がECから公布され，Chinese GAAPについて，同等性メカニズム規則によって同等と評価されるか否かについて検討するようECからCERSに求めた。その結果，CERSが12月18日に公表したコンサルテーション・ペーパー（CESR's advice on the equivalence of Chinese, Japanese and US GAAPs, CONSULTATION PAPER, December 2007, Ref: CESR/07-761）[13]によって判明したのである。

 このコンサルテーション・ペーパーの「第4章」（pp.12-14）中国に関する助言が詳細に述べられている。パラグラフ72によれば，CESRは中国がChinese GAAPを実行している方法についてのいくつかの証拠があるまで，ECが中国のGAAPで最終決定を延期することを勧めるという結果が明らかになった（72. Consequently, CESR would recommend that the Commission postpone a final decision on Chinese GAAP until there is some evidence of how China is implementing its standards.）。

13　CESR's advice on the equivalence of Chinese, Japanese and US GAAPs, CONSULTATION PAPER, December 2007（Ref: CESR/07-761）http://www.cesr.eu

後に，2008年3月にCESRの「中国・日本・米国のGAAPに関する同等性評価の助言」（CESR's advice on the equivalence of Chinese, Japanese and US GAAPs, March 2008 Ref: CESR/08-179）が正式に公表され，ECに対する最終的助言として，中国の発行体による新たな中国のChinese GAAPの適用実態について，多くの情報が得られるまで，「**postpone**」[14]，つまり延期すべきという勧告は変わらなかった。4月22日に，ECは会計基準の同等性評価に関する作業報告書を公表した。この作業報告書の内容によれば，中国の現行基準に対して「新たに適用が開始されたばかりであるが，適切に適用されているという情報もあるため，同等性評価を最長2011年まで延期するとともに，当分の間，経過措置を適用する」[15]と評価した。

　確かに，この時期において，Chinese GAAPが中国の上場企業で強制適用されてから1年も経っていないのである。Chinese GAAPは1つの基本基準と38の個別会計基準および32の応用指針から構成されており，IFRSとの差異については，中国MoFの主張によれば，主に①関連当事者の開示，②減損の戻入れ禁止，の2つの差異が存在する。中国側はIFRSの改訂によって，これらの差異が取り除かれることを待っている間に，「同等性評価を延期する」というCESRの助言が公表された一方，CERSはChinese GAAPに対してコンバージェンス計画表の公約があることを確認したことで，目論見書規則第35号第5項第C号に適格となりうる[16]という評価が得られた。この評価の裏付けになっているはパラグラフ62の内容であった。すなわち，中国の会計基準はIFRSへのコンバージェンス計画を策定する代わりに，中国当局が自国の環境に応じて，会計基準を適合させるための若干の調整を行い，自国の法律にIFRSを取り入れていくことが決定した。この決定は日本や米国の状況とは異なるものとCERSが認識していた[17]のである。

14　"CESR recommends the Commission **postpone** a final decision on Chinese GAAP until there is more information on the application of the new Chinese accounting standards by Chinese issuers." http://www.cesr.eu

15　金融庁「会計基準の同等性に係る欧州委員会の作業報告書の公表について」（平成20年5月1日）。http://www.fsa.go.jp/inter/etc/20080501.html

16　杉本（2017），454頁を参照。

17　杉本（2017），467頁を参照。

しかし,「延期」の評価は中国にとって, Chinese GAAPが同等性評価の対象になったことは大きな意義を持つことであろう。そこには, 中国なりの下記の効果が期待されている。
① 「Chinese GAAP」に基づいて作成された財務諸表がEU市場で承認されることによって, 財務諸表の作成費用と監査費用の低減が期待できること。
② WTO加盟後に, 中国に対する「市場経済国」の承認拒否の動きが緩和されることが期待できること。
③ EUから同等と評価されることによって, 米国, 日本, カナダ等, 他の国からも同等と評価されることが期待できること。

2. 延期から条件付き評価への一転(2008～2011年)

欧州の証券取引所を運営するユーロネクストの取締役会のメンバーであるHugh Friedberg氏は2007年2月27日に中国MoFの王軍次官とパリでの会談をした際に, 中国企業の海外上場支援について協議した。さらに, ユーロネクストの創業ボードに上場した中国企業はChinese GAAPに従って作成された財務諸表に, IFRSに従って作成した調整表を追加することを承認することも言及した[18]。王軍氏は「財政部は, ユーロネクストが中国との関係強化に注力し, 高いレベルでの協力関係を維持することを期待している」[19]と強調した。

図表5-2で示したようにEUの規制市場に上場する第三国の発行体として, 中国からは約20の発行体が存在している。この数は決して多くないが, 2007年以後, 持続的な経済成長を成し遂げている中国では, 海外市場での資金調達を行う企業数は年々増加している。2008年10月までにロンドン証券取引所のAIM (Alternative Investment Market) で上場した中国企業は62社, ドイツ取引所で上場した中国企業は12社もあった(呉・龍編著, 2009, pp.329-331)。より多くの中国企業の資金調達が欧州市場で行われるため,

---

18 財政部会計准則委員会「中国会計准則得到泛欧証交所認可」(2007年3月1日)。
19 ロイター「ユーロネクスト, 中国との関係強化に向け政府高官と会談」(2007年2月27日)。

EUは様々な努力を惜しまなかった。中国も適時にChinese GAAPの施行状況を分析整理してCESRおよび関連者に提示したのであった。

　2008年12月12日に，ECは「Accounting: European Commission grants equivalence in relation to third country GAAPs」[20]を公表した。ECが日本・米国の会計基準について，EUで採用されているIFRSと同等と認める一方，中国，カナダ，韓国，インドの会計基準については，2011年までに状況の見直しを行うとの条件で，延期の評価から一転して，条件付きで同等と認めるとの決定を公表した。すなわち，EUで上場する中国企業は2009～2011年まで，EU版IFRSにおける調整表が不要となり，中国企業がEUに進出する際には，中国基準に基づいて作成された財務報告書が有効となる。

　2009年2月13日に，ECが「透明性指令と目論見書規則による同等性に係る第三国のGAAPsの開発の監視についてのさらなる協力要請」を公表した。Chinese GAAPについて，IFRSへの移行に向けた報告書のアップデート，実質的なコンバージェンスを実現したChinese GAAPにおける詳細な情報提供がECより要請されていた。

　2010年7月2日付で，「中国—EU会計と監査における合作の共同声明」が中国MoFとEC域内市場とサービス部門との間で取り交わされたのである。この共同声明によれば，双方が同等性評価メカニズムに基づき，継続的な協力の強化をし，遅くとも2011年までに双方基準における最終的な同等性評価を完成するよう共同に努力をすることが合意されたのである。

　しかしながら，2011年までにはECによる最終的な同等性評価を得ることができなかった。中国当局は条件付きでの同等性評価を得たことに満足しておらず，最終的な同等性評価を得るため，中国のMoFは**図表5－3**で示したような報告書やChinese GAAPにおけるIFRSへのコンバージェンスに関するロードマップなどを積極的に作成および提示を行った。その成果の1つとして，2011年7月に，欧州証券市場監督局（European Securities and

---

[20] Accounting: European Commission grants equivalence in relation to third country GAAPs Brussels, 12 December 2008. http://europa.eu/rapid/press-release_IP-08-1962_en.htm

◆図表5-3　中国当局が公表した主な資料リスト（2008～2010）

公布時間	資　料　名　称	作成・公布者	出版社
2008年6月	『我が国上場企業の2007年度の新会計基準執行状況分析報告書』	財政部会計司	経済科学出版社
2009年9月	「中国企業会計基準は国際財務報告基準への全面的なコンバージェンスにおけるロードマップ」（草案）	財政部会計司	―
2009年11月	『我が国上場企業の2008年度の会計基準執行状況分析報告書』	財政部会計司	経済科学出版社
2010年4月	「中国企業会計基準は国際財務報告基準への持続的なコンバージェンスにおけるロードマップ」（正式版）	財政部会計司	―
2010年7月	「中国－EU会計と監査における合作の共同声明」	財政部とEC	―
2010年8月	『我が国上場企業の2009年度の会計基準執行状況分析報告書』	財政部会計司	経済科学出版社

Market Authority：ESMA）により公表されたIFRSとChinese GAAPとの同等性評価の進展における評価報告（关于国际财务报告准则与中国企业会计准则等效进展的评估报告）[21]がある。この報告には，中国企業会計基準におけるコンバージェンスと執行状況が良好である評価報告があった。

3．Chinese GAAPはEU版IFRSと同等に（2012年より）

　図表5-3で示したように中国の財政部（MoF）はChinese GAAPの執行に関する報告を2007年度から2009年度までの3年間，連続作成・公表を行った。さらに，Chinese GAAPにおけるIFRSへのコンバージェンスも安定的な展開を成し遂げていることを世界に示している。その結果，中国MoFの対応はECによるChinese GAAPへの同等性の最終的評価につながっていた。2012年にECは中国・カナダ・韓国のGAAPについてEU版IFRSと同等であることを承認したのであった。4月11日に，EC実施決定（2012/194/

21　Report：Supplementary Progress Report on the equivalence of Chinese Accounting Standards with International Financial Reporting Standards Date: 12 April 2011, ESMA/2011/116/Annex 1　http://www.europarl.europa.eu/RegData/docs_autres_institutions/commission_europeenne/comitologie/info/2011/O018009-01/COM-AC_DI（2011）O018009-01（ANN2）_EN.pdf

EU[22]）が公表され，決定文書の（5）で下記の内容が述べられた。すなわち，ECは中国の企業会計基準であるASBEにおけるIFRSへのコンバージェンスの状況およびロードマップの公表に対し満足かつ評価し，2012年1月1日よりChinese GAAPはEU版IFRSと同等であると見なした。

「In April 2010 the Ministry of Finance of China issued a 'Roadmap for Continuing Convergence of the Accounting Standards for Business Enterprises (ASBE) with IFRS' which reiterated China's commitment to continue the process of convergence to IFRS. As of October 2010 all current standards and interpretations issued by International Accounting Standards Board (IASB) have been implemented in the ASBE. The level of convergence has been reported by ESMA as being satisfactory and reconciliation for the Union issuers which prepare their financial statements in accordance with IFRS is not required. Therefore, it is appropriate to consider the Chinese ASBE equivalent to adopted IFRS as of 1 January 2012.」（EC実施決定2012/194/EU(5)）

さらに，同文書の修正内容[23]により，2011年まで条件付きで同等性を評価した中国・カナダ・韓国・インドのそれぞれの国の企業会計基準に関してはすべて"Generally Accepted Accounting Principles"の表現に統一されていた。年次連結財務諸表と中間連結財務諸表に関しては，2012年1月1日より，

---

22 「第三国証券発行体による連結財務諸表の作成における第三国の会計基準及び国際財務報告基準の利用に関する委員会決定第2008/961/ECを改正する2012年4月11日付で委員会実行決定第2012/194/EU」（Commission Implementing Decision of 11 April 2012 amending Decision 2008/961/EC on the use by third countries' issuers of securities of certain third country's national accounting standards and International Financial Reporting Standards to prepare their consolidated financial statements) http://eur-lex.europa.eu/eli/dec_impl/2012/194/oj

23 Article 1 of Decision 2008/961/EC is amended as follows:1.the second paragraph is replaced by the following:'From 1 January 2012, with regard to annual consolidated financial statements and half-yearly consolidated financial statements, the following standards shall be considered as equivalent to IFRS adopted pursuant to Regulation (EC) No 1606/2002: (a) Generally Accepted Accounting Principles of the People's Republic of China; (b) Generally Accepted Accounting Principles of Canada; (c) Generally Accepted Accounting Principles of the Republic of Korea.' (2012/194/EU) http://eur-lex.europa.eu/eli/dec_impl/2012/194/oj

中国・カナダ・韓国のGAAP，2015年1月1日よりインドのGAAPはEU版IFRSと同等であるという決定であった。

　2002年までさかのぼってみると，EUでは「IAS適用命令」（Regulation on the Application of International Financial Reporting Standards（the "IAS Regulation"，EU議会と理事会規則第1606/2002）が出されてから2012年まで，欧州の共通の利害に一致することを条件に，まず，IFRSに対して，コンドースメントの手続きを経て承認されるEU版IFRSをEU域内において強制導入したのである。その次に，第三国の会計基準における同等性評価がECによって行われた。**図表5－2**でリストアップされたEUの規制市場で資金調達をする第三国の発行体数上位6つの国のGAAPに対して，2017年，ECはすべてのGAAPはEU版IFRSと同等であるとの評価を下している。この10年間，EUで行われていたIFRSを取り巻く試みは完全にエンドースメントおよび同等性評価に則っていた会計戦略の実行であろう。特に同等性評価に関しては「EUの巧妙な会計戦略」として，橋本（2007，147-170頁）により紹介されている。

　EUでは，ECによる同等性評価を行うことによって，中国には下記のような影響をもたらしたと考えられる。

①Chinese GAAPの整備に大きな後押しとなっている。
②欧州市場に進出する前だけではなく，その後も中国証券発行体には大きな利便性を与えている。例えば，Chinese GAAPによる財務諸表が認められていること，監査にかかる諸費用・諸手続きの半減につながっていることなどがある。
③相互承認および同等性評価に関するノウハウと経験を中国当局に提供している。
④中国当局による第三国に対する同等性評価および相互承認，すなわち等効戦略が現実味を帯びてきている。

相互承認の動き

　中国の国家会計戦略は「趨同はただの第一歩であり，等効は目標である」（劉玉廷，2011, p.281）と言えよう。2006年に中国では，IFRSへの実質的なコンバージェンスを達成したと表明した後，直ちに，「等効」（同等性評価・相互承認）作業に取りかかったのである。Ⅳで述べたようにECによる同等性評価を受けながら，香港基準との相互承認における検討も中国MoFの下で展開されたのであった。その結果，2007年にChinese GAAPと香港GAAPとは「等効」（相互承認）であることが双方の会計基準設定主体によって公表され，2017年9月に，双方の基準が動的ターゲットであるIFRSへのコンバージェンスが持続的に行われていることに対して，再度，相互に認め合ったのである。

　一方，2012年にECによる同等性評価の承認を受け，中国MoFも公告第65号を通じて，2012年1月1日以降，EU加盟国の上場企業が連結財務諸表のレベルで採用したIFRSは中国企業会計基準と同等であることを表明した。

　以下では，香港基準事例とEU事例を用いて，中国会計における「等効戦略」の本格的な展開を検討してみる。

1．香港の事例

　周知のように，中国には香港とマカオとの2つの特別行政区がある。香港は1997年にイギリスから中国に返還された[24]。同時に「一国両制度」が幕を開けた。『中華人民共和香港特別行政区基本法』（全国人民代表大会にて1990年に採択，1997年7月1日より施行）によれば，今後の50年間において，既存する経済・法律・社会制度が維持される。マカオは1999年12月20日より，

---

[24] 1984年12月19日に「香港問題に関する中華人民共和国政府及びグレートブリテンと北アイルランド連合王国政府の共同声明」は北京で締結された。この共同声明により，1997年7月1日にイギリスが香港を中国に返還することが正式に決定された。

ポルトガル共和国政府の植民地支配から中国政府に返還されたのである[25]。この2つの特別行政区では，「一国両制度」という原則が適用されるため，中国本土で実行されている社会主義市場経済を導入する必要がなく，従来どおりの資本主義的な制度が持続している。会計ルールに関しては，特に，香港では，本土とは異なる展開を迎えたのである。EU域内の上場企業は2005年よりIFRSに基づいて連結財務諸表を作成することを義務化することを背景に，香港も2005年より香港基準をIFRSにコンバージェンする方針を打ち出したのである。その後，ほぼIFRSと同様な基準が導入された。

　香港会計基準の設定主体は香港公認会計士協会（Hong Kong Institute of Certified Public Accounts：HKICPA）である。2006年5月12日に，「中国会計基準委員会—中国香港公認会計士協会共同声明」が公表された。この共同声明では，双方は各自の会計基準がIFRSとの実質的なコンバージェンを実現したことについて，コンセンサスを得た。したがって，中国基準と香港基準とは実質的なコンバージェンスを達成したことが確認されたのである。この共同声明の後，CASCとHKICPAは一緒に等効（同等性・相互承認）を目指してワーキンググループを立ち上げたのである。1年間6回の技術会談を経て，2007年12月6日にCASCとHKICPAは共同で「本土企業会計基準と香港財務報告準則との等効に関する共同声明」を公表した。

　この共同声明の第1項によれば，「2007年12月6日に効力を持つ本土企業会計基準と同時に効力を持つ香港財務報告基準において，資産減損損失の戻入れと関連当事者の開示に関する差異調整が求められている以外，すでに等効（同等・相互承認）を実現した。本土と企業は2007年12月6日に効力を持つ本土の会計基準に基づいて作成された財務表諸表は上記2項目の差異調整をした上，同時に効力を持つ香港財務報告基準に基づいて作成された財務諸表とは同等な効力を持つ」とある。

　さらに，第2項では「双方は上記2項目の差異を取り除く及び今後の双方

---

[25] 1987年4月13日に「マカオ問題に関する中華人民共和国政府及びポルトガル共和国政府の共同声明」は北京で締結された。この共同声明により，1999年12月20日から中国政府はマカオに対する主権行使が回復される。

◆図表5-4　双方基準の比較範囲

	本土企業会計基準		香港財務報告基準	
1	企業会計基準―基本基準	1	財務諸表の編成及び開示におけるフレームワーク	
2	企業会計基準―個別会計基準1-38	2	香港財務報告基準	HKFRS
3	企業会計基準応用指針	3	香港会計基準	HKAS
4	企業会計基準解釈	4	香港(IFRS解釈指針委員会)解釈指針	HK(IFRIC)-Ints
		5	香港(常設解釈指針委員会)解釈指針	HK(SIC)-Ints
		6	香港解釈指針	HK-Ints

の基準等効(同等性・相互承認)を継続的に保持することを承諾し，当該声明の付記に例示する持続等効メカニズムを制定した」ことを明記したのである。

声明の付記1では比較項目背景，比較範囲，比較過程，比較結果を詳細に規定している。双方の基準における比較範囲は**図表5-4**に示したとおりである。付記2においては，差異を調整し取り除くための持続的なメカニズムと等効(同等性・相互承認)を維持するメカニズムを定めている。

その10年後，双方基準の改訂および新規基準の公布に対応するため，2017年9月に中国MoFはHKICPAと改訂された本土の会計基準とIFRSを採用した香港基準と持続的なコンバージェンスを続行することを再確認した。双方間で，行われている持続的なコンバージェンスは，双方の資本市場で用いる報告書の作成コストの削減，本土企業は海外上場，それから，「滬港通(フゥガントン，Hu Gang Tong)」[26]と「深港通(シェンガントン，Sheng Gang Tong)」[27]の円滑な展開に良好な会計環境をつくり出すことに寄与されている[28]。今後も2017年6月28日に中国商務部に公布された「CEPA経済技術協力

26　滬港通(Shanghai-Hong Kong Stock Connect)とは，香港市場を通じて上海市場のA株の売買が可能である「滬股通(フゥクゥトン，Hu Gu Tong)」と，上海市場を通じて香港株の売買が可能である「港股通(ガンクゥトン，Gang Gu Tong)」と合わせた言葉であり，上海・香港間で互いの上場株式に対する直接投資が可能となる制度であり，2015年11月にスタートした。

27　深港通(Shenzhen-Hong Kong Stock Connect)とは，香港市場を通じて深圳市場のA株の売買が可能である「深股通(シェンクゥトン，Sheng Gu Tong)」と，深圳市場を通じて香港株の売買が可能である「港股通」と合わせた言葉であり，2016年12月よりスタートした。

28　財政部会計司(2017)「内地与香港企業会計准則保持持続趨同」を参照。http://kjs.mof.gov.cn/zhengwuxinxi/guojidongtai/201709/t20170913_2698329.html

協定」[29]に基づき，中国当局は香港会計基準設定主体との緊密な連携を取り合って，双方の会計基準における持続的な等効作業のメカニズムをさらに改善し，高品質な国際関連基準の開発・設定を促す役割を果たすとコンセンサスを得たのである。

2．EUの事例

　EU域内市場でのIFRSの強制適用は域内上場企業の会計情報における比較可能性を向上させたほかEUに同等性評価の行使機会を与えたように思う。前述したように，中国は2005年からの同等性評価を受けるための布石から2012年の同等性評価が得られるまで8年間かかった。国内経済の安定成長とIFRSへのコンバージェンスの持続的な実行により，会計規範の整備について，世界銀行，IFRS基金会，欧州証券市場監督局などから高い評価を受けるようになった。国内では，いまだに外国企業の上場ができるようないわゆる"海外ボート"の設置が難航しているにもかかわらず，中国当局は対等的な立場を持って第三国への同等性評価あるいは相互承認を試し始めたのである。

　2010年2月に財政部が「EUに承認されたIFRSとChinese GAAPとの同等性評価報告」（欧盟認可的国際財務報告准則与中国企業会計准則等効評估報告）をまとめた。この報告はEUのエンドースメント及および同等性評価に対して，様々な検討・現地調査・交流・国別の研究分析に基づいて作成されたようである（李一碩，2012）。

　2012年4月11日にEC実施決定（2012/194/EU）の公表により，2012年1月1日までさかのぼって，Chinese GAAPに基づいて作成された連結財務諸表はEU域内市場で認められるようになった。この結果に応じるように，中国では，同年9月14日に「中華人民共和国財政部公告2012年第65号」[30]が公表された。第65号公告は下記の内容が含まれている。

29　《中国本土と香港の経済貿易緊密化協定》（Mainland and Hong Kong Closer Economic Partnership Arrangement, CEPA）は2003年6月29日に中国本土と香港との間で締結された自由貿易協定であり，以降，年ごとに更新されている。2017年6月29日に公布された内容は下記のHPを参照されたい。
　　http://www.mofcom.gov.cn/article/i/jyjl/l/201707/20170702602837.shtml
30　財政部（2012）。

①2005年1月1日以来，すべてのEU加盟国の上場企業は，IASBより発行されたIFRSを連結財務諸表のレベルで採用している。それ以降，EUに承認されたIFRSをEUでの強制的な拘束力を持つ会計基準として引き続き認めている。

②2011年，中華人民共和国財政部は，EUに採用されたIFRSおよび実施状況に対して評価を行った，2010年12月31日現在までのIASBより公表され，かつ有効であるIFRSがEUに承認されたこと，EUの上場企業には連結財務諸表レベルの実施状況が良好であると評価している。

③したがって，『中華人民共和国会計法』とその他の関連規定を根拠に，当該事項を以下のとおり公表する：2012年1月1日より，EU加盟国の上場企業が連結財務諸表のレベルで採用したIFRSは中国企業会計基準と同等である。

この公告の公布により，中国の会計法規範のルールに従って，第三国の会計基準は中国の自国基準とは同等であることを承認するメカニズムが稼働していることが明らかになった。したがって，それらの基準に基づいて作成された連結財務諸表は相手国法域で相互承認されるとのことであろう。しかしながら，相互承認には当事者双方の共同声明または合意が欠かせないと理解しており，第65号公告は中国とEU間で相互承認に関する共同声明が取り交わされていない代わりに，対等な立場としての世界への告知を意図しているのであろう。

むすびにかえて
―最終目標は等効である―

これまで，ECによる同等性評価とされている中国とECとの関わりを各種の公表文書を用いて検証してきた。その次に，中国語の等効は相互承認と同等性評価との2つの意味を持っているため，EUと香港との異なる事例を取り上げ，中国における等効（相互承認・同等性評価）の実態を追ってきた。その結果，IFRSへのコンバージェンスにおける実質的な達成は同等性評価

を得る重要な要となっていることは明らかである。ともかく，EUからのChinese GAAPに対する評価は"延期"から"条件付きで認める"さらに，"同等である"に順次に切り替わったことは，中国にとって，会計領域において，国際社会に進出するため，EUから2つ目のお墨付きを手に入れたことになる。IASBからの実質的なコンバージェンスが達成したという評価は1つ目のお墨付きであった。

　さらに，2015年10月13日に北京で中国MoFとIFRS財団との間で共同声明が取り交わされたのである。この共同声明ではIFRSへの全面的なコンバージェンスを中国の目標とすることを両者からのコンセンサスで得た。この共同声明は2005年の第1次「北京声明」の更新とも見られていることにより，第2次「北京声明」と呼ぶ。初回の「北京声明」はCASCとIASBの間で調印されたが，第2次の場合は，CASCとIASBのそれぞれの管轄機構であるMOFとIFRS財団となった。そこには，IFRS財団からIFRSをフルアドプションする期待が中国に託されているのであろう。しかしながら，中国の最終目標とはフルアドプションではなく，フルコンバージェンスを実行した上での「等効」（相互承認・同等性評価）にある。

　中国では，「改革・開放」に引き続き，「请进来，走出去」（チンジンライ，ツォーチュチョイ）という国策が打ち出されている。この国策の意味とは「相手に来ていただくこと，自分が出て行くこと」であるが，その果てには国際社会においての様々な「相互承認」がある。会計分野において，IFRSへのコンバージェンスを果たしたChinese GAAPはECの同等性評価を受けたことは，中国が国際社会に受け入れられる証の1つとして捉えることもできる。**図表5-5**で中国における国家会計戦略の概要図にまとめたように，「趨同戦略」の展開とともに「等効」（相互承認・同等性評価）の戦略も着実に進んでいる。

　今後の中国はEUから学んだノウハウを生かして，まず，EU版IFRSと同等である国・法域のGAAPとの相互承認を目指していくだろう。実は，中国と米国との間で覚書（「China-US Accounting Cooperation Memorandum of Understanding between the CASC and the FASB」）がすでに2008年4月に取り交わされている。これまで，中国のCASCと米国のFASBとの間では，

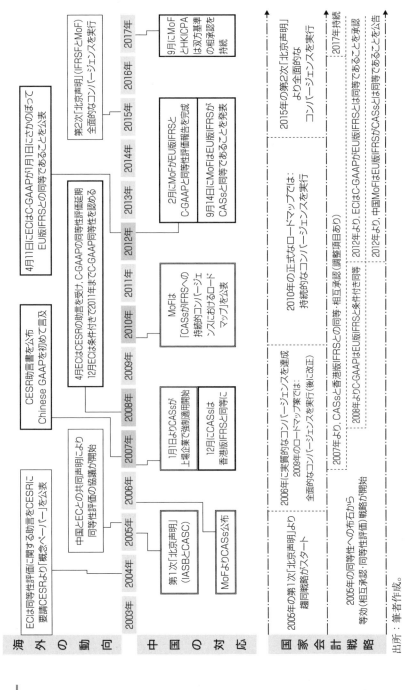

◆図表5-5 中国における国家会計戦略「趨同・等効」の概要図

実質的な協議あるいは共同プロジェクトはほとんど存在しなかったため，今後の展開に注目したい。また，いつの日か日本にも中国から同等性評価を求められることがないとは言い切れない。それから，"一帯一路"構想の実現に向けて，中国当局はすでに中央アジア各国の会計基準におけるコンバージェンスまたは，相互承認・同等性評価におけるメカニズムを模索し始めたのである。

　もちろん，会計基準の設定および応用においては，中国は様々な問題を抱えていることも事実であるが，とりわけ，まず規制上の現状を理解するため，本章で解説した。

第 **3** 部

企業会計基準の原点

第6章

「原則主義」対「細則主義」の視点による中国会計の再考

I はじめに

　会計基準の世界では，最も影響力を持っている基準と言えば，国際会計基準（IFRS）と米国会計基準（US GAAP[1]）の2つが双璧をなしている。IFRSとは国際財務報告基準（International Financial Reporting Standards）の通称であり，国際会計基準審議会（International Accounting Standard Board：IASB）により公表された基準書などが含まれている。また，IFRSは細則主義（Rules-based）であるUS GAAPの失敗を教訓に，原則主義（Principles-based）に基づいて開発された基準としても知られている。IASBの公表によれば，2012年までにIFRSをアドプション（Adoption：採用）する国の数は約120にのぼった。しかし，2012年のGDP[2]ランキングトップテンに入っている米国（1位），中国（2位），日本（3位），インド（10位）の4ヵ国では，IFRSをアドプションせず，それぞれの国の特徴を持つコンバージェンス（Convergence：収斂）作業でIFRSへの対応が行われている。ポストコンバージェンス時代だと言われる現在，IFRSは細則主義ではなく原則主義の基準であることが会計界で再認識され，「財務報告のための概念フレームワーク」（The Conceptual Framework for Financial Reporting：以下，概念フレームワークと称す）の見直しもIASBで再開された。

　目下，米国では，細則主義の基準設定から原則主義への新局面が議論されながら，IFRSへのコンバージェンスがコンドースメント・アプローチによって実現されようとしている。日本では，細則主義から原則主義への移行について，その進展に大きな動きがない。中国では，1993年に初めて明文化さ

＊付記：本章は，日本会計研究学会第62回関西部会（2012年，流通科学大学）の自由論題報告を加筆・修正したものである。当日の司会を担当していただいた齊野純子先生（甲南大学）と，貴重なご質問およびご指摘を賜った安井一浩先生（神戸学院大学）には記して謝意を表したい。なお，本章の誤りはすべて筆者の責任であることを申し添える。

1　US GAAPとは一般に認められた会計原則（Generally Accepted Accounting Principles）の通称であり，主に米国財務会計基準審議会（Financial Accounting Standards Board：FASB）に公表された基準書などが含まれる。

2　GDP（国内総生産）とは，国内の生産活動による商品・サービスの産出額から原材料などの中間投入額を控除した付加価値の総額。http://ecodb.net/ranking/imf_ngdpd.html

れた基本基準である「企業会計基準」の施行を契機として，国際的な会計慣行を選別しながら自国の基準に取り込んできた。その結果，2006年に財政部（MoF）から公布された新しい基本基準と38の個別会計基準はChinese GAAPと呼ばれるほど整備されている。しかしながら，「概念フレームワーク」が存在するのかについては，必ずしも明確ではない。これまで，順調にコンバージェンス（趨同）戦略に徹してきた中国は，持続的なコンバージェンスを一貫して行うとの姿勢を崩していないが，2014年までには，新規の会計基準および改正版の公表が行われていなかった。

　本章では，規範帰納的研究方法[3]を用いて，まず，IFRS財団（IFRS Foundation）に公表された分析資料に基づいて，中国上場企業における会計基準の現状について再確認する。次に，中国基準は原則主義の基準における特徴を有するのかを検証し，さらに会計基準の設定をめぐる「原則主義」対「細則主義」の視点から，中国の基準は原則主義か，それとも細則主義を採用しているのかについて検討を行い，最後に，今後の展開において，明文化される「概念フレームワーク」の必要性について考察を行う。

中国におけるIFRSへの対応現状の再確認

　これまで世界の会計界において，中国におけるIFRSへの対応に関する認識は必ずしも統一されておらず，時にはアドプション国，時にはコンバージェンス国と表現されている。ここでは，2013年6月にIFRS財団から公表されたAnalysis of the IFRS jurisdictional profilesに基づいて，非アドプション法域としてリストアップされた中国の現状とその立場を再確認する。

　IFRS財団は「IFRSアドプションの仕組みに関係なく，最終結果は同じとなるべきである。すなわち，国際的な会計基準の単一のセットという目標を達成するためのIFRSの完全なアドプションである」[4]ことを再三にわたり強

3　詳細は德賀（2013），13-28頁を参照されたい。
4　日本企業会計基準委員会（ASBJ）「IFRS財団がIFRSの国際的なアドプションに向けての進捗状況を図表化」より。https://www.asb.or.jp/asb/asb_j/iasb/press/20130605.jsp

調している。上記の分析では，IFRSを完全にアドプションしていない法域，すなわち，11の非アドプション法域がa～f[5]に分類してリストアップされており，中国は米国と日本同様にリストアップされている。したがって，中国はアドプション法域ではないとみなされている現状確認ができる。

　図表6-1の非アドプション法域の現状で示したように，中国では，借鑒式アプローチ[6]によるIFRSへのコンバージェンスが世界から評価されたにもかかわらず，他の非アドプション法域と比較してみると，IFRS財団が掲げている「IFRSの完全なアドプション」という目標までたどり着くことは決して容易なことではない。

1．Using Full IFRSの企業がある非アドプション法域と比較する場合

　中国企業におけるFull IFRSの使用は**図表6-1**の左側で示したc，b，dの三種類の6つの法域と異なっている。この6つの法域では，それぞれの当局に設けられた必要条件を満たした企業でFull IFRSの限定，任意，自主適用が行われている。米国と日本のような完熟[7]した資本市場を有する環境を備えたいのであれば，資金調達の国際化において，IFRSの役割が大いに期待できる。また，後発開発途上国であるブータンでは，個別企業によるIFRSの自主適用を行うことが会計制度の整備には欠かせない貢献力となることが期待できる。

　しかし，新興経済国としての中国では，自国の会計規制がほぼ定着しており（詳細はⅢを参照），「(China) has substantially converged its national standards to IFRSs」（**図表6-1**のe），すなわち，実質的にコンバージェンスされた中国基準がすでに存在していることから，IFRSの自主適用は中国企業にとっては必要性が高いとは言い難い。「IFRSを導入するニーズは全くない。コストと作業量の増加の他に何もない」[8]という大手企業からの意見も

5　Of the remaining 11 jurisdictions that have not adopted: a～f（**図表6-1**参照）。
6　手本式アドプションと表現したこともあり，詳細については，4章を参照されたい。
7　ここでいう"完熟"とは，自国の資本市場では，上場条件を満たせば，海外企業の上場も受容されることを指す。
8　永井（2012），1頁より。

ある。

　また，欧州連合（EU）では，中国基準がChinese GAAP（**図表6-2**）と呼ばれ，米国基準および日本基準と同様にEU版IFRSと同等であることが欧州委員会（EC）に評価されたにもかかわらず，中国の資本市場は海外企業に開放されていないため，Full IFRSによって作成される比較可能性の高い財務諸表の必要性は米国や日本に比べ，極めて低いというのが現状である。

◆図表6-1　非アドプション法域の現状

目標：完全なアドプション	法域内でUsing Full IFRS の企業がある			法域内でUsing Full IFRS の企業がない
	限定適用	任意適用	自主適用	法域内現状：自国基準＋IFRSの一部＋変更作業
	c(サウジアラビア)			
		b(インド，日本，米国)		
			d(ブータンとボリビア)	
				a(パキスタンとシンガポール)
				f(マカオとインドネシア)
				e(中国)

注：**a**. two (Pakistan and Singapore) have adopted most but not all IFRSs as part of national GAAP with some modifications; **b**. three permit IFRSs on a limited voluntary basis for domestic and/or foreign issuers (India, Japan, United States); **c**. one (Saudi Arabia) requires IFRSs on a limited basis (banks and insurance companies only); **d**. two (Bhutan and Bolivia) have not adopted IFRSs, but IFRSs are nonetheless used by some companies, and Bhutan has begun an adoption process; **e**. one (China) has substantially converged its national standards to IFRSs; and **f**. two (Macao and Indonesia) have adopted some IASs/IFRSs but have not announced a plan or timetable for full adoption.
http://www.ifrs.org/Use-around-the-world/Pages/Analysis-of-the-IFRS-jurisdictional-profiles.aspx
出所：IFRS財団に分類された上記注のa〜fの分類を用いて筆者作成。

それゆえ,中国の資本市場において,海外企業の上場が受容されない限り,財務諸表の利用者と作成者,そして監査側の立場から見れば,IFRSの必要性は高いとは言えないであろう。換言すれば,中国の資本市場における資金調達の国際化が実現すれば,Full IFRSを必要とする企業には,一部の非アドプション法域のように条件付きでFull IFRSの限定あるいは任意適用をすることが考えられる。

2．Using Full IFRSの企業がない非アドプション法域と比較する場合

図表6-1の右側にFull IFRS企業の存在しない非アドプション法域を示している。これらの法域では,Full IFRSは使用されていない。または,a（パキスタンとシンガポール）とf（マカオとインドネシア）に分類された法域では,IFRSの大部分あるいは一部が"採用"されたと表現していることに対して,eの中国基準（図表6-2のChinese GAAPを参照）について,"採用"という表現を使わず,"substantially"（実質的）にコンバージェンスしていると表現している。

2006年に中国財政部が39の会計基準を公布した際に,IASB初代議長であるDavid Tweedie氏は "The adoption of the new Chinese accounting standards system brings about substantial convergence between Chinese standards and International Financial Reporting Standards"[9]（Tweedie, 2006）との評定を下した。以降,"has substantially converged"（実質的にコンバージェンスされている）という表現は中国基準とセットになって使われるようになった。"substantially"は中国基準に「曖昧なベール」を被せたように見える。このため,中国基準が実質的にコンバージェンスされていると認識されたにもかかわらず,非アドプション法域としてあげられているのが現状である。

したがって,中国に残された選択肢はFull IFRSのアドプションしかないはずだが,Full IFRSは高品質を目指しながら,常に開発,改訂がなされて

---

9 意訳：新しい中国会計基準システムの採用は中国基準のIFRSへの実質的なコンバージェンスをもたらす。

いる"動的な目標"であるため、潜在する新たな差異が生じる可能性も十分に考えられる（王昱，2010）。中国当局は上記の状況をよく把握していることから、2010年に中国財政部は「中国企業会計基準は国際財務報告基準へのコンバージェンスを持続するロードマップ」（中国企业会计准则与国际财务报告准则持续趋同路线图[10]：以下，中国版ロードマップと称す）を公表し、中国会計基準の基本基準である「企業会計基準」を概念フレームワークとして改訂する予定を立てていた。しかし、この予定の実現は難航しており、2006年に公表された39の基準は改訂されないまま2014年に至っていた。「実質的なコンバージェンスをした」というベールが被せられている中国基準の進化は2007年から2014年の改訂・新規基準が公布されるまでほぼ停滞状態にあったと言えよう。

換言すれば、現在の中国基準における「動的な」IFRS条文への追随は限界に達している（このような現象はシンガポールでも見られている[11]）。この限界を乗り越えるためには、中国基準の設定アプローチとして、原則主義と細則主義のどちらに立つかに対する是正が必要だと考えられる。

III 中国基準は原則主義の特徴を持つのか

「実質的なコンバージェンスがなされている」中国の基準作りはIFRS条文への追随であると認識しているが、中国基準はIFRSと同様な原則主義の基準とは言い切れないとは前述した。

原則主義の基準は多くの特徴を持っている。ここでは、①法律を前提としたルールを作らない、②ルールに不明確な点があれば概念フレームワークに

---

10 中国企业会计准则与国际财务报告准则持续趋同路线图 http://www.asc.net.cn/pages/common/index1.asp
11 シンガポール当局は自国基準とIFRSとのフルコンバージェンスについて、2012年に完了する予定であったが、IFRSが開発中の基準であることを考慮して、フルコンバージェンスの完了時期を撤廃した。
http://www.fsa.go.jp/singi/singi_kigyou/siryou/soukai/20120329/06.pdf

立ち返って判断する[12]，という特徴に焦点を当て，中国基準はこれらの特徴を持つかどうかについて，中国基準[13]の置かれた状況に即して検討を試みる（基準内容による分析は今後の予定である）。

1．中国基準は法に基づいて作られたものである

中国の法制度は英米のようなアングロサクソン国と異なり，法規範重視の大陸型であるために，『中華人民共和国立法法』という法律が存在している。この法律の基で形成される階層式体制は①法律，②行政法規，③部門規章，④規範性通達の4階層から成されている。

会計における法規設定も例外ではなく，このような階層式体制に沿ったものである。それは，**図表6-2**で示した中国上場企業における2012年版ピラミッド型会計法規範である。

Ⅱで述べたように，中国は借鑒式アプローチを用いて，原則主義であるIFRSを自国の会計法規体制に取り込んでいる。**図表6-1**のeで言及されている実質的にコンバージェンスされている中国基準は**図表6-2**のChinese GAAPのAの部分であり，1つの基本基準と38の個別会計基準と32の応用指針および付録が含まれている。

図表6-2の③である「企業会計基準―基本基準」の第一条には『中華人民共和国会計法』とその他の関連法律・行政法規に基づいて，本基準を制定すると記載されている。また，第三条に個別会計基準も基本基準に準拠して制定しなければならないとも記載されている。それゆえ，中国基準の設定は法律を前提としていることが明らかである。

---

[12] IAS第8号「会計方針，会計上の見積りの変更および誤謬」の第10項と第11項によれば，取引その他の事象又は状況に具体的に当てはまるIFRSが存在しない場合には，経営者は，次に掲げる根拠資料を上から順に参照し，その適用可能性を検討しなければならない(a)類似の事項や関連する事項を扱っているIFRSの定め，(b)フレームワークにおける資産，負債，収益及び費用に関する定義，認識基準及び測定概念と定めている（国際財務報告基準PART A332）。

[13] 2007年1月1日より中国基準（基本基準と38の個別会計基準）を執行する企業は「企業会計規定」（中国語：「企業会計制度」）（財会［2000］25号）の執行が中止となる（「財政部関于印发《企业会计准则第1号—存货》等38项具体准则的通知」財会［2006］3号）。

◆図表6-2　2012年版ピラミッド型会計法規範（主に上場企業対象）

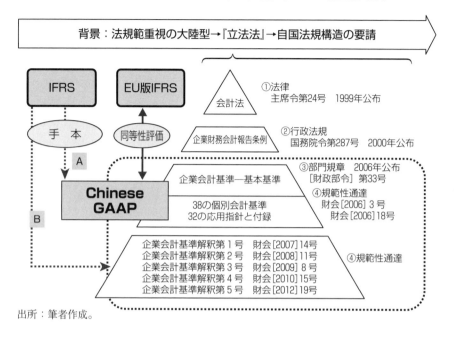

出所：筆者作成。

　IFRS財団は「IFRSのアドプションは，個々の法域における立法及び規制機関による自発的な公共の利益に関する決定であり，個々の公的機関がIFRSを国内の法律に組み込むための最も適切な方法を決定するものであること」[14]を表明している。原則主義に基づくIFRSは法律を前提に作ったルールではないために，個々の法域の公的機関により法的強制力を付与する必要がある。「実質的なコンバージェンスがなされている」中国基準においては，法規として作られた性質を持っているため，国内法律に組み込む必要がない。すなわち，中国基準は法律を前提としたルールそのものなのである。

2．明文化された「概念フレームワーク」が存在せず

　原則主義の基準は原理原則しか設けないため，ルールに不明確な点があれ

---

[14] 日本企業会計基準委員会（ASBJ）「IFRS財団がIFRSの国際的なアドプションに向けての進捗状況を図表化」より。https://www.asb.or.jp/asb/asb_j/iasb/press/20130605.jsp

ば,「概念フレームワーク」に立ち返って判断する必要がある。しかし,「概念フレームワーク」はすなわちIFRSではないという点[15]に注意を払う必要がある。

中国では,明文化された「概念フレームワーク」が存在していないのだが,これまで借鑒式アプローチによって整備されてきた中国基準内には散見されるという解釈は多く見られる。

図表6-2で示した②「企業財務会計報告条例」は1989年4月にIASC（国際会計基準委員会,IASBの前身）理事会で承認され,2001年4月にIASBにより採用された「財務諸表の作成及び表示に関するフレームワーク」を大いに参考して制定されたのである（冯,2004）。この条例の第一条には,『中華人民共和国会計法』を根拠に,本条例を制定すると記載されている。

2010年の中国版ロードマップでは,**図表6-2**の③である「企業会計基準―基本基準」を概念フレームワークとして改訂する予定と記載されているが,詳細な内容が提示されていないため,

① 「基本基準」の名称を変えないまま,IASBの「概念フレームワーク」を内容に取り込むか,

② 「基本基準」の名称を「概念フレームワーク」に変更し,IASBの「概念フレームワーク」の内容を取り込むか,

のいずれかと推測する。いずれにしても,「概念フレームワーク」として改訂された内容は中国基準の構成内容であり,従来どおりの法的強制力を持つことは変わらないことが想像できる。それゆえ,「概念フレームワーク」の真の役割も期待どおりに果たせない可能性が懸念される。

以上の検討から,中国基準は原則主義の基準に有する主な2つの特徴を有していないという結論を得た。したがって,中国基準はIFRSのような原則主義に基づくものではないことが明らかである。しかしながら,中国基準の源はIFRSと言っても過言ではない。中国基準に含まれていない「企業財務

---

15 「概念フレームワークは,IFRSの一部を構成するものではありませんが,概念フレームワークの考え方を基礎として,各IFRSの基準が作成されています」（直原,2012,2頁）。

会計報告条例」，それから「企業会計基準―基本基準」には「概念フレームワーク」の内容が多く含まれているのも事実である。

「原則主義」対「細則主義」の現状

　2002年のエンロン事件以後，米国は細則主義から原則主義への基準作りに戻ろうとしている（蔡寧，2003）。原則主義対細則主義をめぐる議論は今でも米国で続いている。劉峰・黄青云（2006）の先行研究によれば，中国上場企業における会計ルールは細則主義から原則主義へ，さらに原則主義から再び細則主義にシフトしたという指摘があった。筆者は**図表6-3**を用いて，「原則主義」対「細則主義」の視点から，中国企業における会計ルールの設定アプローチについて，3つの段階に分けて簡略に説明する。なお，ここでいう「原則主義」とは，「原則的な会計処理の方法のみが示され，数値基準を含む詳細な取扱いは設けない手法」であり，「細則主義」とは「広範にわたり会計処理のための詳細な判断基準や数値基準を示し，これらの記述に従って会計処理を行っていく方法」[16]を指す。

　　第一段階：1993年6月までは細則主義の基準のみ存在する。

　周知のように，中国では，1949年に新政権とともに社会主義計画経済が導入された。旧ソ連会計の影響を受けながら，企業の会計ルールは主に所有制別・業種別会計規定であった。記帳法として増減記帳法，収付記帳法，貸借記帳法があり，勘定科目と会計報告の様式などは管理当局に規定されていた。1985年に『中華人民共和国会計法』が施行されたが，1993年6月までは，日本の「企業会計原則」のような会計ルールが存在しなかった。したがって，**図表6-3**の①で示したように，この段階において，会計処理方法などは詳細に定められていたため，細則主義の基準のみであった。

16　金融庁（2012）「国際会計基準（IFRS）に係る討議資料(4)」より。http://www.fsa.go.jp/singi/singi_kigyou/siryou/soukai/20120229/02.pdf

◆図表6-3 「原則主義」対「細則主義」の現状

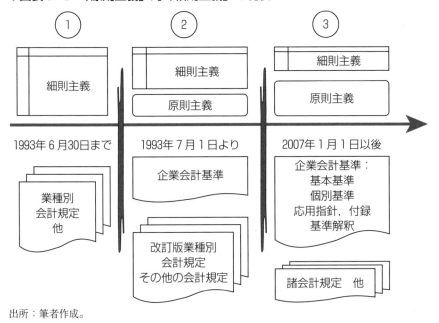

出所：筆者作成。

第二段階：1993年7月より細則主義の基準に原則主義の基準が加わる。

1993年7月1日より，初めて明文化された「企業会計基準―基本基準」が施行された。記帳法も貸借記帳法に統一され，従来の「資金平衡表」は廃止となり，すべての企業に「貸借対照表」，「損益計算書」，「キャッシュフロー・計算書」が導入されたのである。この基本基準は前述したように「概念フレームワーク」を手本にして制定されたものであり，日本の「企業会計原則」のような役割も果たしている。しかし，従来の所有制別・業種別の会計規定は廃止されず，13種類の業種別会計規定に改訂されていた（王昱，2001）。それゆえ，**図表6-3**の②段階において，「企業会計基準―基本基準」が施行されたため，一部の原理原則を示している原則主義の基準が細則主義の基準に加えられたのである。

---

17 ハイブリッド（hybrid）とは「異質なものを組み合わせ」を指す（『国語辞典』集英社，1993年，1369頁より）。

第三段階：2007年1月より「原則主義と細則主義」のハイブリッド[17]状態。
　2007年1月1日より，「実質的なコンバージェンスがなされている」中国基準，すなわち，Chinese GAAPの上場企業への強制適用が始まった。前述したように，Chinese GAAPは原則主義の基準における特徴を有していないにもかかわらず，借鑒式アプローチを用いて，IFRSの条文に追随してきた。これらの基準について，「同じ英語で書かれたものベースで比べて，本物のIFRSの10分の1の厚さです」[18]という指摘もあった。Chinese GAAPの中国語基準書は約530頁であるが，2010年版のIFRS英文基準書は約3,070頁（2010年版）である。基準書のボリュームから単純に考えれば，中国基準はFull IFRSの圧縮版と言える。

　図表6-2のBの流れで示された先にあるのは「企業会計基準解釈第1号」（中国語：《企業会計准則解釈第1号》）から第5号までがある（2018年1月現在，第12号まで公布された）。これらの解釈は規範性通達であり，財政部会計司より順次に公布・施行され，権威性・指導性を持っている。IFRSの改訂・新規への臨機対応，またはChinese GAAPが滞りなく執行されることに一助的な役割が果たされていると考えられる。一方，Chinese GAAPは2007年の施行から改正されずに2014年に至った。すでに第1章で述べたように，このような断片的な対応によって生じた基準上の非整合性が大きな課題として浮き彫りになりつつ，同時に，複雑な取引に対する規制当局の第二の判断や実務専門家の能力向上などの課題も指摘されている[19]。

　IASBおよび米国や日本においては，関連当局から明文化された「概念フレームワーク」が公表されていたが，中国では，明文化された「概念フレームワーク」が存在していないことから，一部の原理原則を示したChinese GAAPに定めていないものに対しても，特に中国企業経営に特有な事象に

18　トモスズキ（2012），初版94頁，改訂版92頁より。
19　原則主義の適用による問題の所在：中国証券監督管理委員会では，「特に次のよう課題を指摘している。①細則主義の規制環境における原則主義の新企業会計準則の適用，②判断の相違の受入・許容水準，③複雑な取引に対する規制当局による第二の判断，④専門的な能力や経験の向上の必要性」（企業会計審議会総会・企画調整部会合同会議「IFRSに関するアジア調査出張（中国）調査報告書」（資料4-4），2012年2月17日，12-13頁より）。

対応するためには，基準解釈に頼らざるを得ない状態になる可能性がある。その結果，**図表6-3**の③で示したように中国基準は一部の原理原則を示すChinese GAAP（基本基準，個別基準，応用指針，付録を含む）と詳細な規定・数値を示す基準解釈から構成されることになる。

　これによって，中国基準の設定アプローチは原則主義に立つものではなく，また細則主義に立つものでもなく，「原則主義と細則主義」のハイブリッドによって成り立つものだと考えられる。さらに，中国基準には，IASBの「概念フレームワーク」と中国の法規制も複雑にからみ合っている一部の現状も判明している。

むすびにかえて
―明文化された「概念フレームワーク」を設ける必要性―

　これまで，「原則主義」対「細則主義」の視点から中国会計の再考を行ってきた。その結果，①法律を前提としたルールを作らない，②「概念フレームワーク」の存在という原則主義会計基準としての主な2つの特徴が中国基準からは見られないことが明らかになった。それゆえ，中国基準はIFRSを手本にして形成されていたが，IFRSのような原則主義の基準ではないことも明白である。また，2007年より中国の上場企業で適用されている企業会計基準の内容は2006年まで適用されていた「企業会計規定」[20]より充実していたにもかかわらず，細則主義の基準と言えるほどの詳細規定は設けられていない。したがって，中国会計基準の設定アプローチは原則主義に立つものではなく，また細則主義に立つものでもなく，「原則主義と細則主義」のハイブリッドによって成り立つものであると考えられる。

　一方，2007年から2014年に至るまで，新規会計基準および改訂版の公表が行われていないことから，中国基準の設定もしくはIFRSへのコンバージェンスの進展はやや停滞気味であることがうかがえた。このような局面を打開するためには，筆者はⅢの2. で言及した「概念フレームワーク」を設ける

20　「企業会計規定」（中国語：企業会計制度）は14章（計160条，本文計62頁）から構成されている。企業会計基準は基本基準と38の個別会計基準から構成されている（本文計218頁）。

必要性があると主張する。その理由の1つとしては,「概念フレームワーク」の設置・開発は原則主義法域のみならず,細則主義法域でも進められているからである。

米国における「概念フレームワーク」の新局面において,2003年の「SEC研究報告書」[21]は「従来の"原則だけから成り立っている基準"および"規則主義的基準"のいずれをも否定し,原則主義的または目的志向型会計基準を首尾一貫して発展させることが必要であることを強調する。……,より目的志向的な制度を目指す動きを促進するに当たって首尾一貫した概念フレームワークは必要欠くべからざる一歩である」という認識を表明したことが津守(2008,5-6頁)で紹介されている。

日本の場合には,会計基準は細則主義の基準でありながら,「討議資料『財務会計の概念フレームワーク』」(以下,討議資料と称す)は会計基準の憲法作りとして文章化されている(石川,2005,106頁)。また,政治に翻弄されない理論的権威の確立という点でも,概念フレームワークを会計の憲法になぞらえるにはそれなりの意味がある(斎藤,2005a)との指摘もあった。

さらに,2013年7月18日にIASBは,「財務報告に関する概念フレームワーク」(以下,概念フレームワークと称す)の改訂・修正を検討したディスカッション・ペーパー(A Review of the Conceptual Frame work for Financial Reporting：DP)を公表し,2014年1月14日まで一般のコメントを求めている。

このように,米国,日本,IASBでは,「概念フレームワークのコンバージェンス」(桜井,2007,78頁)がすでに始まっている。これを背景に,中国は米国,日本,IASBの経験を鑑みて,かつ世界慣行を踏まえて,法規属性を持たない「概念フレームワーク」を設け,会計理論の再構築(Restructuring)が必要であると考えられる(中国における「概念フレームワーク」の検討について,7章で検討する)。

---

21 U.S Securities and Exchange Commission (2003), Study Pursuant to Section 108(d) of the Sarbanes-Oxley Act of 2002 on the Adoption by United States Financial Reporting system of a Principles-Based Accounting System, July.25. 津守(2008)では,「SEC研究報告書」と称されている。

第7章

「企業会計基準」と概念フレームワーク

 **はじめに**

　会計ルールの設定において、「概念フレームワーク」は、会計原則、会計公準、会計基準とは異なり、ある種の「会計憲法」（an accounting constitution）または「メタ基準（基本基準）」として位置づけることもできる。米国で生まれたこの「会計憲法」は様々な形で多くの法域およびIASC（のち、IASBに改組）で参考にされている。IFRSのアドプションあるいはIFRSへのコンバージェンスが世界規模で行われている現在では、基準本体の内容とされていない「財務報告に関する概念フレームワーク」（The Conceptual Framework for Financial Reporting：CF）の重要度がいっそう高まっており、2013年7月に、IASBがディスカッション・ペーパー「財務報告に関する概念フレームワークの見直し」を公表し、2年後、公開草案「財務報告に関する概念フレームワーク」を公表し、2018年現在も検討中である。

　IFRSへの対応をめぐって、中国は強制採用という選択肢を極力回避しながら、2018年現在もIFRSへの全面的なコンバージェンスを持続的に行っている。

　2006年に「企業会計基準―基本基準」（以下、「企業会計基準」と称す）と38の個別会計基準が公表された後、2014年に、財政部が7年ぶりに新規個別会計基準の企業会計基準第39号「公正価値測定」、第40号「共同支配の取り決め」、第41号「他の企業への関与の開示」、また、第9号「従業員給与報酬」、第30号「財務諸表の表示」の改訂版を公表し、さらに2017年にもいくつかの改訂・新規基準の公表を行った。これらの「企業会計基準」と個別会計基準の制定および改訂において、どのような論理（ロジック、思考の形式および法則である）に依拠して行われているのか、必ずしも明瞭なものではない。言い換えれば、大陸法の法思考を遵守する中国では、「企業会計基準」とアングロサクソン法域での由緒を持つ「概念フレームワーク」との葛藤が初めて明文化された「企業会計基準」の1993年の施行よりまったく解消できないまま今日に至っている。

中国では，明文化された「財務報告に関する概念フレームワーク」が存在せず，「企業会計基準」がその"代用"と考えられている。現時点においても，この「企業会計基準」が国内個別会計基準の設定における根拠基準の役割を担っている。この基準はパブリック・セクター（政府機関）である財政部により制定されており，中国会計基準の構成内容の一部でもある。かつ，法的強制力を持っている。会計法規範を制定する際には大陸法の法思考に遵守する中国が，アングロサクソン法域で生まれ育った「概念フレームワーク」とIFRSへの対応においては，しばしば"二足の草鞋を履く"ことがある。

　本章では，中国会計の由緒を紹介した上で，諸会計規定から会計基準に収束する経緯の概略を行う。最後に，中国企業会計基準―基本基準（「企業会計基準」）のポジションの現状を明らかにする。

II 中国"会計"の由緒

　中国では「会計」という言葉の使用は西周（紀元前11世紀～前771年）までさかのぼる。当時の会計に対して，主に収支活動に対して，記録・計算・考察及び監督する（杨主編，1988，p.763）という解釈はあるが，現代中国企業の経営活動を支えている"会計"はそのような中国固有的なものではない。

　ここでは，とりわけ，上記のような"会計"がどのような経緯で中国に渡来されたのかについて，"渡来会計"を代表する3つの"訳本"を手がかりにして中国"会計"の由緒を回顧する。

　"会計"の渡来は約百年前までさかのぼることができる。特に，20世紀初頭頃，日本や米国などの海外で留学生活を経験した清国出身の学生らの帰国により，西洋式複式簿記や貸借対照表などが中国本土に移植された。当時，固有の伝統的中式記帳法に比して貸借記帳法を用いて財務諸表が作成されることこそ"現代会計"であっただろう。または，"会計"，"簿記""借方"，"貸方"など専門用語の漢字表示は日本語に翻訳された英文書物が中国語に翻訳されたことによって中国に渡来され，いわゆる"漢字の逆輸入"とも言われている。

1．"銀行簿記"の渡来

　日本では，1873（明治6）年に，Alexander Allan Shand氏の著書『銀行簿記精法』が大蔵省の管轄の下で翻訳・出版された。この書物は「日本における最初の複式簿記書であり，世界における統一簿記制度の最も早いもののひとつである」とも言われている。これを背景に，1907年（清光緒33年）に，日本の明治大学での留学を経験した謝霖・孟森両氏が『銀行簿記学』を東京で出版した（日・中両国で同時に発行）。この本は森川鎰太郎氏の『修正銀行簿記学』（森川，1905），米田喜の『簿記学講義』（年代不明）を手本にして編集されたと紹介されている[1]。西洋式簿記の原理・作法はこの本を通じて，初めて当時の清国に伝わった。

2．"パチョーリ簿記論"の渡来

　陸善熾氏は，1920年代頃，日本での留学を終えて帰国したが，京都大学の図書館で平井泰太郎氏の「『ぱちおり簿記書』研究」（1920年版）[2]という訳本に出会ったことをきっかけに，この訳本の中国語訳に取りかかった。平井氏の訳本はJohn B. Geijsbeekの英語訳（1914年版）を日本語に翻訳したものあった。1935年に陸氏は「巴舒里『計算與記録要論』漢訳」という題目で中国の『会計雑誌』（第6巻）にて公刊した。陸氏は"パチョーリ簿記論"を中国語に訳した"第一訳者"[3]と言われている。

3．"会社会計基準序説"の渡来

　晩年に"中国会計之父"と称えられた潘序倫氏は1920年代にハーバード大学の修士号，コロンビア大学の博士号を取得した後，帰国を選んだ。その後

1　上海金融報編輯部（2013）「銀行新式会計的拓荒者謝霖」。http://www.canet.com.cn/news/zczx/201307/05-308150.html
2　平井氏がJohn B. Geijsbeekの英語訳（1914年版）を日本語に翻訳し，1920年に神戸会計学会の「会計学論叢」に掲載した。詳細は葛家澍・王光远（1994）（中国文献），片岡泰彦（1998）（和文献）を参照されたい。
3　陈元芳（2012）。また，陸氏は1933年に渡部寅二・渡部義雄の著書『成本会計綱要』を翻訳・編集した実績もある。http://blog.sina.com.cn/s/blog_4b9fd293010110gl.html

の米国では,証券法,証券取引法の制定,SECの設置,または,企業会計基準・原則の形成の正念場を迎えていた。米国会計士協会(The American Institution of Accounting)の公刊物『会計研究公報』第7号によれば,会計については「少なくとも一部分は財務的な性格を持つ諸取引および諸事象を,意味のある方式によって,また,貨幣を表現手段として,記録,分類,総括し,さらにそれらの結果を解釈するところの技術である」[4]という記述があった。また,米国会計学会(American Accounting Association:AAA)の後援を受け,1940年に会計原則の代わりに会計基準を用いることを主張するペイトンとリトルトン(William Andrew Paton, Ananias Charles Littleton)の共著『An Introduction to Corporate Accounting Standards』が刊行されていた。当時,すでに帰国していた潘氏が会計実務と会計教育の両立を目指して,中国初の会計事務所と会計専門学校の経営に励んでいた。会計の理論においては,ペイトンとリトルトンが主張した"凝固而又協調一貫的整套理論(A coherent, coordinated, consistent body of doctrines)"[5]が必要だと共感した末,両氏の上記書物を中国語に訳し,1949年8月に訳本『公司会計準則緒論』を上海で公刊したのである。1953年に邦訳版の『会社会計基準序説』が中島省吾先生に翻訳され,読者の手に届けられた。"A coherent, coordinated, consistent body of doctrines"は原著者序の一節であり,その完全の文は「会計の理論は,ここでは,脈絡ある,相互に齊整せられた,首尾一貫した理論体系と考えており,もし,必要があれば,これを会計基準という形式で簡潔に表現することもできるのである」と訳されている[6]。

しかし,1949年10月にスタートした新中国では,社会主義計画経済を背景に国営企業が"天下取り"になり,「貸借対照表」の使用を取りやめた代わりに「資金平衡表」を中心とする旧ソ連式会計モデルが中国に導入された。

---

[4] 米国会計学者May, George Oliver(1943),木村重義訳(1970),3頁より。
[5] 潘氏がA coherent, coordinated, consistent body of doctrinesを中国語 "凝固而又協調一貫的整套理論"に翻訳した。W.A.佩頓&A.C.利特尓,潘序倫譯(1949),原著者自序頁より。
[6] ペイトン=リトルトン著,中島省吾訳(1953),原著者序,1頁より。

それゆえ，会計発展史上において最も影響力を持っている上記の代表作らが20世紀前半までに中国で翻訳・紹介されたにもかかわらず，市場経済や資本市場の要請に応じて生まれてきた会計基準・会計原則における研究は社会主義計画経済の下でやむを得ず休止状態に追い込まれてしまい，この停滞期は「改革・開放」まで約30年間も続いていたのであった。その後, 1993年に「企業会計基準」の導入により複式簿記（貸借記帳法）と財務諸表は中国全土に導入されたのである。

「企業会計基準」形成における2つの側面

　現代中国の会計理論における研究活動は長い停滞期を経て，1979年12月26日に中国会計学会[7]の創立によって，再スタートしたのである。80年代初期より，中国における政治・法制の激変と共に，"国家経済"および"国家会計"の成長は人々の想像をはるかに超えていた。「経験の蒸溜」[8]とは会計理論の形成に欠かせない大事なプロセスの1つであるが，再スタートを切った会計理論の研究活動が展開されたにもかかわらず，「経験の蒸溜」による中国「概念フレームワーク」の形成に主役的な役割が見られなかったのである。その代わりに，中国における会計規範の設定および整備において，特に企業会計基準の設定については，「政府主導型」（王昱，2001, 129頁）であるため，中国当局の主導によって進められてきた。新興経済圏の法域においては，同様な現象も見られている。

　1979年に「対内改革・対外開放」という政策が実行されてから，巨額な海外投資および技術移転の受け入れに伴い，外資系企業（三資企業[9]）が登場した。企業形態の多様化を背景に，外資系企業，株式会社，国有企業，上場企

---

[7] 中国会計学会：1979年12月26日から1980年1月6日にかけて，広東省佛山市で中国会計学会の創立大会が開催された。会計理論研究雑誌『会計研究』がこの大会にて創刊されたのである。

[8] 「経験の蒸溜」とは前掲注4のMayの著書のサブタイトル（A Distillation of Experiece）に由来する。

[9] 三資企業とは中外合併企業，中外合作企業，外国独資企業である。

業などの会計業務に対応するために，中国当局は国際会計慣行を取り入れた各種の会計規定を作り上げたのである。

以下では，会計規定の新旧交代の中，一部の会計規定が基本基準への収束現象および国際会計慣行の取り込みという2つの側面から「企業会計基準」の形成を**図表7-1**を通して考察してみる。

1．側面Ａ：収束現象──間接的な「経験の蒸溜」

図表7-1の左上で示したように，外資系企業の会計業務に対応することを契機にかつて海外から中国に伝来されてきた貸借記帳法，貸借対照表，損益計算書などの国際的な会計慣行は，まず，1983年版の試行草案，それから，「中外合資経営企業会計規定」（1985年版，中国語原文：中華人民共和国中外合資経営企業会計制度，以下同様）の施行により本格的な復帰[10]が果たされたのである。さらに，1990年代初期より，資本市場の再建や社会主義市場経済の実行，国際会計基準の進展などを背景に，中国会計は国際会計慣行への調和化を図り，その成果として，1992年に初めて明文化された「企業会計基準」を世に出したのである。

以来，中国では，「概念フレーワーク」，会計基準，会計原則をめぐる研究・議論が細々と続いている。これらの規定に含まれている会計原理・原則的な精髄が1992年版の「企業会計基準」までに蒸溜され，さらに，この「企業会計基準」は個別会計基準の設定根拠の位置に置かれた。

図表7-1で示したように外資系企業会計規定や株式会社会計規定などは，のちに財政部に設定された条例や基準に収束されてきたことについて，諸規定の内容比較によって確認することができる。すなわち，外資系企業や，株式会社，上場企業，国有企業などの経営体で用いられていた各種の会計規定が一種の"経験"として間接的な蒸溜プロセスを経て条例または基準までに収束されたと考えられる。2015年に，財政部より公表された廃止および失効

10　20世紀初期頃から中期頃にかけて，西洋式簿記（貸借記帳法）および財務諸表等が固有の中式会計と共存していた。詳細は王昱（2001），129頁を参照されたい。

する会計基準規定等の目録[11]によれば，**図表7-1**に"失効"または"一部失効"の表示が付いている「外資系企業会計規定」や，「株式会社会計規定」などがすでに失効となっている。しかし，今日の中国企業会計基準の形成においては，これらの失効した会計規定は従来の社会主義計画経済会計から，現在の社会主義市場経済会計とのかすがい的な存在であり，欠かせない歴史的な使命を果たしていたことには違いないのである。

会計実務からの直接な経験や理論研究上の経験は，短期間における蒸溜ができるほどの量的蓄積ができていないため，中国では，各種の会計規定から「会計基準」への収束現象が生じ，つまり，間接的な「経験の蒸溜」が試されたのであった。このように政府主導の下で，形成された会計規範が1983年に公布された外資系企業の関連会計規定から1992年に「会計基準」が公布されるまで，「経験の集積」から「経験の蒸溜（経験＋研究）」[12]までの循環プロセスが10年間に及んでいたが，基本基準に定められている会計諸要素の定義は，必ずしも当時のIASCより公表されている「概念フレームワーク」とは一致していなかったのであった。このことは，のちに打ち出された趣同戦略の展開とともに解決したのである。

2．側面B：直接的な「経験の蒸溜」と思われる側面

IASCはIASBに改組したことによって，「国際会計基準」（IAS）は「国際財務報告基準」（IFRS）に改名した。その前後，中国当局は自国の実情に合わせて借鑒式アプローチを用いて，IFRSを自国基準に取り込む趣同戦略に乗り出したのである。**図表7-1**の左下に示したCF（概念フレームワーク）とIFRSからの点線の矢印が指しているのは「企業財務会計報告条例」（以下，「報告条例」と称す）と2006年に公布され，さらに，2018年現在，整備されてきたChinese GAAPである。

2000年に公布された「報告条例」にある会計要素である資産，負債，所有者持分，収益，費用の基本定義は1989年にIASCに公表された「財務諸表の

11　財政部（2015）。
12　佐藤孝一（1961），12頁を参照。

◆図表7-1 各規定から基準に収束する経緯（1983〜2018年）

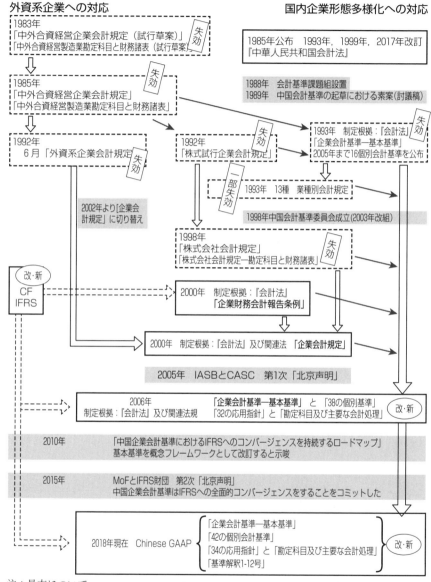

注：見方について
点線枠：失効または一部失効。実線枠：執行中。塗りつぶし枠：主な出来事。
点線矢印：CFとIFRSからの取り入れ。実線矢印：収束，切り替えまたは改訂・新規公表。
出所：筆者作成。

「企業会計基準」と概念フレームワーク　第7章

作成及び表示に関するフレームワーク」[13]とはほぼ同様な内容を設けるようになった。また，「企業会計規定」などを制定する際に，この条例に基づくことが求められている。これを受け，会計要素の定義においては，1993年版「企業会計基準」（1992年に公布，1993年に施行）と2000年版「報告条例」とは異なる内容を用いることになった。それゆえに，「報告条例」は中国版概念フレームワークの代役であるという見方があった。

　しかし，2006年版「企業会計基準」は従来の1993年版の改訂であり，会計要素の定義においては，上記条例の内容と同様，また，IASBに公表された概念フレームワークの関連内容とも同様に定められている。すなわち，会計要素の定義における相違が解消されたのである。よって，基本基準は個別会計基準の設定根拠でもあるため，IASBの概念フレームワークの代役としてよりふさわしいという見方が増えたのである。

　すでに述べたように，中国当局はIFRSに対してアドプションあるいは，任意適用をせず，全面的なコンバージェンスを行っている。いまだに，EU，日本のようにエンドースメントのメカニズムを設ける動きが見られない。中国は自国基準の設定権を放棄せず，CFおよびIFRSの改訂・新規に追随してChinese GAAPを整備しつつある。IFRSを基準源として活かしているような印象を払拭できない。すなわち，IASBによって作り上げられているCFとIFRSからの直接的な「経験の蒸溜」と見なされよう。CFから「会計基準」へ，IFRSから個別会計基準へと蒸溜されていく。全面的なコンバージェンスが実行されることによって，CFとIFRSからChinese GAAPへの蒸溜が同期に近いスピードになると考えられる。IOSCOの支持が得られたIASはIFRSとなり，中国会計のインフラ整備に大いに寄与したことも明らかである。

　以上，「企業会計基準」の形成について，国内一部会計規定からの間接的な「経験の蒸溜」という収束現象の側面と，IASBのCFとIFRSから直接的な「経験の蒸溜」と思われる側面と，この2つの側面から考察を試みた。

---

[13] 2010年9月に「財務報告に関する概念フレームワーク」（CF）の公表により廃止されたが，第4章「フレームワーク」（1989年）はそのままの内容で残されている。今後，改訂される予定がある。

「企業会計基準」の構成確認

ここでは，中国における会計の一般原則，基本基準および報告条例，さらに2006年改訂版「企業会計基準」のその構成を**図表7-2**にまとめ，「企業会計基準」と「報告条例」の構成を確認する。それから，両者におけるCFのような役割が果たせるか否かについて，先行研究を用いて，簡潔な検討を行う。

1．「企業会計基準」と「報告条例」との構成比較

中国で，国際会計慣行が初めて取り入れられたのは外資系企業会計規定である。1983年に財政部より公布された「中外合資経営企業会計規定（試行草案）」が1985年3月4日に正式な「中外合資経営企業会計規定」として公布された（同年7月1日より施行）。この会計規定は計17章88条から構成され，上記試行草案のほか，外資系企業法および外資系企業法人税法の関連規定に基づいて制定されたのであった。しかし，規定の内容については，国際会計実務のノウハウや原則を参考にした記載のみはあるが，制定プロセスに関する詳細な記述文献や資料などが見当たらない。当該会計規定の内容を当時の国営企業における関連会計規定[14]との比較を通じて，会計における多くの国際慣行がこの規定の施行によって中国に導入されたことが明らかになった。特に第3章「会計業務の一般原則」（第9〜19条）は下記の内容が含まれている。

第9条：法令順守の原則
第10条：会計年度の統一（1月1日〜12月31日）
第11条：貸借記帳法の適用，正規の簿記
第12条：真実性の原則

---

14 主に財政部に公布された「国営工業企業会計規定—会計科目と財務諸表」（1985年改訂版）と「国営商業企業会計規定—会計科目と財務諸表」（1985年改訂版）を用いて比較を行った。

第13条：記帳言語は中国語が必須

第14条：記帳貨幣は人民元が必須

第15条：発生主義の原則

第16条：収益と費用対応の原則

第17条：取得原価主義の原則

第18条：資本取引・収益取引区分の原則

第19条：継続性の原則

図表7-2に示したように上記「会計業務の一般原則」の内容はほぼ1992年公表（1993年施行）の「企業会計準則」に取り込まれていた。さらに2006年の改訂版（2007年施行）には新たに「会計測定」の内容が追加され，2014年版には公正価値に関する改訂も行われた（企業会計準則の詳細は**巻末資料2**を参照されたい）。この「企業会計準則」は個別会計準則を設定する根拠でありながら，中国にあるすべての企業に採用を義務づけている。

◆図表7-2　企業会計準則―基本準則と条例の構成比較表

施行日	1985年7月1日	1993年7月1日	2001年1月1日	2007年1月1日
名称	中外合資経営企業会計規定	企業会計準則―基本準則	企業財務会計報告条例	企業会計準則―基本準則
構成	17章88条	10章66条	6章46条	11章50条
1	総則	総則	総則	総則
2	経理部署と経理担当	一般原則	財務会計報告の構成	会計情報の品質要求
3	会計業務の一般原則	資産	財務会計報告の作成	資産
4	投下資本	負債	財務会計報告の対外提供	負債
5	貨幣資金及び振込項目	所有者持分	法律責任	所有者持分
6	棚卸資産	収益	付則	収益
7	長期投資及び長期負債	費用		費用
8	固定資産	利益		利益
9	無形資産とその他の資産	財務諸表		**会計測定**
10	原価と費用	付則		財務諸表
11	売上と利益			付則
12	勘定科目と財務諸表			
13	会計証憑と会計帳簿			
14	監査			
15	会計ファイル保存			
16	解散と清算			
17	付則			

「報告条例」は，前述したように1989年4月にIASCで承認され，同年7月に公表された「財務諸表の作成及び表示に関するフレームワーク」を参考にして制定されたと見られる。中国の「企業会計規定」（中国語：企業会計制度）を制定する際に，『会計法』と当条例が制定根拠とされていた[15]。また，会計要素の定義も当条例と同様な内容が定められている（報告条例の詳細は**巻末資料3**を参照されたい）。したがって，当条例は会計規定等を制定する際に，CFのような役割を果たしていた一面が見られる。

2．概念フレームワークのあり方から見る「企業会計基準」と「報告条例」

「概念フレームワーク」という用語が，1973年にFASBの研究プロジェクト「財務報告のための広範な質的基準」から「会計および報告に関する概念フレームワーク：目的，質的特徴および情報」への名称変更によって，初めて使われるようになった[16]。この「概念フレームワークは，FASBが財務会計および財務報告の基準を設定するにあたってそれに依拠することを意図した明確な公式見解を導き出すことになるだろう」[17]とFASBに期待されていた。その結果，『財務会計諸概念に関するステートメント』（Statements of Financial Accounting Concepts：SFAC，第1号～第6号）が公表されて，当時のIASCおよび多くの国に「概念フレームワーク」の形成においての見本を提供したのである。

概念フレームワークとは「首尾一貫した会計基準を導き出すと考えられ，かつ財務会計および財務報告の本質，機能および限界を規定する相互に関連する基本目的ならびに根本原理の整合的な体系である」（SFACの序文に記載されている）。

この「概念フレームワーク」の第一の特徴は，それが，「一般に認められている会計理論であり，しかも，個人的にではなくFASBによって組織的に形成された「理論」であるという点にある」（津守，2002，277頁）。

15　企業会計制度研究組編（2001），pp.10-11。
16　FASB SPECIAL REPORT（1998），94頁より。
17　FASB SPECIAL REPORT（1998），93頁より。

中国の「企業会計基準」は基本基準としてChinese GAAPの構成内容であり，それから，パブリックセクターであるMoFに設定され，さらに法的強制力を有する会計規範である。その結果，「企業会計基準」はFASBのCFのような第一特徴である一般に認められている会計理論という特質を持っていない。しかしながら，「企業会計基準」は個別会計基準の設定根拠であるため，中国の会計基準を設定するための基準である「メタ基準」としての位置づけに対して否定できないであろう。

また，IASCの概念フレームワークなどを日本で検討された際に，「企業会計原則」が言及されながら，会計基準を導き出すという位置づけされる「概念フレームワーク」には，情報のフレームワークと計算のフレームワークと下記のように分類できそうであるとの指摘（COFRI概念フレームワークに関する研究委員会，2001，611頁）があった。

「情報のフレームワークとは，企業の財務報告ないし財務情報の在り方に関する概念フレームワークであり，投資意思決定のためなど情報提供を目的とする会計にとって本質的な概念フレームワークである。計算のフレームワークとは，会計の計算要素（資産・負債・資本・収益・費用）とその計算内容（認識・測定）および財務諸表の表示方法に関する概念フレームワークであり，配当可能利益の計算など利害調整を目的とする会計にとって本質的な概念フレームワークである。」

「報告条例」は**図表7-2**で示した第1章の総則では「企業財務会計報告を規範とするため，財務会計報告の真実性，完全性を保証するため，『会計法』を根拠に本条例を制定する」と定めており，また，財務諸表の構成，作成，開示に関する内容までを規定している。上記の情報のフレームワークの定義は完全には満たしていないが，当条例には企業の財務報告ないし会計情報のあり方や，情報提供に関する内容が多く設けられている。よって，当条例はCFにおける「情報のフレームワーク」の一部に相当すると判断する。一方，「企業会計基準―基本基準」は**図表7-2**で示した2006年版では会計の計算要素（資産・負債・所有者持分・収益・費用）とその計算内容（認識・測定）および財務諸表の表示方法に関する内容が含まれているため，CFにおける「計

算のフレームワーク」に相当すると考えられる。

　したがって，「報告条例」と「企業会計基準」とは1つに組み合わせればCFのような情報と計算の両方のフレームワークとしての役割が果たせると考えられるが，実情として，第1章で述べたように中国では，階層的な会計法規範の構造は『立法法』に定めており，条例は行政法規として国務院令に公表され，基準は部門規章として財政部に公表されることになっている。両者は異なる立場で異なる役割を果たすためのセッティングとなっている。

　さらに，中国では，「企業会計基準」と「概念フレームワーク」の「類似説」が存在する。葛家澍・王光远（1994）によれば，「概念フレームワーク」という固有名詞が教科書と書物以外，会計規範に（傍点筆者注）現れたことがない，しかし，内容と役割から見れば，「企業会計基準」（1993年版）は「概念フレームワーク」とは十分に類似しているが，基準には"体系性"と"全面性"が欠けており，理論界と実務界での綿密な検討が必要であると指摘されていた。

　「類似説」と言えば，かつて，日本でのCF討議資料の検討にあたって，「我が国に，これまで会計の概念フレームワークは存在しなかったのかという問題がある。確かにこのたび公表されたような形態の概念フレームワークは存在しなかったが，それに代わるものとして，企業会計原則が存在し，これがわが国の会計行為の規範としての役割を果たしてきたものとみてよいであろう」（加古，2005, 142頁）と述べられたのである。

　中国の「企業会計基準」はその当時，会計行為を規範するという役割の側面から見れば，日本の「企業会計原則」と同じ境遇にあったかもしれないが，現在の日本には，「討議資料　財務会計の概念フレームワーク」がある。中国は，日本の討議資料の設定経緯，内容，ノウハウをめぐる研究を行い，中国版討議資料を設けることも1つの選択肢になるであろう。

3．小括：「企業会計基準」とIASBのCFとの6項目比較

　「企業会計基準」の第一条では，「企業会計における認識・測定と報告行為を規範し，会計情報の品質を保証するため，『中華人民共和国会計法』とそ

の他の関連法律・行政法規に基づいて，本基準を制定する」（第一条）。それから，第三条では，「企業会計基準は基本基準と個別基準を含み，個別基準の制定は（基）本基準に準拠すべきである」ことが定められている。

IASBのCFでは「本"概念フレームワーク"はIFRSではないので，特定の測定又は開示に関する事項についての基準を定めるものではない，本"概念フレームワーク"のどの内容も，個別のIFRSに優先することものではない」と明記されている。

これまでの概略と上記内容を踏まえて，中国の「企業会計基準」とIASBのCFにおけるポジション上の差異を**図表7-3**にまとめておいた。6項目の主な差異とは中国「企業会計基準」の特徴とも言えよう。

すなわち，中国の「企業会計基準」は会計理論ではない。この基準は『会計法』に従って財政部に設定され，国内すべての企業に導入される法的強制力を持つ基準でありながら，個別会計基準の制定根拠でもある。第6章で述べたように，中国会計基準の設定アプローチにおいて原則主義と細則主義のハイブリッドによって成り立っていると考えられる。一方，IASBのCFはIFRSの構成内容ではなく，制定の際に法的根拠がなければ，導入先への法的強制力も持たないフレームワークである。

したがって，「企業会計基準」はIASBのCFとは「類似説」があるにもかかわらず，中国版の概念フレームワークとは言えず，中国の会計基準を作る

◆**図表7-3　中国「企業会計基準」とIASBのCFとの6項目比較**

	比　較　項　目	(China) 企業会計基準	(IASB) 概念フレームワーク
1	構成タイプ	スタンダードタイプ	フレームワークタイプ
2	理論であるか否か	理論でない	理論である
3	基準であるか否か	基準に含まれる	基準に含まれない
4	設定主体の属性	パブリックセクター	プライベートセクター
5	法的根拠の有無	あり	なし
6	法的強制力の有無	あり	なし

出所：筆者作成。

ための基準，敢えて言えば，基本基準は中国の「メタ基準」にすぎないのであろう。

むすびにかえて
―中国におけるCFの課題―

　これまで，中国"会計"の由緒について簡単な紹介を行った上で，国内会計規定による間接的な「経験の蒸溜」とCFおよびIFRSからの直接的な「経験の蒸溜」と思われる2つの側面から「企業会計基準」の形成を考察してきた。小括で取り上げた「企業会計基準」とIASBのCFにおける6項目の差異を背景に「企業会計基準」はIASBの概念フレームワークのような性格を持たないため，中国版概念フレームワークを改めて設ける必要があると考えられる。

　1993年版の「企業会計基準」が登場して以来，この基準は概念フレームワークとして代用する傾向があった。1995年に開催された中国青年財務原価研究会第8回年次大会の概要では，下記の4つの観点が記述されていた。当時，多くの会員が会計基準を保留しながら，概念フレームワーク公告書を順次に公布し，整備された時に「企業会計基準」の代わりに「財務会計概念フレームワーク」を用いることに賛成しているようであった。

①現状維持論（「企業会計基準」＝概念フレームワーク）
②若干改訂論（必要に応じて「企業会計基準」の改訂）
③併存論（「企業会計基準」と概念フレームワーク，概念フレームワークは「企業会計基準」の設定に理論的な支持根拠を提供する）
④代替論（「企業会計基準」を廃止し，概念フレームワークを設ける。さらに，概念フレームワークは「企業会計基準」としての位置づけをしないこと）。

　2010年4月2日に中国の会計基準設定主体である財政部は「中国企業会計基準は国際財務報告基準へのコンバージェンスを持続するロードマップ」を公表した。公開草案にはない「企業会計基準の基本基準は概念フレームワー

クとして，個別の基準の設定に指導を行う」という内容が新たに加えられたのである。よって，今後の目標として「企業会計基準」を概念フレームワークにすることが示唆されたのであろう。すなわち，上記の①現状維持論に相当し，「企業会計基準」は概念フレームワークに相当するとのことである。しかしながら，概念フレームワークとは，「首尾一貫した会計基準を導き出すために，財務報告の基本目的および基本原理を整合的に規定した体系であり，いわば会計基準設定のための理論的拠り所ということができよう」（COFRI，概念フレームワークに関する研究委員会, 2001, III頁）とある。したがって，中国の基本基準は概念フレームワークに相当することができないと考えられる。

　中国における概念フレームワークの最も重要な課題とは会計理論の強化にあると考えられる。なぜなら，2007年以後のIFRSが遺伝子のように組み換えられることによって持続的なコンバージェンスを実行することに伴って，理論研究より実証研究の方が圧倒的な数となり，会計理論の研究は再び停滞危機にさらされる可能性が現れたからである。陈国辉（2012, p.19-20）によれば，中国会計理論の研究には：①異常繁栄，②理論と実務との乖離，③応用性理論への軽視，④先見性・有用性・系統性の欠如，⑤研究方法の非規範性などの問題点が指摘されている。これらの指摘に対して，いかに改善されていくのかは中国版概念フレームワークの未来にかかっており，また，現行の会計基準の執行効果にも影響を及ぼすであろう。

　会計規範を制定する際には，大陸法の法思考を遵守する中国の「基本基準」は「［会計］基準を設定するための基準」つまり「メタ基準」の役割を果たしていることが実情である。その基準はアングロサクソン法域で生まれ育ったような「概念フレームワーク」として生まれ変わることはできない。周知のように，概念フレームワークにおけるIASBとFASBとの共同開発は2004年からスタートしたが,2006年以降，共同開発はいったん中止となった。2013年にIASBの単独プロジェクトにより改訂議論が再開された。2015年に公開草案「財務報告に関する概念フレームワーク」を公表し，同年11月にコメント期限が終了した。2017年1月のIASBのボード会議において実質的な

審議が終了している[18]と報告されたが,その後,会計基準アドバイザリー・フォーラム（ASAF）での議論も続いている。IASBとASAFには中国出身のメンバーも入っているため,IASBの概念フレームワークの改訂作業に携わると同時に,中国版概念フレームワークの形成への寄与も期待されているに違いない。

---

18 会計基準アドバイザリー・フォーラム（ASAF）議事概要,2017年3月。http://www.fsa.go.jp/common/about/research/20170411-2/11-2/5.pdf

公正（公允）価値概念の整理
─企業会計基準第39号「公正価値測定」を中心に─

I はじめに

　1991年に，財務会計基準書（Statement of Financial Accounting Standards：SFAS）第107号「Disclosures About Fair Value of Financial Instrument」（金融商品の公正価値に関する開示）が米国のFASB（財務会計基準審議会）から公表されたことにより，金融商品における公正価値の定義が明確に示された。これを契機に，Fair Valueは「公允価値」という中国語に訳され，のちに会計用語として中国でも定着した。また，Fair Value Accounting, Market Value Accounting, あるいはMark to Market Accountingも「公允価値会計」という表現で紹介され，さらに，公允価値会計の測定は取得原価会計の測定に取って代わって21世紀の主流になるまで言及されていた（黄，1997）。Fair Valueの日本語訳である公正価値という用語において，"公正または適正"が強調されることに対して，中国語訳の「公允価値」には"公正かつ容認"，すなわち，公正だけではなく許し・認め合うというニュアンスも含まれている。本章では，便宜上，Fair Value の日本語訳である公正価値という表現を用いる。

　周知のように，中国におけるIFRS（国際財務報告基準）への対応においては，2007年に「企業会計基準—基本基準」と38の個別会計基準が上場企業に導入されたことによって，中国の企業会計基準がIFRSへのコンバージェンスを実質的に達成したという評価をIASB（国際会計基準審議会）から得られた。その後，2010年4月には中国財政部が「中国企業会計基準におけるIFRSへの持続的なコンバージェンスを実行するロードマップ」[1]を公表した。したがって，IFRSのそのままの全面的採用が中国で回避され，持続的なコンバージェンスが今日まで続いている。その持続的なコンバージェンスの成果の一部として，2014年に新設の個別基準第39号「公正価値測定」（財会［2014］6号），第40号「共同支配の取り決め」（財会［2014］11号），第41号

1　中国語原文：中国企业会计准则与国际财务报告准则持续趋同路线图 http://www.asc.net.cn/pages/common/index1.asp

「他の企業への関与の開示」(財会〔2014〕16号)が公布・施行されたことが挙げられる。特に企業会計基準第39号「公正価値測定[2]」は2014年7月1日より施行されたことにより,Fair Valueの応用は中国で正念場を迎えることになると考えられている。

また,2015年8月に起こったチャイナ・ショックは世界同時株安の発端と指摘され,同年9月に開催されたG20(20ヵ国地域財務大臣中央銀行総裁会議)では,中国当局は資本市場におけるバブルの存在が弾けたことを認めた上で,全力を尽くして証券市場の秩序を取り戻すと表明した[3]。チャイナ・ショックの引き金となったのはサブプライム・ローン問題ではないのだが,サブプライム・ローンに端を発した2008年の世界金融危機を収拾するにあたって,特に欧米で公正価値会計をめぐる様々な議論・対応が中国当局にはまだ記憶に新しいのである。

中国における公正価値会計の今後を案じ,とりわけ,公正価値概念の導入経緯と公正価値をめぐる規定の現状を整理することにする。本章では,コンバージェンス・アプローチによってIFRS第13号「公正価値測定」を自国基準に取り込んだ経緯についてまとめ,次に,公正価値測定の公開草案と公布された基準内容を確認する。最後に,本章で検討した内容を踏まえて,当面の課題を挙げてみる。

II 個別会計基準に散見される公正価値概念(1998~2006年)

1990年代,社会主義市場経済の急成長,資本市場の再建,およびグローバル経済への参入を背景として,1992年に財政部が中国で初めて明文化した会計基準である「企業会計基準―基本基準」(財政部令第5号)を公表した。

大雄(1993,27頁)によれば,この基準の内容を見ると,当時は収益・費用アプローチを採用していた日本の「企業会計原則」と異なり,米国の

---

2 中国語原文:企业会计准则第39号―公允价值计量。
3 China's Central Bank Chief Predicts End Nigh for Market Rout, PBOC Governor Zhou Xiaochuan offers first public comments on stock market turmoil and Beijing's response in statement to G-20 leaders, 2015,9,07. http://jp.wsj.com/articles/SB

FASBをはじめ多くの国で見られる資産・負債アプローチを採用している。しかし，上記初版「企業会計基準」の第2章「一般原則」の第19条によれば，「各種の財産，物資は取得する際の実際原価により価値計算しなければならない。物価が変動された時には，国家が別途規定する場合を除き，その帳簿価額を修正することはできない」としている。すなわち，会計記録においては，時価主義ではなく取得原価主義に立脚していたことは明らかである。欧米とは異なる背景に形成されつつある中国の会計基準においては，収益・費用アプローチであるか，または資産・負債アプローチであるかを二者択一で分類するのはいまだに難しいのである。

初版「企業会計基準—基本基準」が1993年7月1日より施行された後，1994〜1996年にかけて，財政部が30の個別会計基準草案を公表した。2000年までこれらの草案の中で，9の個別会計基準[4]が施行されていた。その中で，公正価値にかかる簡単な概念が以下の3つの基準に初めて顕在化した形で現れたのである。

①1998年6月12日に中国財政部より公表された「企業会計基準—債務再構築」（財会字［1998］24号）には，公正価値という概念が初めて基準の条文として正式に導入されたのである。この基準の3．(4)によれば，「公正価値とは，公平な取引において，状況を熟知する取引者双方が自発的に行った資産交換または債務返済の金額を指す」[5]。この個別基準は2001年に改訂されたが，公正価値に関する定義は上記内容のままであった。

②1998年6月24日に公表された「企業会計基準—投資」（財会字［1998］26号）の3．(8)では，公正価値に関する定義が上記の内容と同様に設けられていたが，2001年に行われた改訂により，公正価値とその定義が削除された。

③1999年6月28日に「企業会計基準—非貨幣性取引」が公表され，2000年

4　9の個別会計基準：関連当事者及び取引に関する開示，キャッシュ・フロー計算書，後発事象，債務再構築，収益，投資，工事契約，会計方針及び会計上の見積の変更と会計誤謬，非貨幣性資産取引。詳細は，王昱（2006），144頁を参照。

5　財政部に公表された英文訳：Fair Value is the amount for which an asset could be exchanged or a liability settled, between two knowledgeable, willing transacting parties in an arm's length transaction.（中華人民共和国財政部，2002, p.113）。

1月1日より施行された。この基準の4．(4)には，上記の公正価値の定義が含まれていた。この個別会計基準も2001年に改訂されたが，公正価値に関する定義は従来内容のままであった。

公正価値という概念が1998年に初めて中国の会計基準に導入されたのは，当時下記の公正価値における先進国にある基準または概念を大いに参考とした結果である（中華人民共和国財政部，2000，227-228頁）。
・IAS第32号「金融商品：開示及び表示」（改訂前名称）
・SFAS第133号「デリバティブ商品とヘッジ会計の処理」
・カナダ勅許会計士協会ハンドブック§3860：金融商品―ディスクロージャーと表示
・オーストラリア会計基準委員会第1033号「金融商品の表示及び開示」
・英国会計基準理事会FRS第7号「取得会計における公正価値」(Fair value in Acquisition Accounting)

また，この時期において，金融商品における公正価値評価・開示をめぐっての議論は，バーゼル銀行監督委員会とIOSCO（証券監督者国際機構）の専門委員会が共同で1999年2月に公表した「銀行と証券会社のトレーディング及びデリバティブ取引のパブリック・ディスクロージャーに関する提言」[6]にも言及されていた。公正価値測定ないし公正価値会計に関する規制の整備は経済先進国の中で着実に展開されていた。一方，資本市場の再建が10年目を迎えた中国はとりわけ上記の3つの個別基準に公正価値という概念を導入するにとどまり，公正価値測定および開示基準の導入には慎重な姿勢を見せていた。

企業会計基準全体への公正価値の取り込み (2007～2012年)

会計基準の国際的コンバージェンスを図るために，2002年に，IASBは

6　提言の内容についてはhttp://www.fsa.go.jp/p_fsa/inter/bis/bj_003b.htmlを参考にした。

FASBとの間で「ノーウォーク合意」を取り交わした。この影響を受け，2005年11月にIASBとCASC（中国会計基準委員会）との間でコンバージェンス・プロジェクトへの参加における共同声明[7]が公表された。翌年の2006年には，財政部が「企業会計基準—基本基準」の第1次改訂版（財政部令第33号），個別会計基準の新規基準と改訂版基準の計39の基準を公表した。これらの動きに対して，当時IASB議長であるDavid Tweedie氏は中国の新しい会計基準の実施は，IFRSとの間に実質的なコンバージェンスをもたらす，という評定を下したのである[8]。したがって，この基本基準の改訂により，公正価値は正式に基本基準に取り込まれることとなった。さらに，基本基準に基づいて制定された38の個別会計基準の多くには，公正価値にかかる内容が見受けられた。すなわち，2007年以後，公正価値における規定は会計基準全般に取り込まれ始めたのである。

1．基本基準の改訂と公正価値測定

上記Ⅱで述べたように1993年初版「企業会計基準—基本基準」の第2章「一般原則」の第19条の取得原価主義に関する規定が2006年第1次改訂版で削除された。その代わりとして，新しい内容である第9章「会計測定」（第41〜43条）という新しい内容が追加されたのである。特に，会計測定属性としては，下記の5つが定められている（基本基準，第42条）：（一）取得原価，（二）取替原価，（三）正味実現可能価額，（四）現在価値，（五）公正価値。

新たな第9章「会計測定」の内容は第42条（五）公正価値を除けば，IFRS「財務報告に関する概念フレームワーク」の第4章「財務諸表の構成要素の測定（1989年「フレームワーク」：残っている本文）」に含まれている内容とはほぼコンバージェンスしている。中国では，明文化された「概念フ

7 　共同声明の名称：Joint Statement of the Secretary-General of the China Accounting Standards Committee and Chairman of the International Accounting Standards Board

8 　"The adoption of the new Chinese accounting standards system brings about substantial convergence between Chinese standards and International Financial Reporting Standards"．(Tweedie, 2006)　"China affirms commitment to converge with IFRSs" http://www.ifrs.org/News/Announcements-and-Speeches/Pages/China-affirms-commitment-to-converge-with-IFRSs.aspx

レームワーク」が存在していないために（王昱，2014），「企業会計基準―基本基準」は法的強制力を持ちながら，時には「概念フレームワーク」の役割を果たしているのが現状である。

　第42条（五）では，公正価値を会計測定属性として捉えたため，1998年に公表された公正価値の解釈文に測定の用語を加えたのである。すなわち，「公正価値測定においては，資産と負債は公平な取引の中で，状況を熟知する取引者双方が自発的に行った資産交換または負債返済金額の測定を指す」のである。

　上記内容はIAS第32号「金融商品：開示及び表示」に定めていた「公正価値とは，独立第三者間取引において，取引の知識がある自発的な当事者の間で，資産が交換され得るまたは負債が決済され得る価額をいう」の内容とは実質上同様であるが，中国の場合は公正価値の金額と測定を一体化して，公正価値の測定結果は公正価値の金額で表すことになっている。

2．個別会計基準にて公正価値応用の拡大

　2006年2月15日に公表された基本基準と38の個別会計基準はEC（欧州委員会）によるEU（欧州連合）版IFRSとの同等性評価を受ける際に"Chinese GAAP"とも呼ばれていた。Chinese GAAPは2007年1月1日からの上場企業での施行により，公正価値応用の拡大が現実味を帯びることになった。**図表8-1**にて，39の基準において，公正価値にかかる規定のある基準の拡大状況をまとめておく。

　図表8-1の①において，1993年から2006年にかけて初版基本基準と16の個別会計基準の計17の既存基準（既）の中で，公正価値規定（主に適用範囲と測定規定）の有（○），無（×），基準存在なし（―）についてリストアップをした。その中で，公正価値規定のある基準は3つから2つに減少しており，公正価値規定のある基準は2対17で全体基準の11％までにとどまっていた。

　2015年2月に，財政部が「廃止及び失効する若干の会計基準規定規範性公文目録の公布に関する通知」（財会［2015］3号）を公表した。旧基準の個別会計基準をすべて廃止としたのである。

◆図表8-1　Chinese GAAPにおける公正価値応用の拡大（1993〜2006年）

①1993〜2006年 公正価値規定：有無	②2006年 新基準：Chinese GAAP		③ 公正価値規定：有無
既・×	企業会計基準—基本基準		○
既・×	第1号	棚卸資産	×
既・○→×	第2号	長期持分投資	○
—	第3号	投資不動産	○
既・×	第4号	固定資産	○
—	第5号	農業	○
既・×	第6号	無形資産	×
既・○	第7号	非貨幣性資産取引	○
—	第8号	資産減損	○
—	第9号	従業員給与報酬	○
—	第10号	企業年金	○
—	第11号	株式給付	○
既・○	第12号	債務再構築	○
既・×	第13号	偶発事象	×
既・×	第14号	収益	○
既・×	第15号	工事契約	×
—	第16号	政府補助金	○
既・×	第17号	借入コスト	×
—	第18号	法人所得税	×
—	第19号	外貨換算	×
—	第20号	企業結合	○
既・×	第21号	リース	○
—	第22号	金融商品の認識と測定	○
—	第23号	金融資産の移転	○
—	第24号	ヘッジ	○
—	第25号	原保険契約	×
—	第26号	再保険契約	×
—	第27号	石油天然ガス探鉱開発	○
既・×	第28号	会計方針，会計上の見積りの変更及び誤謬修正	×
既・×	第29号	後発事象	×

—	第30号	財務諸表の表示	×
既・×	第31号	キャッシュ・フロー計算書	×
既・×	第32号	期中財務報告	×
—	第33号	連結財務諸表	×
—	第34号	１株当たり利益	×
—	第35号	事業セグメント	×
既・×	第36号	関連当事者についての開示	×
—	第37号	金融商品の開示及び表示	○
—	第38号	企業会計基準の初度適用	○

出所：財政部に公表された各基準原文に基づき，筆者作成。

図表8-1の②と③では，2006年に公表されたChinese GAAP⇒基本基準と38の個別会計基準の計39の基準があり，公正価値規定のある基準は21対18で全体基準の53％まで拡大していた。しかしながら，公正価値における規定は会計基準全般において半数以上まで関わっているにもかかわらず，公正価値の定義や測定などに関する規定は，21の個別会計基準にのみ見受けられた。このような基準設定の状況は，Chinese GAAPの手本となっているIFRSとUS GAAPの状況と重なったように見える。

2006年当時，上記のような不徹底な状況を収拾するために，すなわち公正価値の定義，測定のためのフレームワークを構築し，かつ，公正価値測定の開示規定拡充を規制するにあたって，FASBはSFAS第157号「公正価値測定」を，IASBはディスカッション・ペーパー「公正価値測定」を相次いで公表した。

その後，FASBとIASBとの間で，共通の高品質でグローバルな会計基準を開発するための覚書がすでに取り交わされていたことを背景に，2011年5月に，IASBは公正価値測定に関する総括的な会計基準であるIFRS第13号「公正価値測定」を，そしてFASBはAccounting Standards Update「公正価値測定」（Topic 820）[9]を公表したが，両者における公正価値の定義は同一内容

---

[9] FASB-Accounting Standards Codification ［ASC］ Topic 820, http://www.iasplus.com/en-us/standards/fasb/broad-transactions/asc820

であった。このコンバージェンスされたIFRS第13号「公正価値測定」は中国に改めて公正価値における会計基準の手本を提供したことにほかならないのである。翌年の2012年に，公開草案：会計基準第×号「公正価値測定」が財政部により公表され，2014年に個別基準第39号「公正価値測定」が正式に公表されたのである。

企業会計基準第39号「公正価値測定」

1．公開草案：会計基準第×号「公正価値測定」

2012年5月17日に，財政部が"公正価値基準第×号「公正価値測定（公開草案）」における意見の函"（財办会［2012］17号）を公表し，同年の8月17日まで3ヵ月間のコメント募集を行った。この公開草案と同時に公開草案の起草説明文も公表された。この起草説明文では，財政部当局が公開草案の制定背景，草案構成および主な問題点について下記のように述べられていた。

・**制定背景**：まず，これまで中国国内基本基準と個別会計基準に分散していた公正価値における測定規定をより有効かつ統一することを目的として，次に，中国国内基準が2011年5月にIASBとFASBとの共同で公表されたIFRS第13号「公正価値測定」への持続的なコンバージェンスを図るために，財政部はIFRS第13号の中身を「借鑒」（手本としてみる[10]）し，当該公開草案を起草・公表したのである。

・**草案構成**：この草案では，公正価値の定義，測定の関連内容および公正価値測定における情報開示から構成される。特に①適用範囲，②公正価値定義，③評価技法及びインプット，④公正価値のヒエラルキー，⑤公正価値の開示が取り上げられている。

・**主な問題点**：コメントを求めるにあたって，主に下記の3つの問題に重点がおかれている。①会計単位/unit of account（原語：計量単元）の初導入について，②非金融資産評価上の仮定を用いる際に，最高および最善の

---

10 詳細は，王昱（2010），注2，71頁を参照。

利用/highest and best use（原語：最高効和最佳法式使用）の翻訳語について，IASBに諮問した上，中国資産評価実務における既存規定を参考にし，「最高および最善の利用」と訳さず，中国の現状を踏まえて「最有効使用」（原語：最佳用途）と訳すこと，③経常的および非経常的な公正価値測定について別々での開示が必要か，また，この2つの測定について他の適切な表現はあるか否かという3つの問いがあった。

2．企業会計基準第39号「公正価値測定」

2014年1月26日に財政部は社会主義市場経済の発展ニーズに適応するため，企業公正価値測定と開示を規範とし，会計情報の品質向上のため，「企業会計基準—基本基準」に基づき，企業会計基準第39号「公正価値測定」（以下，CAS39号と称す）を制定・公表した[11]。当該基準は2014年7月1日より施行された。

前述の公開草案11章49条の内容に対して，CAS39号では，用語の統一，前後（順番）の並べ替え，また内容の細分化などの調整変更を行っており，その結果，**図表8-2**に示したようにCAS39号「公正価値測定」は13章53条の内容から構成されることとなった。また，同基準はIFRS13号とは構成形式は異なっているが，内容的には，IFRS13号のエッセンスをほぼ取り込まれていると見られる。

11　中国財政部「关于印发《企业会计准则第39号-公允价值计量》的通知」により。

◆図表8-2　CAS39号とIFRS13号の構成比較

「企業会計基準第39号—公正価値測定」の公布に関するお知らせ	国際財務報告基準第13号　公正価値測定
財会［2014］第6号 …内容省略… 財政部 2014年1月26日 本文　企業会計基準第39号—公正価値測定 第1章　総則　1～5条 第2章　関連する資産または負債　6～7条 第3章　秩序のある取引と市場　8～13条 第4章　市場参加者　14～15条 第5章　公正価値の最初測定　16～17条 第6章　評価技法　18～23条 第7章　公正価値のヒエラルキー　24～28条 第8章　非金融資産の公正価値測定　29～32条 第9章　負債と企業自身の権益性金融商品の公正価値測定　33～37条 第10章　市場リスクあるいは信用リスクが相殺できる金融資産と金融負債の公正価値測定　38～41条 第11章　公正価値開示　42～50条 第12章　経過措置　51～52条 第13章　付則　53条	目　次 はじめに 　本　文　国際財務報告基準第13号 　　　　　公正価値測定 　目　的 　範　囲 　測　定 　　公正価値の定義 　　資産または負債 　　取引 　　市場参加者 　　価額 　　非金融資産への適用 　　負債および企業自身の資本性金融商品への適用 　　市場リスクまたは相手先の信用リスクが相殺しあうポジションを有する金融資産と金融負債への適用 　　当初認識時における公正価値 　　評価技法 　　評価技法へのインプット 　　公正価値ヒエラルキー 　開　示 　附　録 　　A　用語の定義 　　B　適用指針 　　C　発効日および経過措置 　　D　他のIFRSの修正

出所：CAS39号とIFRS13号に基づいて筆者が整理したもの。

以下では，財政部が公開草案で提起した3つの問題点を含め，CAS39号の内容を踏まえ，公正価値測定における主要概念を整理してみる[12]。

12　企業会計准則編審委員会編（2015）を参照。日本語翻訳文については，IFRS財団編ほか（2013）『国際財務報告基準』（日本語版）のIFRS第13号を参考にした。

(1) **公正価値の定義**

　CAS39号第1章第2条によれば，その定義は「公正価値とは測定日時点で，市場参加者間の秩序ある取引において，資産を売却し受け取る，または負債を移転するために支払うであろう価格である」となる。すなわち，公正価値は測定日現在の出口価額を指す。

　この定義はIFRS13号の定義とほぼ同様である。しかし，前述した2006年に公布された改訂版「企業会計基準―基本基準」第9章第42条（五）公正価値の定義とは異なっていた。公正価値の定義における単一性を保つために，2014年7月23日に財政部が再度「企業会計基準―基本基準」の改訂を行い，第42条（五）の公正価値の定義はCAS39号とIFRS13号に同様な内容に改訂された。

(2) **会計単位**

　CAS39号第2章「関連する資産または負債」の第7条では，会計単位／unit of accountとは，単独あるいはグループとしての資産または負債は測定する時の最小単位を指す。

　公開草案で言及された会計単位という用語はそのままCAS39号に導入された。

(3) **市場参加者**

　CAS39号第4章「市場参加者」の第14条によれば，市場参加者とは，資産または負債に関する主要な市場（または最も有利な市場）における下記の特徴を有するすべての買い手および売り手を指す。
・市場参加者は互いに独立し，CAS36号「関連当事者についての開示」で述べられた関連当事者ではないこと。
・市場参加者は情況を熟知すべきで，入手可能な情報を用いて，資産または負債および取引に関して合理的な認識を有す。
・市場参加者は資産または負債に関する取引を行う能力を有すべき，かつ，自ら取引を行う。

(4) 秩序ある取引

CAS39号第3章第8条によれば，秩序ある取引とは資産と負債にかかる取引に関する測定日前の一定期間において，通常の慣習的なマーケティング活動を有する取引である。清算など強制された取引は秩序ある取引ではない。

(5) 評価技法

CAS39号第6章第18条によれば，資産または負債の公正価値を測定する際に使用する評価技法とは，主としてマーケット・アプローチ，インカム・アプローチ，コスト・アプローチがある。第19条では，評価技法を用いる際，関連性のある観察可能なインプットを最優先に使用する。関連性のある観察可能なインプットが取得できない，あるいは取得が実務上不可能である場合においてのみ，観察不可能なインプットを使用することができる。

(6) 公正価値のヒエラルキー

CAS39号第7章第24条によれば，公正価値を測定するために使用する評価技法へのインプットを3つのレベルに区分している。

① レベル1のインプット：測定日に取得可能な同一資産または負債に関する活発な市場における無調整の相場価格である。活発な市場とは，資産または負債の取引量と取引頻度が継続的で価格付けの情報を十分に提供できる市場のことである。
② レベル2のインプット：レベル1のインプット以外に，資産または負債について直接または間接に観察可能なものである。
③ レベル3のインプット：資産または負債に関する観察可能でないインプットである。

(7) 非金融資産の公正価値測定

CAS39号第8章第29条によれば，非金融資産の公正価値測定には，市場参加者が当該資産の再有効使用を行うことにより経済的便益を生み出す能力，または，当該資産を再有効使用することができる他の市場参加者に売却する

ことにより経済的便益を生み出す能力を考慮する必要がある。

　ここで，公開草案で言及された"再有効使用"が正式に中国会計基準に導入されたのである。再有効使用とは，市場参加者が非金融資産またはその非金融資産に含まれる資産と負債のグループの価値を最大化する当該非金融資産の使用方法である。

(8)　開示と区分

　CAS39号第11章第43条によれば，企業は経常的な公正価値測定と非経常的な公正価値測定を区分し，一定の情報開示を行うことが求められている。第43条では，下記のように両者を定義している。

　経常的な公正価値測定とは，他の関連会計基準により，貸借対照表日に経常的な公正価値測定が要求または許容されている公正価値測定を指す。

　非経常的な公正価値測定とは，他の関連会計基準により，特定の状況において，貸借対照表で公正価値測定が要求または許容されている公正価値測定を指す。

　公開草案で言及された上記両者を区分して開示することが必要か否かの問題点があったが，第39号では，両者を区分して開示するとの決まりになっている。

　本節では，中国における公正価値について，主に企業会計基準第39号「公正価値測定」の内容を通じて，公正価値の定義，評価技法および公正価値のヒエラルキーなどの主要な概念について簡単な紹介を行った。また，公開草案で提起された３つの問題点をめぐって，CAS39号での対応結果を確認した。

Ⅴ　おわりに

　これまで，公正価値概念の整理にあたって，公正価値と関わる各会計基準の整備を手がかりにし，企業会計基準第39号「公正価値測定」が公表されるまでの経緯を時間軸に従って，基準内容に焦点を当てて観察を行った。

IFRSへのコンバージェンスを国家戦略として行っている中国では，CAS39号「公正価値測定」という基準において，内容の詳細さはまだIFRS13号に及ばないが，その骨組みと主要概念はIFRS13号とはほぼコンバージェンスをしているのがこれまでの整理で理解できよう。CAS39号の公表・施行により，公正価値測定の応用がようやく軌道に乗せられると考えられる。

　しかしながら，CAS39号とIFRS13号とは異なる規制背景に生まれた基準であるため，内容上のコンバージェンスができたとしても，基準設計・設定上の差異により，同様な執行効果は得難いと考えられる。その差異について，本章では下記の2点を挙げることができる。

　①法的強制力の有無

　　IFRS13号は法的強制力を有しないことに対して，CAS39号第1章第1条では，公正価値の測定と開示を規制するために，「企業会計基準—基本基準」に基づき，本基準を制定すると述べられている。ピラミッド型会計法規範（王昱，2001）に置かれている基本基準が法的強制力を持つため，CAS39号にも法的強制力が付与されている。それから，公正価値測定の実務においては，CAS39はどこまで法的な責任を持つのかという疑問が残る。

　②「財務報告に関する概念フレームワーク」の有無

　　IFRS13号の施行にあたっては，立ち返る際によりどころとなるのが「財務報告に関する概念フレームワーク」であるが，中国には「財務報告に関する概念フレームワーク」が明文化されていないため，CAS39号の施行にあたって，立ち返る際によりどころとなる場所がないのは明らかである。「企業会計基準—基本基準」は立場上においても法的強制力を持つ規定であるため，IASBの概念フレームワークが持っているような役割を自国で果たせるだろうか。

　公正価値測定をめぐって多くの疑問が残るなか，中国では2014年7月1日より第39号「公正価値測定」の施行が始まった。実行されているCAS39号が背負っているのは"法的強制力の束縛"と"原則主義ベース基準"との衝

突にほかならない。この衝突の根源は会計規制の設計にある。会計領域において，公正価値測定の誤謬について大いに議論されるなか，CAS39号の執行現況ついては，本章での概念整理を踏まえ，検討した結果を報告したいと思っている。

第9章

中国変動持分事業体に関する一考察

I はじめに

　特別目的事業体（Special Purpose Entities：SPE）という言葉は米国の連結会計基準によく用いられる用語であった。エンロン社の破綻を背景に，SPEにおける定義の曖昧さが浮き彫りになったため，米国の対応策としては，SPEの代わりに変動持分事業体（Variable Interest Entity：VIE）という概念を導入したのである。

　一般論では，VIEとは投資家に経済的持分を与えるが，会社の所有権は認めない企業構造[1]であると言われている。21世紀初頭頃から，VIEを用いている多くの企業は米国での上場を果たし，資金調達の活動範囲を全世界にまで広げている。特に米国資本市場に上場した一部の中国本土出身企業[2]が，国内関連規制を回避すると同時に海外上場要件を満たすためにVIEを利用している。Alibaba Group Holding Limited（アリババ・グループ・ホルディング，以下，Alibaba集団と称す）はその代表例である。

　しかしながら，本来の会計上における連結範囲判定の際に用いられる概念である変動持分事業体（VIE）という企業構造は，規制回避や上場達成のために一時的な手段として使用してしまうと，当該企業の正常な成長に支障が出てくるのではないかという懸念も少なくない。特に，中国では2015年に外国投資法公開草案（意見募集稿）が公布されてから，VIEによる規制回避への取り締まりが強化されるとの見方も増している。

　本章では，まず，SPEとVIEの概念における簡単な整理を行う。次に，VIEを用いて米国市場で上場を果たしたAlibaba集団構造とVIEスキームを例として分析しながら，連結範囲判定という目的とは異なる目的で用いられるVIEの詳細をまとめる。最後に，外国投資法公開草案の公布によるVIE利用企業への影響を探ってみる。

1　variable interest entity：http://rnnnews.jp/search/result/?q = variable+interest+entity（2016年9月1日閲覧）
2　ここで言う中国本土出身企業とは，上場目論見書に記載されている企業所在地は中国本土ではないが，一般論では中国企業として扱われている企業を指す。

特別目的事業体（SPE）と変動持分事業体（VIE）

　米国では，SPEのような異業種事業体を連結範囲外とする事例が多く存在したことは，SPEがVIEに代替されるようになった要因の1つである。かつて，SPEを連結範囲外とする例外規定が一種の抜け道として利用されるという指摘がされたように，VIEを連結範囲内にすることは中国本土企業の米国市場への上場手段として濫用されているとの指摘も現れていた。このような指摘を理解するために，まず，ここでは，主にSPEとVIEの解釈に焦点を当ててみる。

1．SPEにおける一般論

　周知のように，営利企業とは最大の利益を追求する事業体である。特別目的事業体は直接的な利益追求ではなく，特定または特別な目的を達成するために設立される事業体であると理解されている。一般論として下記の**図表9-1**で示した3つの解釈例を取り上げてみる。

　この3つの解釈例からSPEにおける主な特徴とは①多種類の企業形態で，②特定または限られた業務を行い，③事業体は設立者および関係者からある程度の独立性を保ちながら，④資金調達を提供する目的で設立された事業体であるとまとめることができる。

◆図表9-1　SPEに対する3つの解釈例

	SPEに対する解釈	先行研究者
①	限られた業務をあらかじめ定められた権利義務の範囲内で行う事業体であり，会社以外の組織形態も採り得るものであり，投資対象となる資産を，資産譲渡者やスポンサー，アレンジャーなどのSPEの組成に関与するものから分離し，資産から生じるリスクとリターンを明確化させ投資家に帰属する役割を担う事業体。	秋葉（1999）
②	ある特定の企業に便益をもたらすために，限定された目的，設立期間，活動を行うように設立されるリミテッド・パートナーシップ，株式会社，信託，あるいはジョイント・ベンチャーという法的形態をとる事業体。	Hartgraves and Benston (2002)
③	設立時の法的な文書に列挙されている特定の事業を成し遂げるために設立される信託，株式会社，リミテッド・パートナーシップあるいはその他の法的な事業体であり，スポンサー（SPEの設立者およびその関係者）の倒産から債権者を隔離し，スポンサーの資金調達および流動性を提供することを目的とした事業体。	Holtzman, Venuti and Fonfeder (2003)

出所：威知（2015）14-15頁を参考に筆者作成。

　一見して，SPEという事業体は関連法規に基づいて設立された一種の企業形態として捉えることは特に問題ないのである。しかしながら，会計上においては，SPEが投資者また設立主体の連結対象になるか否か，すなわち，連結適合性に関する判断は極めて困難であることも事実である。

2．米国連結会計規制上のVIE

　2001年に破綻したエンロン社は，数千社のSPEを設立することによって，6億5,800万ドルの借入が可能になり，これらの負債は一切エンロン社のバランスシートには計上されていなかった[3]。これらのSPEは，エンロン社のために株式と負債で資金調達を行ったことについては適切な開示がなされなかったのである。すなわち，オフ・バランス金融（off-balance sheet financing）が行われていて，本来連結対象になるべきSPEを連結範囲外としたのであった。SPEとの不透明な関連取引はエンロン社破綻の引き金の1

3　ブリーリーほか著／藤井・國枝監訳（2014），583頁。

つとなったという指摘も少なくない。言うまでもなく、エンロン社の破綻は米国の会計規制当局に大きな衝撃を与えた。

　会計規制上において、最も早く連結財務諸表が導入されたのは米国である。しかし、連結対象となるべきSPEに対する明確な解釈は存在しなかった。エンロン社破綻をきっかけに2003年に新しい解釈指針が導入され、変動持分事業体（VIE）が登場した。そこで、VIEを取り巻く連結適合性の判断要件が明らかになったのである。のちに、この結果はVIEを利用して米市場への上場を目指す中国本土の企業に"好機"を与えることになる。

　図表9-2で示したように、米国GAAP（Generally Accepted Accounting Principles、一般に認められた会計原則）では、SPEとVIEに関わっている会計規定等が多く存在する。1939年に米国公認会計士協会（American Institute of Certified Public Accountants：AICPA）の会計手続委員会（The Committee on Accounting Procedure：CAP）より公表された会計研究公報（Accounting Research Bulletin：ARB）第1号「導入部と以前採用された規則」の中で、連結を想定している記述[4]があったが、最初の連結会計基準書は1959年に公表されたARB51号「連結財務諸表」（以下、ARB51号と称す）である。ARB第51号は最も古い連結財務諸表の基準書であり、その一部は国際会計基準（IFRS）の連結会計基準のベースになっていた。しかしながら、企業ビジネスの多様化を背景に、SPEの設置が多くなったことにつれて、相応な基準整備が求められるようになった。

　エンロン社の破綻後、2002年6月に、米国財務会計基準審議会（Financial Accounting Standards Board：FASB）が解釈指針公開草案「特定の特別目的事業体の連結：ARB51号の解釈指針」（FIN46号）を公表した。さらに、2003年12月に改訂版FIN46号（以下、FIN46Rと称す）を公表し、連結に求められるSPEは連結要否判断の際に、"変動持分（Variable Interest）"を有する事業体を"変動持分事業体（Variable Interest Entity）"と呼ぶことが確定されたのである。

　FIN46Rによれば、変動持分とは、契約上、所有権上、またその他の金銭

4　詳細は長谷川（2014）を参照されたい。

◆図表9-2　SPEとVIEにおける会計上の主な関連基準等

公布機構	公布期日	基準書等の名称	略　称
AICPAのCAP	1939年	導入部と以前採用された規則	ARB1号
AICPAのCAP	1939年	海外活動と外貨交換	ARB4号
AICPAのCAP	1957年	企業結合	ARB48号
AICPAのCAP	1958年	連結財務諸表	ARB51号
AICPA	1970年	企業結合	APB16号
AICPA	1970年	無形資産	APB17号
AICPA	1978年	イシューペーパー：連結財務諸表における金融子会社の報告	
FASB	1987年	すべての過半数子会社の連結	SFAS94号
FASB	1996年	金融資産の譲渡およびサービシング，ならびに負債消滅に関する会計規定	SFAS125号
FASB	2000年	金融資産の譲渡およびサービシング，ならびに負債の消滅の会計処理―SFAS125号の差し換え	SFAS140号
FASB	2001年	企業結合	SFAS141号
FASB	2001年	無形資産	SFAS142号
FASB	2003年	変動持分事業体の連結―ARB51号の解釈指針	FIN46号
FASB	2003年	FIN46号改訂	FIN46R
FASB	2007年	SFAS141号改訂	SFAS141R
FASB	2007年	連結財務諸表での非支配持分―ARB51号の修正	SFAS160号
FASB	2009年	FASB解釈指針第46号Rの改訂	FAS167号

出所：筆者作成。

上の権利（持分）と定義されている。すなわち，投資者はVIEに対して過半数以上の議決権の有無によらずに，VIEから経済的便益の提供を受けるならば，VIEは受益者の連結対象となる。

したがって，VIEの受益者である企業はVIEを自身のバランスシートに載

せなければならないことが要求されるようになった[5]。このような対応に至ったのはエンロン事件への反省でもあったと考えられる。その後もVIEへの企業関与の透明性をめぐる懸念が高まり，FIN46Rの主要な規定の適用をめぐって，2009年6月12日にSFAS（財務会計基準書）第167号「FASB解釈指針FIN46Rの改訂」が公表された。

次のⅢの内容と関連して，ここで注目すべきポイントとは，米国では，VIEは投資者から直接の投資を受けていなくでも，ある契約等による経済的便益を投資者に提供するのであれば，連結対象となるというところにある。

Alibaba集団構造とVIEスキーム

21世紀の初頭頃，連結対象を判断するために用いられたSPEを規制するため，VIEを導入した米国に，VIEを用いて上場しにきたのは多くの中国本土出身の集団企業であった。2000年に初めてVIEを用いて米NASDAQ市場で上場を果たした中国本土出身の企業SINA CORP（SINA）（新浪）はVIEスキームの先駆者とも言われている。その時から，VIEに関する会計基準が明文化されていないために，VIEと言えば，むしろ国内規制回避と海外上場に必要とされる存在であった。本節では，Alibaba集団構造を例にして検討する。

1．Alibaba集団について

2014年5月6日にAlibaba集団はニューヨーク証券取引所での新規株式公

---

5 "A variable interest entity (VIE), as reported by the U.S. Financial Accounting Standards Board (FASB) is an entity that an investor has a controlling interest in, but this controlling interest is not based on a majority of voting rights. VIEs are subject to consolidation under certain conditions…… A VIE has a primary beneficiary, the party that holds the majority of variable interests; if the primary beneficiary is a company, all holdings must be listed on the company's balance sheet."を参照。
http://www.investopedia.com/terms/v/variable-interest-entity.asp#ixzz4S9c0p6Ku

開(IPO)申請を行い,米国SECに上場登録申請書類(Form F-1)[6]を提出した。Form F-1に掲載された集団構造の中で,最も注目を集めたのは中国にある外国独資企業(Wholly-Foreign Owned Enterprise:WFOE)と変動持分事業体(VIE,中国語:"可変利益実体"または"協議控制")の存在であった。その2日後,日本経済新聞(電子版)では「アリババ上場で浮上する外資規制の抜け道」と題した記事が掲載され,"外国人によるインターネット企業への出資を禁じる中国政府の規制の抜け道となっているのが「変動持分事業体(VIE)」である"という辛辣な指摘が載せられていた。また,同記事に「VIE構造は必要とされる間は機能するが,その後は機能しなくなる。その点を多くの投資家が懸念している」というPaul Gillis氏の指摘も掲載された。

このように,中国国内ないし海外のマスメディア業界では,電子商取引の最大のプラットフォームを有する中国IT企業の代表としてAlibaba集団がしばしば紹介されている。しかし,Alibaba集団の法人登記所在地は中国本土ではなく,ケイマン諸島となっている。もちろん,上場先も中国本土ではなく,米国のニューヨーク市場が選ばれている。その理由の1つは,中国証券監督管理委員会(CSRC)が1999年に公布した83号通達「企業が海外上場申請における関連問題のお知らせ」[7]に由来する。このお知らせには海外上場希望の中国企業には"四五六規定"が設けられていた。"四"とは企業の純資産は4億人民元,"五"とは海外資金調達予定規模は5,000万ドル,"六"とは前年度税引き後当期純利益は6,000万人民元,を超えることである。1999年当時にはAlibaba集団のような民営企業が"四五六規定"を満たすことは容易ではなかった。VIEスキームを用いて海外上場を果たす中国本土企業は2012年までに117社[8]を超えた。

---

6 日本の目論見書に相当する。
https://www.sec.gov/Archives/edgar/data/1577552/000119312514184994/d709111df1.htm#toc709111_19

7 中国証券監督管理委員会(1999年7月14日)『关于企业申请境外上市有关问题的通知』証監発行字[1999]83号。

8 苏龙飞整理(2012)「VIE结构是什么」,『经理人』。
https://www.zhihu.com/question/19634851

2．Alibaba集団構造

図表9-3のAlibaba集団の構造図で示したように，ケイマン諸島にある集団，国内にある外国独資企業（WFOE），個人投資家，VIEから成りたっている。

以下では，集団とWFOEを紹介する。

(1) 集団構造図

図表9-3の①のOur CompanyとはAlibaba集団を指す。1999年6月28日に，英領のケイマン諸島で法人登記をし，2014年9月19日にはニューヨーク証券取引所にAlibaba集団の米国預託証券（American Depositary Receipt：ADR）を上場した。周知のように，ケイマン諸島はタックスヘイブン，すなわち，租税回避地の1つとして世に知られており，ビジネスの本拠地は別場所に設けるのが通常である。Alibaba集団も例外ではなく，実際に稼働している本部は中国の杭州に設置されている。

上場当初，日本企業のソフトバンク社は34.4％，米国企業のヤフー社は22.6％，創業者馬雲氏は8.9％，副社長Joseph C. TSAIは3.6％の株式を所有していた[9]。Alibaba集団は，ケイマン諸島以外に香港や英領バージン諸島などオフショア地域での子会社や孫会社の設置も行った。図表9-4のAlibaba集団とVIEスキームに①と記したのは集団より100％の出資を受けて設立された企業，さらに，それらの企業からの出資を用いた孫会社の設置も見られる。これらの会社は，租税回避のため以外に，中国国内の外国独資企業への出資，本土企業の投資者への資金提供，また，本土企業へのソフトや技術サービスの提供業務などを行っている。

ここで注目すべきポイントとしては，①の集団構成またその経営内容は決して米国の上場要件を満たすことができないということである。これは，収益を作り出す実体企業が存在していないからである。第2節で述べたように，米国連結会計基準における一連の改訂が行われた結果として，契約による実

9　Form F-1, p.198より。

◆図表9-3　Alibaba集団の構造図

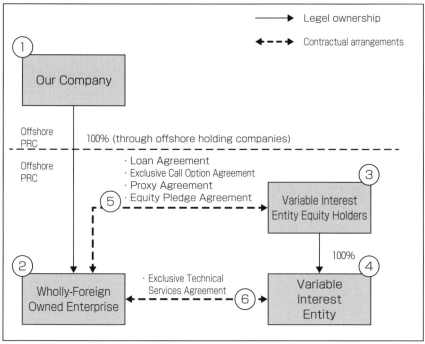

出所：Alibaba集団Form F-1, p.73より（番号は筆者追加）。

質支配と判定されるVIEが連結対象になった。したがって，図表9-3と図表9-4で示す④であるVIEはAlibaba集団の米国上場に不可欠な存在となり，Alibaba集団はVIEの主な受益者（Primary Beneficiary）である。

(2) 外国独資企業の存在

　図表9-3の②のWholly-Foreign Owned Enterpriseは外国独資企業（WFOE）のことであり，中国国内において外国人投資家もしくは外国資本のみによって設立される法人である。この種の企業は，中国「改革・開放」（1980年代）という政策が打ち出されてから外国資本の導入により登場した"三資企業"[10]の1つである。当初から，三資企業は国内税制上の優遇措置を受

10　三資企業とは中外合併企業，中外合作企業，外国独資企業である。

◆図表9-4　Alibaba集団とVIEスキーム

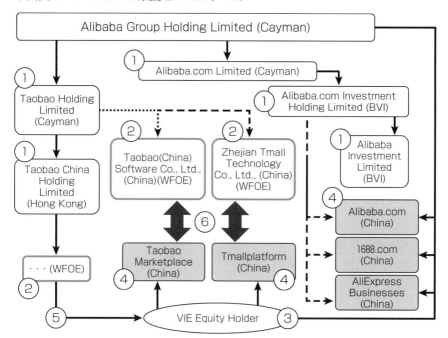

出所：Alibaba集団Form F-1, pp.71-73を参考に筆者作成。

けられてきた。

　外国独資企業は『中華人民共和国会社法』以外に，『外資企業法』（2000年10月31日改訂），「外資企業法実施細則」（2001年4月12日改訂）の適用も求められている。**図表9-3**の①our companyから②WFOEへの実線の矢印で示したように，集団の出資を直接または間接的に受け，中国国内でいくつかの独資企業が設けられている。

　集団資金はWFOEを通じて，国内自然人である創業者馬氏により容易に提供されている。この形態の企業を持つことにより，海外資本がよりスムーズに国内まで調達できるのである。

3．VIEスキーム

　VIE構造はしばしばVIEスキームや契約支配型ストラクチャーとも呼ばれている。特にFASBに公表されたFIN46Rでは，変動持分を「企業に対する契約上，所有権，その他の金銭的権益で，変動持分を除く企業の純資産の公正価値の変動につれて変動する権益」という定義が明確にされたため，連結適正判定モデルは主に変動持分モデルと議決権モデルに定着された。したがって，変動持分モデルもしくはVIEスキームは中国本土出身企業の米上場への助け船にもなったと言えよう。**図表9-3**の③から⑥まではAlibaba集団におけるVIEスキーム構造を示している。

(1) 変動持分事業体株主のあり方

　図表9-3の③のVariable Interest Entity Equity Holdersとは変動持分事業体株主，すなわち中国本土VIEの株主を指す。**図表9-3**で示したように，③の変動持分事業体の株主は④本土企業に対して100％を出資する本土企業の所有者である。Alibaba集団の場合には，主に創業者馬氏と副社長謝世煌氏からの出資によって，本土企業への出資が行われている。特に馬氏はAlibaba集団の創業者であり，8.9％の株式を所有しながら，本土企業の所有者でもあり，実質上，VIEの株主はAlibaba集団といっても過言ではないが，そこで，外国資本の提供が受けられない規制があるため，わざわざ，②のWFOEからの資金提供を受け，③の自然人を経由して本土企業への投資を行ったのである。

(2) 変動持分事業体のあり方

　図表9-3の④のVariable Interest Entityは当該企業を集団と切り離してみた場合，中国人投資家の資金提供を受けて国内で設立された普通の企業である。**図表9-3**で示したように，③の資金提供者(株主)と④の当該企業はWFOEとの間でいくつかの協約が結ばれることによって，普通の企業から集団の変動持分事業体（VIE）に変身する。すなわち，事業を営む実体に対して企業とは呼ばず，事業体と呼び，集団の連結対象として扱うことになる。

1999年から2013年までには，Alibaba集団本部（杭州）や創業者馬氏との関わりを持っている会社は10社以上もあった[11]。しかしながら，中国本土では，通信業やインターネット業務などは外国資本参入規制業種となっているため，本土企業は集団からの投資を受けることができないという厳しい現実があった。そこで，自然人である馬氏が投資者になり，図表9-4で示した本土企業④の株主となったのである。その中の一部の企業はAlibaba集団のVIEになった。

(3) WFOEとVIE株主との間の各契約[12]

図表9-3の⑤には，下記の内容が含まれる。

・Loan Agreementとは融資契約である。

外国独資企業（WFOE）②は③の馬氏などの自然人への無利息融資を行う。馬氏たちはその融資で④のVIEを創設する。資金の使途はVIEに限られ，第三者への譲渡をしてはならない。VIEも重要な資産，知的財産権などを含む事業を第三者に譲渡してはならない。このような仕組みによって，外国独資企業における規制業種への出資規制が回避されることになる。

・Exclusive Call Option Agreementとはコールオプション契約である。

外国独資企業（WFOE）は馬氏たちに所有されるVIEの株式を買い取る権利を有する。そもそも，外国投資者は中国の政府規制を回避するために，VIEスキームを利用しているのだが，規制解除を備えて，VIEの株式を買い取ることによって直接投資を行うことが期待されている。しかし，「中華人民共和国外国投資法（草案意見募集稿）」が公表されたため，VIEへの取り締まりが強化される傾向に転じたのである。

・Proxy Agreementとは代理契約，または，委任契約である。

ここでは，馬氏がWFOEが指名するものに対してVIEにかかる権利行使を委任する契約である。

・Equity Pledge Agreementとは株式担保契約である。

11　方興东・刘伟（2015）pp.281-299を参照。
12　Form F-1, pp.73-74より抜粋。

VIE株主はWFOEからの借入にかかる担保としてVIE株式を供する。WFOEにはVIE株式の処分権限がある。株式担保契約は中国工商行政管理部門で登記を行った。

(4) WFOEとVIEとの間の契約

図表9-3の⑥Exclusive Technical Services Agreementとは包括技術支援契約である。

この契約に従えば、②のWFOEによる技術支援の対価として、④のVIEは税引き前利益のほぼ全額をWFOEに支払うことになる。当該契約はVIEスキームの要的な存在でありながら、最もリスクの高い契約とも言われている。2011年に馬氏はAlibaba集団の傘下にAlipay（アリペイ）というVIEを馬氏の個人所有にしたことで、VIEスキームからAlipayを独立させた"Alipay事件"[13]はその一例である。当事件は米ヤフーが米国証券取引委員会（SEC）に重要事項報告を行う際に世に知られることとなった。契約解除によって、Alibaba集団は受益者の立場を失ったが、当然ながら、Alipayは2014年上場時には連結対象に含まれていなかった。現在のAlipayは馬氏の個人所有の企業として中国の大手金融機関7社[14]と様々な業務連携をしながらネット金融のサービス提供を行っている。

これまで、Alibaba集団を例にして、集団とVIEスキームの内容を紹介しながら、連結会計で用いるVIEが中国で外国独資企業との組み合わせによって、"海外迂回上場"および"出資規制回避"という異色な役割を担っていることを明らかにした。この2点について、合法であるか違法であるか、現存する関連規制による判断は下せていない状態にある。しかし、2015年にこれまでVIEスキームを黙認してきた中国当局はVIEを取り巻く規制強化に動き出した。

13　中国語：支付宝。日本では、当該事件は「アリペイ所有権事件」と呼ばれ、"孫正義社長は失望"との関連報道もあった。

14　方興東・刘伟（2015）, pp.281-299。7つの銀行：中国工商銀行、中国建設銀行、中信銀行、中国交通銀行、興行銀行、国家開発銀行、民生銀行。

VIEと外国投資法（草案意見募集稿）

　VIEにおける間接的な規制と言えば，中国商務部が公表した「外国投資者による国内企業買収に対する安全審査制度の確立に関する通知」（2011年53号）がある。この通知によれば，前節で述べたようなVIEスキームによる実質支配が存在するならば，外国投資者は買収安全審査対象になることが示唆されている。しかしながら，中国では，現存の外資系企業を規制する『中外合資経営企業法』，『外資企業法』，『中外合作経営企業法』が改正されない限り，VIEスキームへの規制は曖昧なままでしかない。

　2015年1月に中国商務部が「中華人民共和国外国投資法（草案意見募集稿）」（以下，外国投資法草案と称す）を公布した。外国投資法草案は11章170条から構成されている[15]。第170条は「本法は20××年×月×日により施行する，と同時に『中外合資経営企業法』，『外資企業法』，『中外合作経営企業法』を廃止する」と記されている。すなわち，外国投資法は上記の外資3法の代わりに，外資系企業への規制緩和および外国投資家の信用記録制度を導入しようとしている。VIEスキームにおける契約による実質支配の関連規定も新たに設けられた。ここでは，特に第2章「外国投資者と外国投資」を抜粋して紹介しておく。

　外国投資者：第11条によれば，外国投資者とは中国国内で投資を行う下記の主体である：①中国国籍を有しない自然人，②他の国あるいは地域の法律に基づき設立された企業，③他の国あるいは地域の政府およびその所属部門や機構，④国際組織。また，上記規定の主体が支配する国内企業は外国投資者と見なされる。

　外国投資企業：第14条によれば，外国投資企業とは外国投資者から全部ま

---

[15] 中華人民共和国外国投資法（草案意見募集稿）構成：第1章「総則（第1条－第10条）」，第2章「外国投資者と外国投資（第11条－第19条）」，第3章「許可管理（第20条－第47条）」，第4章「国家安全審査（第48条－第74条）」，第5章「情報報告（第75条－第99条）」，第6章「投資促進（第100条－第110条）」，第7章「投資保護（第111条－第118条）」，第8章「訴訟協調処理（第119条－第125条）」，第9章「監督検査（第126条－第143条）」，第10章「法律責任（第144条－第152条）」，第11章「附則（第153条－第170条）」。

たは一部の投資を受け，中国の法律に基づき設立された企業を指す。

外国投資：第15条によれば，外国投資とは外国投資者が直接または間接的に従事した下記のような活動を指す。①国内企業を設立する，②国内企業の株式，持分，財産割合分，議決権またはほかの類似権益，③上記の権益を所有している企業に一年以上の融資を提供する，④国内またはその他の中国資源管轄領域の自然資源探索，発掘の特許権の取得，または基礎施設建設，運営の特許権の取得，⑤国内土地の使用権，家屋所有権などの不動産権利，⑥契約，信託などの方式による国内企業の支配，または国内企業の権益の所有。また，国内企業の実質支配権は外国での取引により外国投資者に移転した場合には外国投資者による国内投資と見なす。

支配：第18条によれば，ある企業にとって下記条件の中で，1つを満たせば支配となる。

(1) 直接または間接的に当該企業の株式，持分，財産割合分，議決権またはほかの類似権益の50％以上を持つこと，
(2) 直接または間接的に当該企業の株式，持分，財産割合分，議決権またはほかの類似権益の50％を満たさないにもかかわらず，下記の1つを満たせば支配となる①当該企業の取締役会または準意思決定機構メンバーの半数以上の任命権を直接または間接的に有すること，②推薦される者が当該企業の取締役会または準意思決定機構の半数以上の席を取得することを確保する能力を有する。
(3) 契約や信託等の方式を通じ，当該企業の経営，財務，人事あるいは技術などに決定的な影響が加えられる。

実質支配人：第19条によれば，実質支配人とは直接または間接的に外国投資者，あるいは外国投資企業の自然人または企業を指す。

外国投資法草案は公布されてからすでに約2年間が経っているが，正規発効のめどが立たないままである。商務部は社会全体に向けて幅広く意見を募集し続けている。言うまでもなく，当該法案が採択されれば，外国投資家に支配されている国内企業も外国企業と見なされる。すなわち，VIEスキーム

における外国出資規制事業を行う国内企業は，外国独資企業（WFOE）に支配される外国企業と見なされ，規制事業の継続が難しくなっていく。強いて言えば，Alibaba集団が抱えているVIEスキームは外国投資法に適していないという明白な結論にたどりつく。これは当然ながら，VIEスキームの解体につながっていく。

V むすび

これまで，特別目的事業体（SPE）と変動持分事業体（VIE）における一般論の解釈，または，米国連結会計上のVIEにかかる基準等を簡単に紹介した上で，Alibaba集団を取り上げ，集団構造とVIEスキームの中身を分析した。中国では，VIEスキームは米国のような連結範囲判定に用いられる概念よりも①中国本土出身企業の海外迂回上場と同時に②外国資本出資規制回避として利用されていることを明らかにした。

このような現象を引き起こした条件として，①米国のFIN46Rの存在と②中国国内規制の曖昧さがあると考えられる。米国では実質支配企業を変動持分事業体として受益者である企業と連結することによって，中国本土出身企業が海外にいながら国内事業体の利益を吸い上げ，さらに米国市場で資金調達を行う。グローバル経済の一現象に見えるのだが，事業実体を持たない海外企業への投資を警戒する[16]ように，米国の専門家や研究者からの米国投資者への呼びかけが聞こえるようになった。本章の実例として取り上げたAlibaba集団について，市場関係者からの「将来的に中国当局がこの経営体制と資本調達に疑問をはさんだ場合，合法性が問われる可能性もある」[17]という話もある。

当然のことながら，外国投資法草案はいずれ採択されるがゆえに，グレーゾーンにあるVIEスキームも終焉を迎えると予測される。VIEスキーム解体

16　Steven Millward（2011）「変動持分事業体（VIEs）の取締りで中国企業が米国でのIPO機会を失う可能性—不安な外国投資家」（2011年9月28日）。http://thebridge.jp2011/09/

17　河崎真澄「アリババ上場の光と影くすぶる経営の不透明…"マー帝国"の脆弱性も」（産経新聞　2014年10月8日より）。

の動きもすでに中国で見られており，それに伴って，新たな迂回策が世に出されると推測される。本研究を通じて，今後，検討したい課題として①VIEスキームにおけるコーポレートガバナンスの実態，②VIEスキーム解体における課題も存在する。

参考文献

〔和文献〕

啊爾嗹遥度述，海老原濟・梅浦精一訳（1873）『銀行簿記精法』大蔵省。
　「三菱と簿記，そして日本郵船へ（巨大帳簿）」
　　http://www.lib.hit-u.ac.jp/service/tenji/k15/mitsubishi.html
秋葉賢一（1999）「連結会計における特別目的会社の取扱い」『商事法務』No.1522, 27-32頁。
穐山幹夫（2005）「国際会計基準へのコンバージェンス問題と我が国の対応の視座」『経営論集』第64号。
新井清光（1993）『会計基準の設定主体：各国・国際機関の現状』中央経済社。
新井清光編著（1989）『企業会計原則の形成と展開』中央経済社。
新井清光・白鳥庄之助（1991）「日本における会計の法律的及び概念的フレームワーク」『会計・監査ジャーナル』No.435, 28-33頁。
安藤英義編著（1996）『会計フレームワークと会計基準』中央経済社。
飯塚隆ほか（2010）『IFRSの基本』日本経済新聞出版社。
石川純治（2005）「討議資料「財務会計概念フレームワーク」の苦心と本音」『企業会計』第57巻，第7号，106-108頁。
威知謙豪（2015）『特別目的事業体と連結会計基準』同文舘出版株式会社。
弥永真生（2013）『会計基準と法』中央経済社。
弥永真生（1996）『企業会計法と時価主義』日本評論社。
岩崎勇（2007）「会計概念フレームワークの現状と問題点」『会計』第172巻，第5号，35-47頁。
岩野正憲（2008）「第7回日中韓三カ国会計基準設定主体会議報告」『季刊会計基準』第20号。
江部秀義（2007）「企業会計基準法の制定構想」『現代社会文化研究』No.39, 243-257頁。
遠藤博志（2006）「同等性評価・相互承認と工程表の提示」『季刊会計基準』第15号。
遠藤博志・小宮山賢・逆瀬重郎・多賀谷充・橋本尚編著（2015）『戦後企業会計史』中央経済社。
王昱（1999）「中国の企業会計基準について」『国際会計研究学会年報1999年度』（国際会計研究学会），67-85頁。
王昱（2001）『中国における企業会計モデルの形成と変遷—1912年から1999年まで—』関西学院大学出版会。
王昱（2006）「企業財務諸表条例」（翻訳）『同志社商学』（同志社大学商学会）第57巻，第2・3・4号，57-64頁。

王昱（2007）「会計基準のコンバージェンスに向けて―中国の会計趨同戦略―」『同志社商学』（同志社大学商学会）第59巻，第1・2号，87-100頁。

王昱（2009a）「中国におけるコーポレート・ガバナンスの再考―内部統制基本規範の導入経緯を巡って―」『研究紀要』（大阪成蹊大学）第6巻，第1号，35-55頁。

王昱（2009b）「コンバージェンスとアドプッションをめぐる中国の対応」『国際会計研究学会年報 2008年度』（国際会計研究学会），25-34頁。

王昱（2010）「Chinese GAAPの初年度適：経済新興国におけるIFRSの役割」『会計』第178巻，第1号，59-74頁。

王昱（2013）「中国の最新会計像：持続的なコンバージェンスに同等性評価を加える」『会計・監査ジャーナル』1月号，45-52頁。

王昱（2014）「「原則主義対細則主義」の視点による中国会計の再考」『国際学研究』（関西学院大学研究フォーラム）Vol.3, No.1, 1-10頁。

王昱（2016）「中国における公正（公允）価値概念の整理―企業会計基準第39号「公正価値測定」を中心に―」『商学論究』（関西学院大学商学研究会）第63巻，第3号，377-393頁。

王昱（2017）「中国変動持分事業体に関する一考察」『国際学研究』（関西学院大学国際学部研究フォーラム）Vol.6, No.1, 27-36頁。

王利芬・李翔（2015）『アリババの野望』角川書店。

鷲地隆継ほか（2012）「特集　IFRS原則主義へのチャレンジの進展：作成者，監査人の相互理解，基準設定主体の役割」『会計・監査ジャーナル』No.687, 21-28頁。

大島正克（2005）「中国における企業会計制度の復活と発展：中国企業会計の特質を探る」『国際会計研究学会年報 2005年度』（国際会計研究学会），87-98頁。

太田珠美（2014）「なぜアリババの所在地はケイマン諸島なのか」大和総研
http://www.dir.co.jp/library/column/20141028

奥田碩（2005）「Accounting Square 企業会計基準委員会の強化に向けて：日本の会計戦略の担い手として」『季刊会計基準』第8号，2-5頁。

奥村宏（2002）『エンロンの衝撃：株式会社の危機』NTT出版社。

小津稚加子（2008）「EUによる同等性評価の最新動向」『企業会計』第60巻，第4号，33-40頁。

小津稚加子編著（2017）『IFRS適用のエフェクト研究』中央経済社。

大日方隆編著（2012）『金融危機と会計規制：公正価値測定の誤謬』中央経済社。

郭道揚（1984）『会計発展史綱』中央広播電視大学出版社（津谷原弘訳（1988）『中国会計発展史綱（上）』・（1990）『中国会計発展史綱（下）』文眞堂）。

加古宜士（2005）「第3部　第1章　ディスカッション［1］会計基準と概念フレームワーク」斎藤静樹編著『詳解「討議資料・財務会計の概念フレームワーク」中央

経済社,142-149頁。
加古宜士(2006)「会計基準の国際動向と我が国の制度的対応」『企業会計』第58巻,第1号,37-40頁。
片岡義雄(1968)『パチョーリ「簿記論」の研究(増訂第2版)』森山書店。
片岡泰彦(1998)「パチョーリ簿記論翻訳書の探求」,Accounting, Arithmetic & Art Journal, No.11。
加藤厚(2006)「会計基準の同等性評価とコンバージェンスへの日本の対応:想定される次のターゲットは[2009年問題]か」『企業会計』第58巻,第1号,41-52頁。
COFRI〔企業財務制度研究会〕概念フレームワークに関する研究委員会(2001)『概念フレームワークに関する研究委員会報告 概念フレームワークに関する調査』財団法人企業財務制度研究会。
菊谷正人(2002)『国際的会計概念フレームワークの構築』同文舘出版。
北村敬子編著(2014)『財務報告における公正価値測定』中央経済社。
魏巍(2011)「会計基準のコンバージェンスが財務報告に対してもたらした影響に関する一考察——中国の上場企業を対象として——」『国際会計研究学会年報2010年度』(国際会計研究学会),85-98頁。
黒澤清(1979/80)「史料:日本の会計制度〈1〉-〈16〉」『企業会計』第31巻,第1号-第12号,第32巻,第1号-第4号。
黒澤利武(2007)「国際的なコンバージェンスの中で」『企業会計』第59巻,第1号,33-43頁。
黒澤利武・原寛之(2008)「欧州連合(EU)による会計基準の同等性評価を巡る動きと,今後の我が国の会計基準設定の方向性に関する期待」『季刊会計基準』第20号。
紅旗出版社編,高木美恵子訳(2014)『アリババ思想』静岡新聞社。
古賀智敏監修(2009)『会計基準のグローバリゼーション:IFRSの浸透化と各国の対応』同文舘出版。
国際会計基準審議会編,企業会計基準委員会・財務会計基準機構監修(2005)『国際財務報告基準書(IFRSs^{TM})2004』雄松堂出版。
IASB〔国際会計基準審議会〕ボードメンバーWei-GuoZhang(張為国)IFRS財団アジア・オセアニアオフィスディレクター竹村光広(2014)「IASBボードメンバーWei-GuoZhang(張為国)氏に訊く"中国の財務報告とIFRS"」『会計・監査ジャーナル』No.703,27-39頁。
IFRS〔国際財務報告基準〕財団編,企業会計基準委員会・公益財団法人財務会計基準機構監訳(2010)『2010国際財務報告基準』中央経済社。
IFRS財団編,企業会計基準委員会・公益財団法人財務会計基準機構監訳(2013)『2013国際財務報告基準』中央経済社。

IFRS財団編,企業会計基準委員会・公益財団法人財務会計基準機構監訳(2017)『2017国際財務報告基準』中央経済社.

ゴドフレイ,ジェーン・M., ケルン チャルマース／古賀 智敏 監修／石井明・五十嵐則夫監訳(2009)『会計基準のグローバリゼーション:IFRSの浸透化と各国の対応』同文舘出版.

小林幹夫(2012)『中国三資企業の法律実務』中央経済社.

木間正道・鈴木賢・高見澤磨・宇田川幸則(2012)『現代中国法入門(第6版)』有斐閣.

近藤公認会計士事務所(2012)「中国上場企業の問題」.
  http://kondo.la.coocan.jp/usefull/chinese/taxation

潮崎智美(2011)「グローバルな会計基準設定とIFRSの導入」『国際会計研究学会年報2010年度』(国際会計研究学会), 67-80頁.

斎藤静樹(2005a)「討議資料『財務会計の概念フレームワーク』の意義と特質」『企業会計』第57巻, 第1号, 18-24頁.

斎藤静樹(2005b)「IASBとの共同プロジェクトの立ち上げについて」『季刊会計基準』第8号, 10-12頁.

斎藤静樹編著(2005)『詳解「討議資料・財務会計の概念フレームワーク」』中央経済社.

斎藤静樹(2007)「コンバージェンスの意義とIFRSへの役割期待」『企業会計』第59巻, 第8号, 14-24頁.

斎藤静樹(2013)『会計基準の研究(増補改訂版)』中央経済社.

桜井久勝(2007)「概念フレームワークのコンバージェンス」『企業会計』第59号, 第1号, 78-85頁.

桜井久勝(2009)「会計の国際的統合と概念フレームワーク」『企業会計』第61巻, 第2号, 18-25頁.

佐藤孝一(1961)『新会計学』中央経済社.

佐藤信彦(2004)「会計基準の権威」『会計』第165巻, 第2号, 13-26頁.

佐藤信彦(2013)「会計基準の設定権限と強制力」『企業会計』第65号, 第1号, 60-66頁.

真田正次(2013)「グローバル会計基準の正統性と言説としての原則主義」『会計プログレス』第14号, 14-25頁.

謝少敏(1997)『中国の企業会計制度』創成者社.

Shyam Sunder, 福井 義高訳(2007)「想像の中の会計という世界」(アメリカ会計学会会長シャム・サンダー教授 来日記念特別講演)『企業会計』第59号, 第5号, 113-119頁.

朱勇編，楠元純一郎監訳，江利紅翻訳者代表（2017）『中国の法律』中央経済社。
邵藍蘭（1995）「中国会社法制と会計法規体系の考察」『経済と経済学』第79号，29-47頁。
邵藍蘭（2011）「中国における初期の簿記書」『札幌学院大学経営論集』No.3。
蒋建棟（2009）「中国における「会計法」の展開」『国際会計研究学会年報2008年度』（国際会計研究学会），9-23頁。
新日本有限責任監査法人（2011）「変動持分モデルを理解するためのクイック・ガイド，そして一般的に広く見受けられる8つの誤解」『Technical Line』No.19。
杉本徳栄（2010）「U.S.GAAPの制度性」『経済論叢』（京都大学）第184巻，第3号，3-23頁。
杉本徳栄（2012）「シャピロ委員長の規則措置とIFRS適用問題」『会計』第182巻，第4号，39-52頁。
杉本徳栄（2017）『国際会計の実像：会計基準のコンバージェンスとIFRSsアドプション』同文舘出版。
鈴木和哉（2010）「戦後日本における「企業会計基準法」構想と「企業会計原則」」『立教経済学研究』第64巻，第2号，161-189頁。
大雄令純（1985）『比較会計論―アジア諸国の場合―』白桃書房。
大雄令純（1993）「中国会計基準の国際化」『産業経理』第53巻，第1号，23-34頁。
大雄令純・謝少敏（1994）「中国における持分制企業会計制度の生成・発展」『南山論集』第8巻，第3号，559-607頁。
高見澤磨・鈴木賢（2010）『中国にとって法とは何か：統治の道具から市民の権利へ』岩波書店。
高見澤磨・鈴木賢編（2017）『要説　中国法』東京大学出版会。
武田隆二（2006）「企業会計原則と概念フレームワークを巡って」『企業会計』第58巻，第1号，9-15頁。
タマナハ，ブライアン・Z，四本健二監訳（2011）『「法の支配」をめぐって：歴史・政治・理論』現代人文社。
千葉準一（1998）『日本近代会計制度：企業会計体制の変遷』中央経済社。
千葉準一・邵藍蘭（1995）「中国会社立法と企業会計法制の形成過程」（1）（2完）『会計』第147巻，第5号，第6号。
中国インターネット事情（2011）「"支付宝"問題　VIE構造への不信が中国ネットバブルを揺さぶる？」。
　　http://chinese-homepage.com/modules/d3blog/details.php?bid=565
中国インターネット新聞（2011）「協議控制（VIE）とは？　何故アリペイが！」。
　　http://www.news320.com/2011/06/20b1.html

辻山栄子（2010）「IFRSをめぐる6つの誤解」『企業会計』第62巻，第12号，4-13頁。
辻山栄子編著（2015）『IFRSの会計思考―過去・現在そして未来への展望』中央経済社。
津守常弘（1997）『FASB財務会計の概念フレームワーク』中央経済社。
津守常弘（2002）『会計基準形成の論理』森山書店。
津守常弘（2008）「「財務会計概念フレームワーク」の新局面と会計研究の課題」『企業会計』第60巻，第3号，4-14頁。
津守常弘（2012）「現代会計の『メタ理論』的省察」『企業会計』第64巻，第8号，17-30頁。
徳賀芳弘（2000）『国際会計論：相違と調和』中央経済社。
徳賀芳弘（2005）「EUの国際会計戦略：インターナショナル・アカウンティングへの再挑戦と「同等性評価」問題」『国際会計研究学会年報2005年度』（国際会計研究学会），45-54頁。
徳賀芳弘（2007）「業績報告のあり方について：包括利益か純利益か」『企業会計』第59巻，第1号，85-93頁。
徳賀芳弘（2012）「会計基準における混合会計モデルの検討」『金融研究』（日本銀行金融研究所）第31巻，第3号，141-203頁。
徳賀芳弘（2013）「規範的会計研究の方法と貢献」『会計』第183巻，第2号，147-163頁。
徳賀芳弘・王昱（2005）「第7章　中国におけるIASへの対応」平松一夫・徳賀芳弘編著『会計基準の国際的統一』中央経済社。
直原知佳（2012）「概念フレームワークの概要及びこれから読み解くIFRSの開示ポイント」『ディスクロージャーニュース』Vol.15，4-12頁。
トモ スズキ（2012）「日本の経済社会に対するIFRSの影響に関する調査研究」http://www.fsa.go.jp/common/about/research/20120614/01.pdf
永井知美（2012）「経済インフラをアウトソーシングするということ」『企業会計』第64巻，第8号，1頁。
二階堂遼馬（2014/09/28）「世界最大規模の上場，アリババ隆盛は続くか」 東洋経済ONLINE　http://toyokeizai.net/articles/print/48655
西川郁生（2007）「会計基準委員会（ASBJ）におけるコンバージェンスへの取り組み」『企業会計』第59巻，第1号，44-52頁。
西川孝治郎（1982）『文献解題　日本簿記学生成史』雄松堂書店。
ASBJ〔日本企業会計基準委員会〕（2004）「企業会計基準委員会基本概念ワーキンググループ討議資料」『財務会計の概念フレームワーク』。
ASBJ/FASF〔日本企業会計基準委員会／財務会計基準機構〕10年史編集委員会（2012）『ASBJ/FASF10年史』企業会計基準委員会／公益財団法人財務会計基準機構。

日本証券経済研究所編（2011）『図説　中国の証券市場　2011年版』日本証券経済研究所．
野村資本市場研究所編（2007）『中国証券市場大全』日本経済新聞出版社．
橋本尚（2007）『2009年　国際会計基準の衝撃』日本経済新聞出版社．
橋本尚・山田善隆（2010）『IFRS会計学（第2版）』中央経済出版社．
長谷川茂男（2014）「50数年前の基準書ARB51とその後の流れ」『CGSAフォーラム』（中央大学）第12号，14-28頁．
花堂靖仁・ダイヤモンド社（2008）『XBRLの衝撃：日欧米40数カ国550余機関が推し進める世界標準』ダイヤモンド社．
平井泰太郎（1920）「『ぱちおり簿記書』研究」『会計学論叢』（神戸会計学会）．
平野嘉秋（2015）「証券化スキームにおける特別目的事業体（SPE）の連結問題」『商学研究』第32号，96-128頁．
平松一夫（1994）『国際会計の新動向：会計・開示基準の国際的調和』中央経済社．
平松一夫（2007）「資本市場のグローバル化と会計基準のグローバル化」『企業会計』第59巻，第1号，22-32頁．
平松一夫（2008）「会計基準国際化の歴史的経緯と今後の課題：調和からコンバージェンスへ」『企業会計』第60巻，第4号，18-24頁．
平松一夫・徳賀芳弘編著（2005）『会計基準の国際的統一：国際会計基準への各国の対応』中央経済社．
平松一夫監修（2011）『IFRS国際会計基準の基礎』中央経済社．
伏見俊行・姜莉・江心寧（1997）『最新中国税制ガイド』日本経済新聞社．
ブリーリー，リチャード，スチュワート・マイヤーズ，フランクリン・アレン／藤井真理子・國枝繁樹監訳（2014）『コーポレート・ファイナンス（第10版）』（上・下巻）日経BP社．
ブルースター，マイク著，片岡賛監訳，山内あゆ子訳（2004）『会計破綻：会計プロファッションの背信』税務経理協会．
ペイトン，W.A.，リトルトンA.C.著，中島省吾訳（1953）『会社会計基準序説』森山書店．
Pacter, Paul（2014）「国際会計基準：世界における適用状況IFRS各国別適用状況調査」『企業会計』第66巻，第8号，118-123頁．
ベンストン，ジョージ・J．，マイケル・ブロムウィッチ，ロバート・E．ライタン，アルフレッド・ワーゲンホファー編著／川村義則・石井明監訳（2009）『グローバル財務報告　その真実と未来への警鐘』中央経済社．
丸山顕義（2008）「IASB/IASCFのガバナンス等を巡る最近の動向」『季刊会計基準』第21号．

水野一郎（2004）「現代中国会計制度の動向と特徴」『会計』第166巻，第5号，100-111頁。

ミューラー，ガーノン，ミーク著，野村健太郎・平松一夫監訳（1999）『国際会計入門（第4版）』中央経済社。

森川鎰太郎（1905）『修正銀行簿記学』（第11版）同文館。

諸井勝之助（2006）「企業会計制度対策調査会と会計基準法構想」『LEC会計大学院紀要』第1号，1-17頁。

苗馨允（2017）「中国における会計環境が公正価値の適用に与える影響の分析」『国際会計研究学会年報2016年度第1・2合併号』（国際会計研究学会），66-84頁。

山田辰巳（2006）「2006年2月に公表されたMOUについて」『季刊会計基準』第13号。

山田辰巳（2008）「IASBを巡る国際動向と日本の対応」『企業会計』第60巻，第4号，25-32頁。

山田辰巳（2009）「次は日本が世界をリードする番　中間報告は米国を驚かせた」『週間ダイヤモンド』第97巻，第29号。

山田辰巳（司会），David Tweedie・藤沼亜紀（2004）「対談　国際会計基準の統合化をめぐって」『会計・監査ジャーナル』No.590。

有限責任監査法人トーマツ中国室（2010）『中華人民共和国企業会計準則及び応用指南―日中対訳―』有限責任監査法人トーマツ中国室。

吉田寛・于玉林監修，昆誠一・田昆儒編集（2001）『日中会計モデルの比較研究：市場経済の進化と会計パラダイムの転換』税務経理協会。

米山祐司（2001）『アメリカ会計基準論』同文舘出版。

李文忠（2005）『中国監査制度論』中央経済社。

林慶雲（2003）「会計基準の国際的統一に向けた中国の対応と諸問題―連結財務報告制度を中心に―」『経営学研究』（愛知学院大学）第13号，51-63頁。

山下寿文編集代表（2007）『中国における国際化への課題―経済，ビジネス，会計を考える』中央経済社。

渡邉泉編著（2013）『歴史から見る公正価値』森山書店。

渡部亮（2003）『アングロサクソン・モデルの本質　株式資本主義のカルチャー：貨幣としての株式，法律，言語』ダイヤモンド社。

〔中国文献〕

北京大学金融法研究中心編（1999）『証券法专刊』中国法律出版社。

常勲（2004）『会計創新及国際協調』东北财经大学出版社。

查尔斯·霍夫曼著，財政部会计准则委员会，组织翻译（2007）『XBRL在财务报告中的应用IFRS和US GAAP版』中国財政経済出版社。

蔡宁（2003）「会计准则制订-以规则为基础，还是以原则为基础？」『财务与会计』（中国财政杂志社）No.10，pp.21-22。

财政部（2006）「财政部关于印发「企业会计准则第1号-在货」等38项具体准则的通知」财会〔2006〕3号。

财政部（2006）「财政部关于印发「企业会计准则-应用指南」的通知」财会〔2006〕18号。

财政部（2012）『中华人民共和国财政部公告2012年第65号』
http://www.casc.org.cn/2012/1019/92915.shtml

财政部（2015）「关于公布若干废止和失效的会计准则制度类规范性文件目录的通知」财会〔2015〕3号, 2015-02-16。http://www.chinaacc.com/zyczfg/hu1503025288.shtml

财政部，国家税务总局「关于执行《企业会计制度》和相关会计准则问题解答（三）」http://www.canet.com.cn/law/kjzd/200807/26-57506.html（2017年11月10日阅览）。

财政部会计司（2008）『关于我国上市公司2007年执行新会计准则情况的分析报告』经济科学出版社。

财政部会计司（2009）『关于我国上市公司2008年执行会计准则情况的分析报告』经济科学出版社。

财政部会计司（2010）『关于我国上市公司2009年执行会计准则情况的分析报告』经济科学出版社。

财政部会计司（2017a）「有关负责人就新金融工具相关会计准则的修订完善和发布实施答记者问」
http://kjs.mof.gov.cn/zhengwuxinxi/zhengcejiedu/201704/t20170406_2576243.html

财政部会计司（2017b）「有关负责人就新收入准则的修订完善和发布实施答记者问」
http://kjs.mof.gov.cn/zhengwuxinxi/zhengcejiedu/201707/t20170719_2653113.html

财政部会计司（2017c）「关于认真做好宣传贯彻新《会计法》有关工作的通知」财会〔2017〕27号 http://kjs.mof.gov.cn/zhengwuxinxi/gongzuotongzhi/201711/t20171109_2746973.html

财政部会计司（2018）「关于修订印发一般企业财务报表格式的通知」
http://www.casc.org.cn/2018/0108/168288.shtml

财政部会计司提供（2008）「会计法实施20年来的基本情况」
http://www.mof.gov.cn/mofhome/mof/zhuantihuigu/kjfzth20/bjzl/200805/t20080519_20778.html#（2017年11月10日阅览）。

财政部会计事务管理司（1985）『中华人民共和国会计法学习资料』财政部会计事务管

理司。

财政部会计准则委员会编(2006)『企业合并与合并会计报表』大连出版社。

财政部新闻办公室(2011)「国际会计准则理事会新兴经济体工作组在京成立」7月27日

http://www.mof.gov.cn/zhengwuxinxi/caizhengxinwen/201107/t20110727_581390.html。

财务与会计编辑部(2002)「走向世界的中国会计」『财务与会计』No.12。

陈元芳(2012)「中国〈簿记论〉首译者：陆善炽」『财会通讯』No.10。

陈元芳编著(2005)『内部会计控制』华中科技大学出版社。

陈国辉(2012)『会计理论研究』东北财经大学出版社。

杜莉(2004)「财务会计概念框架的构建及其经济分析」『会计研究』（中国会计学会）No.11, pp.27-30。

方兴东·刘伟(2015)『阿里巴巴正传：我们与马云的"一步之遥"』江苏凤凰文艺出版社。

方红星·刘明辉(1996)「关于我国会计准则建设目标模式的探讨」中国中青年财务成本研究会秘书处编『准则建设与会计改革』东北财经大学出版社。

法律出版社法规中心编(2008a)『中华人民共和国企业所得税法注释』法律出版社。

法律出版社法规中心编(2008b)『中华人民共和国证券法注释本』法律出版社。

冯淑萍(2004)「中国对于国际会计协调的基本态度与所面临的问题」『会计研究』（中国会计学会）No.1, pp.3-8。

葛家澍·徐跃(2006)「会计计量属性的探讨」『会计研究』（中国会计学会）No.9, pp.7-14。

葛家澍(2000)『会计基本理论与会计准则问题研究』中国财政经济出版社。

葛家澍(2004)「财务会计概念框架研究的比较与综评」『会计研究』（中国会计学会）No.6, pp.3-10。

葛家澍(2007)「FASB与IASB联合趋同框架（初步意见）的评介」『会计研究』（中国会计学会）No.6, pp.3-10。

葛家澍(2009a)「试评IASB/FASB联合概念框架的某些改进」『会计研究』（中国会计学会）No.4, pp.3-11。

葛家澍(2009b)「关于公允价值会计的研究」『会计研究』（中国会计学会）No.5, pp.6-13。

葛家澍(2011)「论财务会计概念框架中的报告主体概念」『会计研究』（中国会计学会）No.6, pp.3-7。

葛家澍(2011)『公允价值会计研究』大连出版社。

葛家澍·王光远(1994)「纪念帕乔利复式簿记论 建立我国财务会计概念结构」『会计

研究』（中国会计学会）No.3, pp.8-11。

葛家澍・杜兴强（2003）『财务会计概念框架与会计准则问题研究』中国财政经济出版社。

葛家澍・徐跃（2006）「会计计量属性的探讨」『会计研究』（中国会计学会）No.9, pp.7-14。

盖地・刘慧凤（2004）「会计原则协同会计准则国际趋同的切入点」『会计研究』（中国会计学会）No.3, pp.22-26。

广西财政厅（2009）「关于中国企业会计准则与国际财务报告准则持续全面趋同路线图的反馈意见」桂财会函〔2009〕7号。
http://www.gxcz.gov.cn/gxzzzzqczt/yfwlgk/gfxwj/bbmwj/hjfgzd/qt/201312/t20131221_9658.html

黄世忠（1997）「公允价值会计:面向21世纪的计量模式」『会计研究』（中国会计学会）No.12, pp.1-4。

黄世忠（2010）「后危机时代公允价值会计的改革与重塑」『会计研究』（中国会计学会）No.6, pp.13-19。

黄霖华・曲晓辉（2014）「证券分析师评级，投资者情绪与公允价值确认的价值相关性」『会计研究』（中国会计学会）No.7, pp.18-26。

候江玲・王成科主编（2012）『会计与税法差异调整』北京大学出版社。

胡成（2015）「国际财务报告准则在我国大陆与港澳台地区的应用」『江西社会科学』No.6。

郝振平・赵小鹿（2010）「公允价值会计涉及的三个层次基本理论问题」『会计研究』（中国会计学会）No.6, pp.12-25。

江平・李国光主编（2006）『最新公司法条文释义』人民法院出版社。

江苏民（1992）「我国会计准则应由国务院来制定」『上海会计』No.5。

蒋基路等著（2010）『欧盟会计协调研究』高等教育出版社。

毛志宏・刘宝莹　冉丹（2014）「公允价值分层计量对上市公司信息风险的影响」『财务与会计导刊』下半月理论, No.12, pp.21-26。

李一硕（2012）「中欧会计准则实现最终等效」中国财经报（2012年10月19日）
http://news.hexun.com/2012-10-19/146980239.html

李宗卉・袁艺著（2011）『中国税收政策与在华直接投资』安徽大学出版社。

李玉环编著（2016）『国际财务报告准则导读』经济科学出版社。

刘玉廷（2004）「贯彻科学民主决策要求完善我国会计准则体系」『会计研究』（中国会计学会）No.3, pp.3-6。

刘玉廷（2009）「关于中国企业会计准则与国际财务报告准则持续全面趋同的若干问题」。
http://www.chinaacc.com/new/287_288_/2009_12_11_ch057386591112190021536.

shtml

刘玉廷（2011）『会计中国二十年』立信会计出版社。

刘佐（2016）『2016年中国税制概览』经济科学出版社。

刘世英・彭征（2014）『世界第一：马云阿里帝国』南方出版社。

刘仲文（2000）『会计理论与会计准则问题研究』首都经济贸易大学出版社。

刘峰（1996）『会计准则研究』东北财经大学出版社。

刘峰・黄青云（2006）「会计准则的变迁从原则导向到规则导向」『会计论坛』（中国会计学会）No.1，pp.13-25。

刘启亮・何威风・罗乐（2011）「IFRS的强制采用，新法律实施与应计及真实盈余管理」『中国会计与财务研究』3月，第13卷，No.1。

娄尔行（1993）『会计审计理论探索』立信会计出版社。

骆伟琼（2014）「中欧会计准则最终等效需要8年时间吗？」中国会计报（2014年9月30日）https://www.gaodun.com/guihua/355543.html

全国人大常委会法制工作委员会经济法室编著（1999）『中华人民共和国会计法条文讲解及实用规范』改革出版社。

企业会计准则动态（2018）「2017年中日韩会计准则制定机构会议专题报告」第1期 http://www.casc.org.cn/2018/0117/168708.shtml

企业会计准则编审委员会编（2009）『企业会计准则案例讲解』立信会计出版社。

企业会计准则编审委员会编（2012）『企业会计准则案例讲解（2012年版）』立信会计出版社。

企业会计准则编审委员会编（2015a）『企业会计准则案例讲解（2015年版）』立信会计出版社。

企业会计准则编审委员会编（2015b）『企业会计准则第39号 - 公允价值计量讲解』立信会计出版社。

企业会计准则编审委员会编（2016）『企业会计准则案例讲解（2016年版）』立信会计出版社。

企业会计制度研究组编（2001）『企业会计制度及讲解』东北财经大学出版社。

企业财务会计报告条例讲解研究组编著（2001）『企业财务会计报告条例讲解』北京科学技术出版社。

任政和（2010）『阿里巴巴企业战略』海天出版社。

舒惠好・黎文靖（2004）「我国财务会计概念框架的法律地位研究」『会计研究』（中国会计学会）No.11，pp.22-26。

孙健（1999）『中国经济通史』（上・中・下），中国人民大学出版社。

滕娟（2017）「会计法修订获通过 与业界期望有差距」 http://news.esnai.com/2017/1113/165755.shtml（2017年11月15日阅览）。

谭洪涛・汪洁・黄晓芝（2014）「迎合监管与公允价值会计运用」『财务与会计导刊』下半月理论，No.6，pp.4-13。

W.A.佩顿& A.C.利特尔，潘序倫譯（1949）『公司會計準則緒論』立信會計圖書用品社。

王军（2006）「深入学习贯彻两大准则体系促进经济社会健康协调发展」财政部会计司・中国注册会计师协会编『中国会计审计准则体系发布会专辑』经济科学出版社。

王建新（2006）「新会计准则的特点及国际财务报告准则的比较分析（一）-（四）」『财务与会计』（综合版）No.9-12。

王建新（2007）「新会计准则的特点及国际财务报告准则的比较分析（五）-（六）」『财务与会计』（综合版）No.1-2。

王建新编著（2007）『国际财务报告准则简介及与中国会计准则比较』人民出版社。

王建成・胡振国（2007）「我国公允价值计量研究的现状及相关问题探析」『会计研究』No.5，中国会计学会，pp.10-16。

王爱国（2003）「构建中国特色财务企业概念框架的几点思考」『财务与会计』（中国财政杂志社）No.3，pp.19-21。

汪祥耀等著（2012）『欧盟会计准则-国际趋同战略及等效机制研究』立信会计出版社。

魏昕・石海娥（2013）『马云帝国内幕：全球最大电商企业成长秘籍』新世界出版社。

吴亭亭・龙跃林编著（2009）『中国企业欧洲上市』中国经济出版社。

吴革等著（2016）『制度环境，会计准则国际趋同后果与资本市场监管体系创新』对外经济贸易大学出版社。

徐晟（2009）「金融稳定性与公允价值会计准则的优化」『会计研究』（中国会计学会）No.5，pp.14-19。

许玉红（2005）「中国财务会计概念框架及会计准则专题研讨会会议综述」『会计研究』（中国会计学会）No.6，pp.77-78。

余德慧・杨有红（2014）「公允价值选择影响因素综述」『财务与会计导刊』下半月理论，No.9，pp.33-39。

杨敏（2011）「会计准则国际趋同的最新进展与我国的应对举措」『会计研究』（中国会计学会）No.9，pp.3-8。

杨敏（2013）「中国会计准则建设和国际趋同的经验」『财务与会计』（中国财政杂志社）No.2，pp.4-6。

杨纪琬主编（1988）『中国现代会计手册』中国财政经济出版社。

阎达五（2004）『阎达五文集』中国人民大学出版社。

尤小雁・刘文辉（2017）『企业会计准则实施（2007-2016）研究』经济科学出版社。

朱琳（2012）「美国应用国际财务报告准则的策略选择研究与启示」『会计研究』（中国会计学会）No.2，pp.23-27。

周俊宏编（2012）『阿里巴巴管理模式』浙江人民出版社。

周文華（2009）「新企業所得税法下会計准則与税収制度的関係探析」
http://www.chinaacc.com/new/287_288_/2009_9_22_ch96519158122990021577.shtml

周文栄（2003）「立足改革加快我国会計准則体系建設」『財務与会計』（中国財政雑志社）No.8, pp.4-5。

周紅等著（2012）『中国会計標准国際化進程-新准則実施効果研究』立信会計出版社。

中国中青年財務成本研究会秘書処編（1996）『准則建設与会計改革』東北財経大学出版社。

中国法制出版社編（2015）『憲法：実用版』中国法制出版社。

中国経営報（2016）「外国投資法年内報全国人大 VIE模式或将納入監管」
http://finance.sina.com.cn/roll/2016-05-07/doc-ifxryhhi8474566.shtml（2016年5月7日閲覧）。

中国財政部会計司（2008）『我国上市公司2007年執行新企業会計准則情況分析報告』経済科学出版社。

中国財政部会計司（2009）「我国上市公司2008年執行企業会計准則分析報告」『会計研究』（中国会計学会）No.7。

中国財政部会計司（2009）「中国企業会計准則与国際財務報告准則持続全面趨同路線図（征求意見稿）」, http://www.casc.gov.cn/

中国財政部会計司課題組（2009）「我国上市公司2008年執行企業会計准則情況分析報告」『会計研究』（中国会計学会）No.7。

中国会計学会編（2017）『会計史専題（2015）』経済科学出版社。

中国会計准則委員会組織翻訳（2017）『国際財務報告准則第16号-租賃』中国財政経済出版社。

中華人民共和国会計法講話編写組（1999）『中華人民共和国会計法講話』経済科学出版社。

中華人民共和国憲法／国務院法制弁公室編（2007）『中華人民共和国憲法』中国法制出版社。

中華人民共和国財政部（2000）『企業会計准則2000』経済科学出版社。

中華人民共和国財政部（2002）『Accounting Standards For Business Enterprises』中国財政経済出版社。

中華人民共和国財政部（2016）「関于印発《会計改革与発展"十三五"規劃綱要》的通知」財会［2016］19号。
http://kjs.mof.gov.cn/zhengwuxinxi/zhengcefabu/201610/t20161018_2437976.htm

中華人民共和国財政部会計司（2010）「我国会計准則国際趨同走向縦深発展階段，財

政部会计司司长刘玉廷解读《中国企业会计准则与国际财务报告准则持续趋同路线图》」。

http://www.casc.org.cn/2010/0414/93123.shtml

中华人民共和国财政部制定（2017）『2018中国企业会计准则合订本』经济科学出版社。

中华人民共和国国家统计局国务院第三次全国经济普查领导小组办公室（2014）「第三次全国经济普查主要数据公报（第一号）」。

http://www.stats.gov.cn/tjsj/zxfb/201412/t20141216_653709.html

张海霞 秦文娇（2014）「金融资产与长期股权投资权益法转换:以公允价值重新计量」『财务与会计导刊』上半月实务，No.8，pp.37-38。

张立涵「《会计法》应分别规范政府和市场两主体」

http://news.esnai.com/2014/0829/106003.shtml（2017年11月10日阅览）。

张为国（1996）「会计准则的七大关系」中国中青年财务成本研究会秘书处编『准则建设与会计改革』东北财经大学出版社，pp.23-25。

张翀（2014）「公允价值之变」『财务与会计导刊』上半月实务，No.5，pp.7-12。

张连起（2010）「思想退隐：中国会计主体性迷失之辩」『财务与会计』（中国财政杂志社）No.6。

张曾连（2016）『我国政府会计准则制定的动因，路径，内容与效果研究』经济科学出版社。

张颖编著（2017）『会计科目设置与实操大全（图解版）』中国铁道出版社。

周华（2016）『法律制度与会计规则-关于会计理论的反思』中国人民大学出版社。

注册会计师全国统一考试研究中心编著（2018）『注册会计师全国统一考试专用教材 会计』人民邮电出版社。

证券法起草小组编写（1999）『中华人民共和国证券法条文释义』改革出版社。

〔欧文献〕

Committee of European Securities Regulators〔CESR〕(2004) Concept Paper on Equivalence of Certain Third Country GAAP and on Description of Certain Third Countries Mechanisms of Enforcement of Financial Information, Consultation Paper, Ref : CESR/04-509.

CESR (2005a) Concept Paper on Equivalence of Certain Third Country GAAP and on Description of Certain Third Countries Mechanisms of Enforcement of Financial Information, Ref : CESR/04-509C.

CESR (2005b) Draft Technical Advice on Equivalence of Certain Third Country GAAP and on Description of Certain Countries Mechanisms of Enforcement of Financial Information, Ref: CESR/05-230.

CESR (2005c) Technical Advice on Equivalence of Certain Third Country GAAP and on Description of Certain Countries Mechanisms of Enforcement of Financial Information, Ref: CESR/05-203b.

CESR (2007) CESR launches a consultation on the equivalence of Chinese, Japanese and US GAAPs, Ref. : CESR/07-821.

European Community [EC] (1995) Commission of the European Communities, Accounting Harmonisation: A New Strategy Vis-à-vis International Harmonisation, Communication from the Commission, COM 95 (508) EN.

EC (2000) EU Financial Reporting Strategy: The Way forward, Communication from the Commission to the Council and the European Parliament.

EC (2004) Formal Mandate to CESR for Technical Advice on Implementing Measures on the Equivalence between Certain Third Country GAAP and IAS/IFRS, G2 D .

Financial Accounting Standards Board [FASB] SPECIAL REPORT (1998) *The Framework of Financial Accounting Concepts and Standards*. (Storey, Reed K.,Sylvia Storey, 企業財務制度研究会訳 (2001)『財務会計の概念および基準のフレームワーク』中央経済社)。

Hartgraves, A.L. and G.J. Benston (2002) The Evolving Accounting Standards for Special Purpose Entities and Consolidations, *Accounting Horizons*, Vol.6, No.3, pp.245-258.

Holtzmam, M.P., E. Venuti and R. Fonfeder (2003) Enron and the Raptors, *The CPA Journal*, Vol.73, No.4, pp.24-34.

IFRS® Foundation, Annual Report (2016), Better Communication in Financial Reporting.
http://www.ifrs.org/-/media/feature/about-us/funding/annual-report-2016.pdf

International Accounting Standards Board [IASB] (2010) International Financial Reporting Standards, London, International Accounting Standards Committee Foundation.

May, George Oliver. (1943) *Finacial Accounting : A Distillation of Experience*. (木村重義訳 (1970)『財務会計：経験の蒸留』同文舘出版)。

Nobes, C.W. (1983) A Judgmental International Classification of Financial Reporting Practices, *Journal of Business Finance & Accounting*, Vol.10, No.1, pp.1-20.

Nobes, C.W. (1998) Towards a General Model of the Reasons for International Differences in Financial Reporting, *ABACUS*, Vol.34, No.2, pp.162-187.

The Institute of Chartered Accountants of Scotland [ICAS] (2010) Chinese accounting reform : Towards a principles-based global regime. http://www.icas.org.uk

Paul Gillis (2012) Follow the VIE agreements?
http://www.chinaaccountingblog.com/weblog/follow-the-vie-agreements.html

Tweedie, David (2006) Statement of Sir David Tweedie , Chairman, International Accounting Standards Board, February 15, Beijing, P.R.China. (财政部会计司・中国注册会计师协会编『中国会计审计准则体系发布会专辑』经济科学出版社)。

Tweedie, David (2007) Can Global Standards be Principle Based? *Journal of Applied Research in Accounting and Finance (JARAF)*, Vol.2, No.1, pp.3-8.

Yu WANG. (2014) The Development of Accounting Standards in China—Mainly on the Basic Standard and the Conceptual Framework, *KWANSEI GAKUIN UNIVERSITY SOCIAL SCIENCES REVIEW*, Vol.19.

巻末資料

巻末資料1

中華人民共和国会計法[1]

目　録
　　第一章　総　則
　　第二章　会計処理
　　第三章　公司・企業会計処理の特別規定
　　第四章　会計監督
　　第五章　会計部門と会計担当者
　　第六章　法律責任
　　第七章　附　則

第一章　総　則

第一条　会計行為を規範するため，会計資料の真実性・完全性を保証し，経済管理と財務管理を強化し，経済効果を高め，社会主義市場経済の秩序を守るために本法を制定する。

第二条　国家機関・社会団体・会社・企業・事業法人とその他組織（以下まとめて法人[2]と称す）は本法に従って会計業務を行わなければならない。

第三条　各法人は法に従って会計帳簿を設置し，かつ，その真実性・完全性を保証する。

第四条　法人責任者は当法人の会計業務と会計資料の真実性・完全性に責任を負う。

第五条　会計部門・会計担当者は本法の規定に従って会計処理を行い，会計監督を実施する。

いかなる法人または個人はいかなる方式で会計部門・会計担当者に会計証憑・会計帳簿とその他の会計資料の偽造・変造，虚偽の財務会計報告の提供を示唆・指図・強要してはならない。

いかなる法人または個人は，法に従って責務を履行し，本法の規定を違反する行為に対して拒否する経理担当者に仕返し[3]をしてはならない。

第六条　本法を真面目に執行し，職務に忠実し，原則を堅持し，顕著な業績を成し遂げた会計担当者に精神的あるいは物資的な奨励を与える。

第七条　国務院財政部門は全国の会計業務を主管する。

県級以上の地方各級人民政府の財政部門は本行政区域内の会計業務を管理する。

第八条　国家は統一的な会計制度[4]を実行する。国家統一的な会計制度は国務院財政部門より本法を根拠とし制定かつ公

---

[1]　本法の改訂案は2017年11月4日に第十二回全国人民代表大会常務委員会第三十次会議で採択され，習近平主席令第81号にて公布，翌日の11月5日より施行。

[2]　中国語：単位。"単位"とは職場のことを指したり，法人のことを指したりすることがある。社会主義計画経済から社会主義市場経済への規制転換，また様々な企業形態の登場を背景に，従来，主に国営企業という職場を指す"単位"には，いろいろな形態の法人を表すようにもなっている。

[3]　中国語：打击报复。仕返しや不利益を与えることを指す。

[4]　ここの制度とは明文化された会計法規範のことを指す。制度には規章，規定，基準，方法などが含まれる。国家統一的な会計制度について，本法の第五十条で定義されている。

布される。

国務院関連部門は本法と国家統一的な会計制度に従って，会計処理と会計監督に対し特殊な要求を設けている業種には，国家統一的な会計制度における具体的な方策あるいは補足規定を実施することができ，国務院財政部門の審査・許可を申し入れる。

中国人民解放軍の総後勤部[5]は本法と国家統一的な会計制度に従って，軍隊で実施する国家統一的な会計制度の具体方策を制定することができ，国務院財政部門に報告しておくこと。

第二章　会計処理

第九条　各法人は実際に発生した経済事象に対して会計処理，会計証憑作成，会計帳簿への記入，財務会計報告の作成をしなければならない。

いかなる法人は虚偽の経済事項あるいは資料を用いて会計処理を行ってはならない。

第十条　下記の経済事象に対して，会計手続きをし，会計処理を行うべきである：

(一)　貨幣資金[6]と有価証券の収支；

(二)　財産物資の受領と発送・増減と使用；

(三)　債権債務の発生と決算；

(四)　元入金[7]・基金の増減；

(五)　収入・支出・費用・原価の計算；

(六)　財務成果の計算と処理；

(七)　会計手続き・会計処理を行う必要のあるその他の事項。

第十一条　会計年度は西暦の1月1日から12月31日までとする。

第十二条　会計処理は人民元を記帳本位貨幣とする。

業務収支が人民元以外の貨幣を主とする法人は，その中から一種の貨幣を選定して記帳の本位貨幣にすることは可能であり，但し，財務会計報告を作成する際には人民元に換算すべきである。

第十三条　会計証憑，会計帳簿，財務会計報告とその他会計資料は，国家の統一的な会計制度の規定に必ず符合しなければいけない。

コンピューターを用いて会計処理を行う場合，ソフトウエア及びそれで作られた会計証憑・会計帳簿・財務会計報告とその他会計資料も国家統一的な会計制度の規定に必ず符合しなければならない。

いかなる法人と個人は，会計証憑・会計帳簿及びその他会計資料の変造・偽造をしてはならない，虚偽の財務会計報告を提供してはならない。

第十四条　会計証憑は原始証憑と記帳証憑を含む。

本法第十条で挙げられた経済事象を処理する際には，必ず原始証憑の記入あるいは取得をし，直ちに会計部門に送付しなければならない。

会計部門・会計担当者は国家統一的な会計制度の規定に従い，原始証憑に対して必ず照合を行い，真実でない・合法で

---

[5] 中国語：总后勤部。中国人民解放軍の後方勤務部門を総括管理する機関である。

[6] 中国語：款項。ここでは，主に支払い手段としての貨幣資金を指す。

[7] 中国語：资本。中国の会計等式には資本という表現を使わず，所有者持分を用いている。ここでの中国語の資本とは経営活動を営むための元入金を指す。

ない原始証憑に対して受け取らない権利を有する，かつ法人責任者に報告する；記載が正確でない・完全でない原始証憑に対しては返却し，かつ国家統一的な会計制度の規定に従って訂正，補足を求める。

原始証憑に記載される各項目の内容を修正してはならない；原始証憑に間違いがある場合，発行法人により再発行あるいは訂正をすべきである，訂正個所には発行法人の捺印をすべきである。原始証憑の金額に間違いがある場合，発行法人より再発行すべきであり，原始証憑での訂正はしてはならない。

記帳証憑は照合された原始証憑及び関連資料に従って作成すべきである。

第十五条 会計帳簿の記帳は照合された会計証憑を根拠に，かつ関連法律・行政法規と国家統一的な会計制度の規定に従わなければならない。会計帳簿には総勘定元帳・元帳・出納帳・その他の補助帳簿を含む。

会計帳簿は連続の通し番号の頁順で記帳すべきである。会計帳簿の記録に間違いあるいは白頁・頁欠損・行の飛ばしなどが生じた場合，国家統一的な会計制度の規定の方法に従って訂正すべきであり，かつ会計担当者と会計部門責任者（会計主管担当者）より訂正箇所に捺印をする。

コンピューターを用いて会計処理を行う場合，その会計帳簿の記入・訂正は，国家統一的な会計制度の規定に符合すべきである。

第十六条 各法人で発生した各項目の経済事象は法に従って設置された会計帳簿に統一記帳・処理すべきであり，本法と国家統一的な会計制度に反して，裏会計帳簿を設置[8]して記帳・処理をしてはならない。

第十七条 各法人は定期的に会計帳簿の記録と実物・貨幣資金及び関連資料を相互に突き合わせるべきであり，会計帳簿の記録と実物及び貨幣資金の実際にある数額との一致・会計帳簿の記録と会計証憑の関連内容との一致・会計帳簿間の相対記録の一致・会計帳簿の記録と会計報告と関連内容との一致を保証する。

第十八条 各法人が採用する会計処理の方法は，前後会計期間とも一致すべきであり，随意に変更してはならない；変更が確かに必要とされる際に，国家統一的な会計制度の規定に従って，変更かつその変更の原因，状況及び影響を財務会計報告の中で説明すべきである。

第十九条 法人が提供した担保，未解決訴訟あるいは偶発事象について，国家統一的な会計制度の規定に従って，財務会計報告で説明をすべきである。

第二十条 財務会計報告は照合された会計帳簿記録と関連資料に基づいて作成されるべきであり，かつ本法と国家統一的な会計制度にある財務会計報告の作成要求・提供対象と提供期限の規定に符合すべきである；その他法律・行政法規で別途規定のあるときは，その規定に従う。

財務会計報告は財務諸表[9]・財務諸表附註と財務状況説明書から構成される。異なる会計資料の利用者に提供する財務会

---

8 中国語：私設会計帳簿。
9 中国語：会計報表。

計報告は、その作成根拠が一致すべきである。関連法律・行政法規の規定により、財務諸表・財務諸表附註と財務状況説明書は公認会計士の監査を受けなければならない場合には、公認会計士及び所属される監査法人に発行される監査報告を財務会計報告に添えて一括して提供すべきである。

第二十一条 財務会計報告には法人責任者と主管会計業務の責任者・会計部門の責任者（会計主管担当者）が署名かつ捺印すべきである；総会計師[10]を設置している法人は、さらに総会計師の署名かつ捺印が必須である。

　法人責任者は財務会計報告の真実性・完全性について、保証すべきである。

第二十二条 会計記録の文字は中国語を使用すべきである。民族自治地区では、会計記録は同時に当地で通用する民族文字の一種を使用することが可能である。中華人民共和国国内の外国投資企業・外国企業とその他外国組織の会計記録は同時に一種の外国文字を使用可能である。

第二十三条 各法人は会計証憑・会計帳簿・財務会計報告とその他会計資料に対して保管ファイルを設け、適切に保管すべきである。会計ファイルの保管期限と廃棄方法について、国務院財政部門と関連部門が制定する。

第三章　公司・企業会計処理の特別規定

第二十四条 公司・企業は会計処理を行う際に、本法の第二章の規定を遵守すべき以外に、本章の規定も遵守すべきである。

第二十五条 公司・企業は必ず実際に発生した経済事象に基づき、国家統一的な会計制度の規定に従って、資産・負債・所有者持分・収入・費用・原価と利潤を認識・測定する。

第二十六条 公司・企業は会計処理を行う際に、下記行為があってはならない：

(一) 資産・負債・所有者持分の認識基準あるいは測定方法を恣意に変更すること、架空・過大・隠蔽あるいは過少に資産・負債・所有者持分を計上すること；

(二) 収入の架空あるいは隠匿、収入確認の繰り上げあるいは繰り下げ；

(三) 費用・原価の認識基準あるいは測定方法を恣意に変更すること、架空・過大・隠蔽あるいは過少に費用・原価を計上すること；

(四) 恣意に利潤計算・配当方法を調整し、虚偽の利潤を計上し、あるいは利潤を隠蔽すること；

(五) 国家統一的な会計制度の規定に反するその他の行為。

第四章　会計監督

第二十七条 各法人は当法人の健全な内部会計監督制度を設けるべきである。法人の内部会計監督制度は下記の要求に符合すべきである：

(一) 記帳担当者は、経済事象と会計項目の審査担当者・執行担当者・財貨保管担当者との職務権限を明確にす

---

[10] 中国語：总会计师。公認会計士とは異なるものである。その詳細について「総会計師条例」（中華人民共和国国務院令第72号公布、1990年12月31日公布・施行）を参照されたい。

べきであり，かつ相互に区分・相互に制約する；

（二）重大な対外投資・資産処置・資金調達とその他の重要な経済事象の意思決定と執行における相互監督・相互制約のプロセスを明確にすべきである；

（三）財産精査の範囲・期限と組織プロセスを明確にすべきである；

（四）会計資料に対して定期的な内部監査を行う方法とプロセスを明確にすべきである。

第二十八条　法人責任者は会計部門・会計担当者が法に従って責務を果たすことを保証すべきであり，会計部門・会計担当者に対して違法会計業務の執行を示唆・指図・強制命令してはならない。

　会計部門・会計担当者は本法と国家統一的な会計制度に反した会計事項に対して，処理を拒否するあるいは職権に沿って是正する権利を有する。

第二十九条　会計部門・会計担当者は会計帳簿の記録と実物・貨幣資金及び関連資料の不一致を発見したときに，国家統一的な会計制度の規定に基づき，自分で処理する権限を有する場合，直ちに処理すべきであり；処理権限を有しない場合，直ちに法人責任者に報告し，原因究明を求め，処理を行う。

第三十条　本法と国家統一的な会計制度の規定に違反する行為に対して，いかなる法人と個人が告発権利を有する。告発を受理した部門が処理権限を持っている場合，法に基づいて，責務分担に従って直ちに処理すべきであり；処理権限を有しない場合，直ちに処理権限を有する部門に移送して処理すべきである。受理した部門，処理を行う部門は，告発者のために守秘すべきであり，告発者の氏名と告発材料を被告発法人と被告発者に告げることをしてはならない。

第三十一条　関連法律・行政法規の規定により，公認会計士の監査を受けなければならない法人は，委託を受けた会計士事務所に如実に会計証憑・会計帳簿・財務会計報告とその他会計資料及び関連状況を提供すべきである。

　いかなる法人また個人は，公認会計士及びその所属する会計事務所に対して，真実でないあるいは不当な監査報告をいかなる方式であれ，求める，またはほのめかすことをしてはならない。

　財政部門は会計士事務所に作成された監査報告のプロセスと内容に対して監督する権利を有する。

第三十二条　財政部門は各法人の下記状況に対して監督を行う：

（一）法に従って会計帳簿の設置があるか否か；

（二）会計証憑・会計帳簿・財務会計報告とその他の会計資料が真実・完成であるか否か；

（三）会計処理は本法と国家統一的な会計制度の規定に符合しているか否か；

（四）会計業務の担当者は専門能力を備えているか否か，職業道徳の遵守をするか否か[11]。

　上記第（二）項に記載された事項に対して

11　下線部分は2017年改正された内容である，以下同様。

監督を実施する際，重大な違法の疑いを発見したとき，国務院財政部門及びその派出機構は被監督法人と経済上の業務取引のある法人並びに被監督法人の銀行口座が開設された金融機構に対して，関連状況の取り調べることができる，関連法人と金融機構はこれに協力すべきである。

第三十三条　財政・監査・税務・人民銀行・証券監管・保険監管等の部門は関連法律・行政法規に規定された責務に従って，関連法人の会計資料に対して監督検査を実施すべきである。

前項に記載された監督検査部門が関連単位の会計資料に対して法に従って監督検査を実施した後，検査結論をまとめるべきである。関連監督検査部門にすでに作成された検査結論はその他監督検査部門の責務履行の需要に満たした場合，その他監督検査部門は帳簿の重複査察を避け，これを利用すべきである。

第三十四条　法に従って関連法人の会計資料に対して監督検査を実施する部門及びその業務担当者は監督検査中において知り得た国家秘密と商業秘密に対して守秘義務がある。

第三十五条　各法人は関連法律・行政法規の規定に従って，関連監督検査部門の法により実施した監督検査を受け入れなければならない，如実に会計証憑・会計帳簿・財務会計報告とその他会計資料並びに関連状況を提供し，拒否・隠匿・うその報告をしてはならない。

第五章　会計部門と会計担当者

第三十六条　各法人は会計業務の需要に応じて，会計部門を設置し，あるいは関連機構の中に会計担当者を配置かつ会計主管担当者を指定すべきである；設置条件が備えていない場合，設立許可された会計代理記帳業務を従事する仲介機構に代理記帳を委託すべきである。

国有と国有資産が筆頭地位あるいは主導的な地位を占める大，中型企業は総会計師を設置しなければならない。総会計師の任職資格・任免手続き・職責権限は国務院が規定する。

第三十七条　会計部門の中では会計照合[12]制度を設けるべきである。

出納担当者は会計照合・会計ファイルの保管及び収入・支出・費用・債権債務帳簿への記入業務を兼任してはならない。

第三十八条　会計担当者は，会計業務を従事するため必要とされる能力を備えるべきである。

法人の会計部門の責任者を担う人（会計主管担当者）は，会計師[13]以上の専業技術職務資格を備える，あるいは会計業務に三年以上従事する経歴を有すべきである。

本法で称する会計担当者の範囲は国務院財政部門が規定する。

第三十九条　会計担当者は職業道徳の遵守，業務素質の向上をすべきである。会計担当者に対する教育と育成訓練作業を強化すべきである。

第四十条　虚偽の財務会計報告の提供，偽帳簿の作成，会計証憑・会計帳簿・財

12　中国語：稽核。

13　会計師とは会計専門職務の一種である。その詳細について、「会計専業職務試行条例」（財政部制定，1986年4月に公布）を参照されたい。

務会計報告の隠匿あるいは故意に廃棄，汚職，公金の横領，職務横領等と会計職務と係わる違法行為があったため法により刑事責任が問われた担当者は，再び会計業務に従事してはならない。

第四十一条 会計担当者は業務移動あるいは離職する場合，引き継ぐ担当者に引継ぎ手続きを行わなければならない。

一般的な会計担当者は引継ぎ手続きをする際，会計部門の責任者（会計主管担当者）によって立ち会われる；会計部門の責任者（会計主管人員）が引継ぎ手続きをする際には，法人責任者が立ち会い，必要な場合には，主管法人が人を派遣し共同に立ち会うことができる。

第六章　法律責任

第四十二条 本法の規定に違反し，下記行為の一つでもあれば，県級以上の人民政府財政部門に限定期限内の改正が命じられる，法人に対して三千元以上五万元以下の罰金を科すことができる；直接の主管責任者とその他の直接責任者に対して，二千元以上二万元以下の罰金を科すことができる；国家業務に従事する担当者には，さらにその所在法人あるいは関連法人が法に従って行政処分を与えるべきである：

(一) 法に従わず会計帳簿を設置した場合；
(二) 裏帳簿を設置する場合；
(三) 規定に従わず原始証書を書き込む，取得した場合，あるいは，取得した原始証書が規定に符合しない場合；
(四) 照合されていない会計証憑を根拠に会計帳簿へ記帳あるいは記入され，規定に符合しない場合；
(五) 会計処理方法を恣意に変更した場合；
(六) 異なる会計資料利用者に提供された財務会計報告の作成根拠が不一致の場合；
(七) 会計記録の使用文字あるいは本位貨幣の規定に従わない場合；
(八) 会計資料の保管の規定に従わず，会計資料の破損・消滅の結果に至った場合；
(九) 法人内部会計監督制度の設立と実施の規定に従わず，あるいは法により実施する監督を拒否するまたは如実に関連会計資料及び関連状況を提供しない場合；
(十) 任用した会計担当者が本法の規定に符合しない場合。

前項に例示した行為の中の一つが犯罪行為であった場合，法により刑事責任を追究する。

会計担当者は第一項に例示された行為があり，事態が厳重な場合，五年以内に会計業務に従事してはならない。

関連法律には第一項に例示された行為に対する処罰に対して別途の規定があった場合，関連法律の規定に従って処理する。

第四十三条 会計証憑・会計帳簿の偽造・変造，虚偽の財務会計報告の作成，犯罪となった場合には，法により刑事責任を追究する。

前項行為があり，なお犯罪となってい

ない場合には，県級以上の人民政府財政部門により通報し，法人に対して五千元以上十万元以下の罰金に処すことができる；直接に責任を負う主管担当者とその他の直接に責任を負う担当者に対し，三千元以上五万元以下の罰金に処すことができる。国家業務に従事する担当者には，さらにその所在法人あるいは関連法人が法に従って免職から除名に至る行政処分をすべきである；その中の会計担当者は五年以内に会計業務に従事してはならない。

第四十四条 法に従って保存しなければならない会計証憑・会計帳簿・財務会計報告を隠匿あるいは故意に廃棄し，犯罪となった場合，法により刑事責任を追究する。

前項行為があり，なお犯罪となっていない場合には，県級以上の人民政府財政部門により通報し，法人に対して五千元以上十万元以下の罰金に処すことができる；直接に責任を負う主管担当者とその他の直接に責任を負う担当者に対し，三千元以上五万元以下の罰金に処すことができる。国家業務に従事する担当者には，さらにその所在法人あるいは関連法人が法に従って免職から除名に至る行政処分をすべきである；その中の会計担当者は五年以内に会計業務に従事してはならない。

第四十五条 会計部門・会計担当者及びその他の担当者に会計証憑・会計帳簿の偽造・変造・虚偽の財務会計報告の作成を示唆・指図・強制に命令するあるいは法により保存すべき会計証憑・会計帳簿・財務会計報告を隠匿・故意に廃棄し，犯罪となった場合には，法により刑事責任を追究する；なお犯罪となっていない時には，五千元以上五万元以下の罰金に処すことができる；国家に属する業務人員には，さらにその所在法人あるいは関連法人が法により更迭・免職・除名の行政処分をすべきである。

第四十六条 法人責任者が，法に従って責務を履行し，本法規定の違反行為を拒む会計担当者に対して更迭・免職・業務部署の配置変更・招聘の解任あるいは除名等の方式で仕返しをし，犯罪となった場合には，法により刑事責任を追究する；なお犯罪となっていない場合には，その所在法人あるいは関連法人が法に従って行政処分を与える。仕返しをされた会計担当者には，その名誉と原有の職務・等級を回復すべきである。

第四十七条 財政部門及び関連行政部門の業務担当者が監督管理の実施中において，職権濫用・職場怠慢・私情にとらわれて不正なことをするあるいは国家秘密・商業秘密を漏洩し，犯罪となった場合，法により刑事責任を追究する；なお犯罪となっていない場合には，法に従って行政処分を与える。

第四十八条 本法第三十条の規定に違反し，検挙者の氏名と検挙材料を被検挙法人と被検挙者に渡し伝えた場合に，所在法人あるいは関連法人が法により行政処分を与える。

第四十九条 本法の規定に違反し，同時にその他の法律規定に違反した場合，関連部門は各自の職権範囲内で法に従って処罰を行う。

第七章 付　則

第五十条　本法での下記用語の意味：

法人責任者とは法人の法定代表者あるいは法律・行政法規で規定される法人を代表して職権を行使する主要な責任者を指す。

国家統一的な会計制度とは国務院財政部門が本法を根拠に制定した会計処理・会計監督・会計部門と会計担当者及び会計業務管理に関する制度を指す。

第五十一条　個人商工事業者の会計管理の具体的方法は，国務院財政部門により本法の原則を根拠に別途で規定される。

第五十二条　本法は2000年7月1日より施行する。

以　上
2017年11月14日訳
文責：王　昱

企業会計基準―基本基準[1]

第一章 総　則

第一条　企業会計における認識・測定と報告行為を規範し，会計情報の品質を保証するため，『中華人民共和国会計法』とその他の関連法律・行政法規に基づいて，本基準を制定する。

第二条　本基準は中華人民共和国国内に設立された企業（会社を含む。以下同様）に適用する。

第三条　企業会計基準は基本基準と個別基準を含み，個別基準の制定は本基準に準拠すべきである。

第四条　企業は財務会計報告（また財務報告と称す，以下同様）を作成すべきである。財務会計報告の目的とは財務会計報告の利用者に企業の財政状態・経営成績とキャッシュ・フロー等と関わる会計情報を提供すること，企業経営者の受託責任の履行状況を反映することにより，財務会計報告利用者の経済的意思決定に資することである。

　財務会計報告の利用者には出資者・債権者・政府およびその他の関連部門と社会公衆等が含まれる。

第五条　企業は企業自身に発生した取引あるいは事象に対して会計上の認識・測定と報告を行うべきである。

第六条　企業会計上の認識・測定と報告は継続企業を前提とすべきである。

第七条　企業は会計期間を区分し，期間ごとに帳簿の締め切りと財務会計報告書の作成を行うべきである。

　会計期間は年度と中期に分ける。中期とは一つの完全な会計年度より短い報告期間を指す。

第八条　企業会計は貨幣測定を行うべきである。

第九条　企業は発生主義に基づき，会計上の認識，測定と報告を行うべきである。

第十条　企業は取引あるいは事象の経済的特徴により会計要素を確定すべきである。会計要素には資産・負債・所有者持分・収益・費用および利益が含まれる。

第十一条　企業が貸借記帳法を用いて記帳すべきである。

第二章　会計情報の品質要求

第十二条　企業は実際に発生した取引あるいは事象を根拠に会計上の認識，測定と報告を行い，如実に認識と測定の要求に符合した各会計要素およびその他関連情報を反映し，会計情報の真実性・信頼性と内容の完全性を保証するべきである。

第十三条　企業に提供された会計情報は，財務会計報告利用者の経済的な意思決定のニーズに関連し，財務会計報告利用者には，企業の過去，現在あるいは将

---

[1] 2006年2月15日に財政部令第33号にて公布，2007年1月1日より施行する。2014年7月23日に『財政部の「企業会計基準―基本基準」改正に関する決定』（財政部令第76号）に従って改正し，公布日より施行する。

来の情況を評価または予測することに資するべきである。

第十四条 企業に提供される会計情報は明晰明瞭で，財務会計報告利用者の理解と利用に資するべきである。

第十五条 企業に提供される会計情報は比較可能性を備えるべきである。

　同一企業の異なる期間に発生した同一あるいは類似の取引または事象について，同一会計方針を用いるべきであり，恣意に変更してはならない。確実に変更が必要とされる場合には注記にて説明すべきである。

　異なる企業において発生した同一あるいは類似の取引または事象について，規定された会計方針を採用し，会計情報における規制一致・比較可能性を確保すべきである。

第十六条 企業は取引あるいは事象の経済的実質に従って，会計上の認識，測定，と報告をすべきで，取引あるいは事象の法的形式のみに根拠すべきではない。

第十七条 企業に提供する会計情報は，企業の財政状態・経営成績とキャッシュ・フロー等と関連するすべての重要な取引あるいは事象を反映すべきである。

第十八条 企業は取引あるいは事象に対して会計上の認識・測定と報告を行う際に，慎重な姿勢を有すべきあり，資産あるいは収益の過大評価・負債あるいは費用の過小評価をすべきではない。

第十九条 企業はすでに発生した取引あるいは事象に対して，適時に会計上の認識・測定と報告を行うべきであり，繰上げあるいは繰下げをしてはならない。

第三章　資　　産

第二十条 資産とは企業過去の取引あるいは事象によって形成され，企業が所有または支配し，企業に経済的便益をもたらすことが予期される資源を指す。

　前項で示した企業過去の取引あるいは事象には，購買・製造・建設行為あるいはその他取引または事象が含まれる。将来において発生すると予期される取引あるいは事象は資産を形成しない。

　企業が所有あるいは支配するとは，企業がある資源の所有権を有する，あるいはその資源の所有権は有していないにもかかわらず企業が当該資源を支配し得ることを指す。

　企業に経済的便益をもたらすことが予期されるとは，企業に直接あるいは間接的に現金と現金同等物の流入をもたらす潜在能力を指す。

第二十一条 本基準第二十条に規定する資産の定義に符合する資源が，同時に下記の条件に満たす場合，資産として認識する：

　（一）当該資源と関わる経済的便益が企業に流入する可能性が高いこと；

　（二）当該資源の原価あるいは価値が信頼性をもって測定できること。

第二十二条 資産の定義と資産の認識条件に符合する項目は，貸借対照表に配列表示すべきである；資産の定義に符合するが，資産の認識条件に符合しない項目は，貸借対照表に配列表示すべきではない。

第四章 負　債

第二十三条　負債とは企業過去の取引あるいは事象によって形成され，経済的便益の流出をもたらすと予期される企業の現在の義務を指す。

現在の義務とは企業が現行の条件においてすでに引き受けた義務を指す。将来において発生する取引あるいは事象によって形成される義務は，現在の義務には属さず，負債として認識されるべきではない。

第二十四条　本基準第二十三条に規定する負債の定義に符合する義務が，同時に下記の条件を満たす場合，負債として認識する：

(一) 当該義務にかかる経済的便益が企業から流出する可能性が高いこと；

(二) 将来において企業から流出する経済的便益の金額が信頼性をもって測定できること。

第二十五条　負債の定義と負債の認識条件に符合する項目は，貸借対照表に配列表示すべきである；負債の定義に符合するが，負債の認識条件に符合しない項目は，貸借対照表に配列表示すべきではない。

第五章　所有者持分

第二十六条　所有者持分とは企業の資産から負債を控除した後，所有者が享有する残余持分を指す。

会社の所有者持分は株主持分とも呼ばれる。

第二十七条　所有者持分の源泉には所有者による払込資本・所有者持分に直接計上された利得と損失・留保利益等が含まれる。

所有者持分に直接計上された利得と損失とは当期の損益に計上すべきではなく，所有者持分の増減変動の発生をもたらす，所有者による払込資本あるいは所有者への利益配当と関係しない利得あるいは損失を指す。

利得とは企業の非通常的な活動から形成され，所有者持分の増加がもたらされ得る，所有者による払込資本と関係しない経済的便益の流入を指す。

損失とは，企業の非通常的な活動から形成され，所有者持分の減少がもたらされ得る，所有者への利益配当と関係しない経済的利益の流出を指す。

第二十八条　所有者持分の金額は資産と負債の測定によるものである。

第二十九条　所有者持分の項目は貸借対照表に配列表示すべきである。

第六章　収　益

第三十条　収益とは企業の日常的な活動から形成され，所有者持分の増加を生じさせるもの，所有者による払込資本に関係しない経済的便益の総流入を指す。

第三十一条　収益は経済的便益が企業に流入する可能性の高いことにより企業の資産の増加または負債の減少をもたらし，かつ経済的便益の流入額が信頼性をもって測定できる場合にのみ認識できる。

第三十二条　収益の定義と収益の認識条件に符合する項目は，損益計算書に配列表示すべきである。

第七章　費　用

第三十三条　費用とは企業の通常活動から生じ，所有者持分の減少が生じさせられ，所有者への利益配当に関係しない経済的便益の総流出を指す。

第三十四条　費用は経済的便益が企業から流出をする可能性の高いことにより企業の資産の減少または負債の増加をもたらし，かつ経済的便利の流出額が信頼性をもって測定できる場合にのみ認識する。

第三十五条　企業は製品の製造，役務の提供等のために生じた製品原価，役務原価等に帰属され得る費用について，製品の販売収益・役務収益等を認識する際に，販売済みの製品原価，すでに提供済みの役務原価を当期損益に計上すべきである。

企業に発生した支出が経済的便益をもたらさない場合，あるいは経済的便益をもたらしても資産の認識条件に符合しない，または符合しなくなった場合，発生時に費用として認識し，当期損益に計上すべきである。

企業に発生した取引あるいは事象により企業が一つの負債を引き受け，かつ一つの資産として認識しない場合は，発生時に費用として認識し，当期損益に計上すべきである。

第三十六条　費用の定義と費用の認識条件に符合する項目は，損益計算書に例示すべきである。

第八章　利　益

第三十七条　利益とは企業の一定の会計期間における経営成績を指す。利益には収益から費用を控除した後の純額・直接に当期利益に計上された利得と損失等が含まれる。

第三十八条　直接に当期利益に計上された利得と損失とは，当期損益に計上され，所有者持分の増減変動の発生をもたらす，所有者による払込資本または所有者への利益分配とは無関係の利得あるいは損失を指す。

第三十九条　利益金額は収益と費用，直接に当期利益に計上された利得と損失金額の測定によるものである。

第四十条　利益項目は損益計算書に例示すべきである。

第九章　会計上の測定

第四十一条　企業が認識条件に符合する会計要素を記帳し，会計報告及びその注記（財務諸表ともいう，以下同様）に配列表示する際に，規定された会計上の測定の属性に基づき測定を行い，その金額を確定すべきである。

第四十二条　会計上の測定の属性は主に下記を含む：

（一）取得原価。取得原価で測定する際には，資産は購入時に支払った現金あるいは現金同等物の金額，または，資産の購入時に支払った対価の公正価値にもって測定する。負債は現在の義務を引き受けたことにより実際に受け取った金額あるいは資産の金額，または現在の義務を引き受けた際の契約金額，または通常活動において負債を返済するために予期され

る支払う現金もしくは現金同等物の金額をもって測定する。

（二）取替原価。取替原価で測定する際に，資産は，現在，同一または類似の資産を購入するのに支払った現金または現金同等物の金額をもって測定する。負債は，現在当該債務を返済するために支払った現金または現金同等物の金額をもって測定する。

（三）正味実現可能価額。正味実現可能価額で測定する際に，資産は，通常に外部への販売により受け取られた現金あるいは現金同等物の金額から，当該資産の完成時までに発生する見積原価・見積販売費用及び関連税金費用を控除した後の金額をもって測定する。

（四）現在価値。現在価値で測定する際に，資産は，継続的に使用と最終処分により生じると見込まれた将来の正味キャッシュ・イン・フローの割引現在価値の金額をもって測定する。負債は，見積り期間内に返済が必要とされる将来の正味キャッシュ・アウト・フローの割引現在価値の金額をもって測定する。

（五）公正価値。公正価値で測定する際に，資産と負債は市場参加者が測定日に発生した秩序ありの取引において，資産の売却によって受けられる，あるいは負債の移転に支払うべく金額に基づいて測定する。[2]

第四十三条　企業は会計要素を測定する際に，一般的に取得原価を用いるべきであり，取替原価・正味実現可能価額・現在価値・公正価値を用いる際に，確定された会計要素の金額について，取得可能かつ信頼性をもって測定できることを保証すべきである。

第十章　財務会計報告

第四十四条　財務会計報告とは企業が外部に提供される企業の一定時点における財政状態および一定期間における経営成績，キャッシュ・フロー等の会計情報を反映する書類を指す。

　　財務会計報告には財務諸表及びその注記とその他の財務会計報告に開示すべき関連情報と資料が含まれる。財務諸表には，少なくとも貸借対照表・損益計算書・キャッシュ・フロー計算書等の書類を含むべきである。

　　小企業が財務諸表を作成する際に，キャッシュ・フロー計算書を含まなくてもよい。

第四十五条　貸借対照表とは，企業の一定時点における企業の財政状態を反映する財務諸表を指す。

第四十六条　損益計算書とは，企業のある一定会計期間における企業の経営成績を反映する財務諸表を指す。

第四十七条　キャッシュ・フロー計算書とは，企業の一定の会計期間における現金と現金同等物の流入と流出を反映する財務諸表を指す。

第四十八条　注記とは，財務諸表に例示される項目に対してさらなる説明，ならびに財務諸表に例示できない項目の説明

---

[2]　下線部分は2014年改正された内容である。

などを指す。

第十一章　付　則

第四十九条　本基準は財政部が責任を持って解釈する。

第五十条　本基準は2007年1月1日より施行する。

以　上
2017年9月22日訳
文責：王　昱

企業財務会計報告条例[1]

第一章 総則

第一条 企業財務会計報告を規範とするため，財務会計報告の真実・完全を保証するため，『中華人民共和国会計法』を根拠に，本条例を制定する。

第二条 財務会計報告を作成及び外部に提供する企業（会社を含む，以下同様）は，本条例を遵守すべきである。

本条例で称する財務会計報告とは，企業が外部に提供する企業の一定時点における財政状態ならびに一定期間における経営成績及びキャッシュ・フローを反映する書類を指す。

第三条 企業は，虚偽あるいは重要な事実を隠蔽した財務会計報告を作成及び外部にに提供してはならない。

企業の責任者は自社の財務会計報告の真実性，完全性に対して責任を負う。

第四条 いかなる組織あるいは個人は，虚偽あるいは重要な事実を隠蔽した財務会計報告の作成と外部への提供を示唆，指図，強要してはならない。

第五条 公認会計士・会計士事務所は，企業財務会計報告を監査するにあたって，関連法律・行政法規及び公認会計士業務規則に従うべきであり，かつ発行した監査報告書に責任を負う。

第二章 財務会計報告の構成

第六条 財務会計報告は年次・中間・四半期及び月次財務会計報告に分類する。

第七条 年次・中間財務会計報告には以下のものを含むべきである：

　(一) 財務諸表；

　(二) 財務諸表注記；

　(三) 財務情況説明書。

財務諸表には貸借対照表・損益計算書・キャッシュ・フロー計算書及び附属明細表が含まれるべきである。

第八条 四半期・月次財務会計報告は，通常，財務諸表のみを指し，財務諸表は少なくとも貸借対照表と損益計算書が含まれる。国家統一的な会計制度は四半期及び月次財務会計報告に財務諸表注記の作成が規定される場合，その規定に従う。

第九条 貸借対照表は，企業のある一定時点における財政状態を示す表である。貸借対照表は資産・負債及び所有者持分（又は株主持分，以下同様）に従って分類・区分して配列記載すべきである。資産・負債及び所有者持分の定義及び配列表示は下記の規定を遵守すべきである：

---

[1] 「企業財務会計報告条例」は，2000年6月に国務院総理朱鎔基氏より中国国務院令第287号にて公布され，2001年1月1日から施行されている。本条例は，1989年4月に国際会計基準理事会で承認され，同年7月に公表された「財務諸表の作成及び表示に関するフレームワーク」を参考して制定されたと見られる。2001年以後，中国の企業会計規定などは『中国人民共和国会計法』と当該条例及び関連法規に基づいて制定・施行されている。本条例は中国における会計規範の整備において，財務諸表に関する概念フレームワークとしての一部の役割を果たしていると考えられる。

㈠ 資産とは，過去の取引・事象によって形成されかつ企業が所有または支配する資源であり，当該資源は企業に経済的便益をもたらすと予想されるものである。貸借対照表において，資産はその流動性に基づき分類して配列表示すべきであり，流動資産・長期投資・固定資産・無形資産及びその他の資産を含む。銀行・保険会社及び非銀行金融機関の各資産は特殊性があれば，その性質に従って分類して配列表示をする。

㈡ 負債とは，過去の取引・事象によって形成された現在の債務であり，この債務を履行することによって，企業から経済的便益が流出すると予想されるものである。貸借対照表において，負債はその流動性に基づき分類して配列表示すべきであり，流動負債・長期負債等を含む。銀行・保険会社及び非銀行金融機関の各負債は，特殊性があれば，その性質に従って分類し配列表示をする。

㈢ 所有者持分とは，企業資産に対して所有者に帰属する経済的便益であり，その金額は資産から負債を控除した差額である。貸借対照表において，所有者持分は，拠出金（あるいは払込資本金）・資本剰余金・利益剰余金及び未処分利益などの項目に分けて配列表示をすべきである。

第十条　損益計算書は，企業のある一定期間における経営成績を示す表である。損益計算書は，収益・費用及び利益の構成項目のそれぞれのカテゴリー別で配列表示すべきである。その中，収益・費用と利益の定義及び配列表示は下記の規定に従うべきである：

㈠ 収益とは，企業が商品の販売・役務の提供及び資産使用権の譲渡などの日常業務から生ずる経済的便益の総流入である。収益には第三者あるいは顧客の代わりに受領した金額が含まれない。損益計算書において，収益は重要性に従って分類し，配列表示をすべきである。

㈡ 費用とは，企業が商品の販売・役務の提供など日常活動のために生じた経済的便益の流出である。損益計算書において，費用はその性質に従って分類し，配列表示すべきである。

㈢ 利益とは，企業の一定期間における経営成果である。損益計算書において，利益は営業利益・税引前当期利益と純利益などの利益構成項目に基づき区分し，配列表示すべきである。

第十一条　キャッシュ・フロー計算書とは企業の一定期間における現金及び現金同等物（以下，現金と称す）の流入と流出を反映する計算書である。キャッシュ・フロー計算書は営業活動・投資活動・財務活動のキャッシュの流れに従って分類し，配列表示すべきである。営業活動，投資活動，財務活動の定義及び記載は下記の規定に従うべきである：

㈠ 営業活動とは，企業の投資活動と財務活動以外の全ての取引と事象を指す。キャッシュ・フロー計算書上では，営業活動のキャッシュ・フロ

ーはその営業活動の現金流入と流出の性質に従って分類し，配列表示をすべきである；銀行・保険会社及び非銀行金融機関の営業活動はその営業活動の特徴によって分類し，配列表示をする。

(二) 投資活動とは，企業の長期性資産の取得および売却，現金同等物の範囲内に含まれていない投資の取得及び処分を指す。キャッシュ・フロー計算書上では，投資活動のキャッシュ・フローはその投資活動の現金流入と現金流出の性質に従って分類し，配列表示をすべきである。

(三) 財務活動とは，企業資本及び負債規模と構成に変化をもたらす活動を指す。キャッシュ・フロー計算書上では，財務活動におけるキャッシュ・フローはその財務活動の現金流入と現金流出の性質に従って分類し，配列表示をすべきである。

第十二条 附属明細表とは，企業の財政状態・経営成績及びキャッシュ・フローを反映するための補足報告書であり，主に利益処分計算書及び国家統一的な会計制度に定められたほかの附属表を指す。

利益処分計算書とは企業の一定期間に実現された純利益及び前年度未処分利益の処分あるいは繰越欠損金の処理を示す報告書である。利益処分計算書は利益処分の各項目ごとに分類して配列表示をすべきである。

第十三条 年次・中間財務諸表は，少なくとも2期分または関連2期の比較データを示すべきである。

第十四条 財務諸表の注記とは，財務諸表の利用者が財務諸表の内容を理解するために，財務諸表作成の基礎・根拠・原則と方法及び主要項目等における解釈である。財務諸表注記には少なくとも下記の内容を含むべきである：

(一) 基本的な会計前提に符合しないことの説明；

(二) 重要な会計方針と会計上の見積り及びその変更状況・変更理由，ならびに財政状態及び経営成績に与える影響；

(三) 偶発事象と後発事象の説明；

(四) 関連当事者の関係及び取引の説明；

(五) 重要資産の贈与及び売却状況；

(六) 企業の合併・分割；

(七) 重大な投資・融資活動；

(八) 財務諸表の中の重要な項目の明細資料；

(九) 財務諸表の理解と分析に役に立つその他の説明する必要のある事項。

第十五条 財務情況説明書は少なくとも下記の情況を説明すべきである：

(一) 企業経営活動に関する基本情況；

(二) 利益の実現と処分の情況；

(三) 資金増減と資金繰りの情況；

(四) 企業の財政状態・経営成績ならびにキャッシュ・フローに重大な影響を与えたその他の事項。

第三章 財務会計報告の作成

第十六条 企業は会計年度終了後，年次財務会計報告を作成すべきである。国家統一的な会計制度の規定により，中間・

四半期と月次の財務会計報告の作成が要求される場合，その規定に従う。

第十七条 企業は財務会計報告を作成するにあたって，真実な取引・経済事象及び完全・正確な帳簿記録などの資料を根拠に，かつ国家統一的な会計制度に定められた作成基礎・根拠・原則と方法に従うべきである。

企業は財務会計報告の作成基礎・根拠・原則と方法を恣意的に変更し本条例と国家統一的な会計制度に反してはならない。

いかなる組織あるいは個人は企業に本条例及び国家統一的な会計制度に反し，財務会計報告作成の基礎・根拠・原則と方法を恣意に変更することを示唆・指図・強要してはならない。

第十八条 企業は本条例と国家統一的な会計制度の規定に従って，財務諸表の諸会計要素に対して合理的な認識と測定を行うべきであり，恣意に会計要素の認識と測定基準を変更してはならない。

第十九条 企業は関連法律，行政法規及び本条例に規定された決算日に決算を行うべきであり，決算日の繰上げまたは繰下げはしてはいけない。年度の決算日は西暦の12月31日である。中期・四半期・月次の決算日は西暦年度の半年ごと・四半期ごと・月ごとの最終日である。

第二十条 企業は，年次財務会計報告を作成する前に，下記の規定に従って資産を全面的に精査・債務の照合をすべきである：

㈠ 未収入金・未払金・未払税金などが含まれる未決済科目が存在しているか否か，債務・債権先と対応する債務額・債権額が一致しているか否か；

㈡ 原材料・仕掛品・自家製半製品・在庫等各項目の棚卸資産の実際数量と帳面記録数量が一致するか否か，廃棄損失と長期在庫物資があるか否か；

㈢ 各項目の投資が存在するか否か，投資収益は国家統一的な会計制度の規定に従って認識と測定されたか否か；

㈣ 家屋建物・機械設備・運搬器具等各項目の固定資産の現有数量と帳簿記録数量と一致するか否か；

㈤ 未完成工事の実際発生額と帳簿記録と一致するか否か；

㈥ 精査・照合が必要とされるその他の内容。

企業は，前項に規定される精査・照合を通じて，財産物資の現有数量と帳簿記録とが一致するか否か・各未決済科目の返済遅延状況及びその原因・材料物資の実際の貯蔵状況・各項目の投資は予定目標に達成したか否か・固定資産の使用状況と損耗程度などが明らかにする。企業は精査・照合した後，その精査・照合の結果及び処理方法を企業の取締役会あるいは関連機関に報告し，さらに，国家統一的な会計制度の規定に従って適切な会計処理を行うべきである。

企業は，当会計年度の期間中の具体的な状況に基づき，各財産物資と未決済科目に対して，サンプリング検査・不定期あるいは定期検査を行う。

第二十一条　企業は，財務会計報告を作成する前に，資産の全面的精査・債務の照合する以外，さらに，下記の作業も完成すべきである：

㈠　各会計帳簿の記録と会計証憑の内容・金額等とは一致するか否か，記帳内容は適切であるか否か；

㈡　本条例に規定された締め切り日に帳簿を締め切りを行う，関連帳簿の残高と発生額を計算し，各会計帳簿間の残高を照合する；

㈢　関連会計処理は国家統一的な会計制度に従って行われているか否かを検査する；

㈣　国家統一的な会計制度に統一された処理方法が規定されていない取引・事象に対して，会計処理の一般原則に従って認識と測定及び関連処理は合理であるか否かを検査する；

㈤　会計誤謬・会計政策変更などの原因で，前期あるいは当期の関連項目の調整があるか否かを検査する。

前項に規定される作業において問題が発覚された場合，国家統一的な会計制度の規定に従って処理を行うべきである。

第二十二条　企業が年次と中期財務会計報告を作成する際に，精査された後の資産・負債は変動が生じた場合には，資産・負債の認識と測定基準に従って，認識，測定を行うべきであり，さらに，国家統一的な会計制度の規定に従って，適切な会計処理を行う。

第二十三条　企業は国家統一的な会計制度に規定された財務諸表の様式と内容に従って，完全に記載・照合の完了した会計帳簿記録とその他の関連資料を根拠に財務諸表を作成し，完全な内容・真実な数字・正確な計算を行い，内容の漏れあるいは恣意に省略することをしてはならない。

第二十四条　財務諸表には，財務諸表の各項目の間に，対応関係を有する数字は，相互に一致すべきである；財務諸表の当期と前期の関連数値は相互に連続性を有すべきである。

第二十五条　財務諸表注記と財務情況説明書は，本条例と国家統一的な会計制度の規定従って，財務諸表において，説明と必要される項目について，真実・完全・明瞭な説明を行うべきである。

第二十六条　企業は合併・分割が発生した場合には，国家統一的な会計制度の規定に従って，適切な財務会計報告を作成しべきである。

第二十七条　企業は事業を廃止した場合には，事業廃止時に年次財務会計報告作成要求に従って，資産の全面的な精査・債務の照合・帳簿締め切り，さらに財務会計報告を作成すべきである。清算期間においては，国家統一的な会計制度の規定に従って，清算財務会計報告を作成すべきである。

第二十八条　国家統一的な会計制度の規定に従って，連結財務諸表の作成が必要とされる企業集団は，親会社は単体財務諸表を作成するほか，企業集団の連結財務諸表も作成すべきである。

企業集団連結財務諸表とは，企業集団全体の財政状態と経営成績及びキャッシュ・フローを反映する財務諸表である。

第四章　財務会計報告の対外提供

第二十九条　外部に提供する財務会計報告に反映された会計情報は真実性・完全性を有すべきである。

第三十条　企業は，財務会計報告提供期限に関する法律・行政法規と国家統一的な会計制度の規定に従って，適時に外部に財務会計報告を提供すべきである。

第三十一条　企業は外部に提供する財務会計報告には，頁付け，表紙，製本，押印を加えるべきである。表紙には，企業名称・企業統一コード番号・組織形態・住所・報告書の年次あるいは月次・提出日を記載し，さらに，企業の責任者と会計業務の主要管理者・会計部門の責任者（会計主要管理者）の署名かつ押印を行うべきである；総会計師を設ける企業では，総会計師の署名と押印もすべきである。

第三十二条　企業は，企業定款の規定に従って，投資者に財務会計報告を提供すべきである。

　国務院から監事会が派出された重要な国有大手企業・重要な国有金融機関と省・自治区・直轄市役所から監事会が派出された国有企業は，法に従って，監事会に財務会計報告を提供すべきである。

第三十三条　関連部門あるいは機構は，法律・行政法規あるいは国務院の規定に従って，企業に対し一部あるいは全部の財務会計報告と関連データを求める際に，企業にその根拠を示すべきであり，さらに，企業に財務会計報告と関わるデータの計算基準の変更を要請してはいけ

ない。

第三十四条　いかなる組織あるいは個人は，法律・行政法規あるいは国務院の規定に従わず，企業に一部あるいは全部の財務会計報告と関連データを求めることができない。

　本条例を違反し，企業に一部あるいは全部の財務会計報告と関連データをを求めることに対して，企業は拒否権を有する。

第三十五条　国有企業・国有持株会社あるいは支配権を有する企業は，毎年少なくとも一度，企業の従業員代表大会に財務会計報告を公布し，さらに，下記の事項に重点を置いて説明すべきである：

(一)　従業員の利益と密接に関わる関連情報の説明：管理費用の内訳情況，企業管理者の給料・福利費と従業員の給料・福利費の支給・使用と残高情況，公益金の積み立て及び使用状況，利益処分の情況及びその他の従業員と関わる関連情報を含む；

(二)　内部監査によって発覚された問題及び訂正情況；

(三)　公認会計士監査の情況；

(四)　国家監査機構によって発覚された問題及び訂正情況；

(五)　重大な投資・融資と資産処分の方策及びその原因の説明；

(六)　説明が必要とされる他の重要事項。

第三十六条　企業が，本条例規定に従って各関連部門に提供する財務会計報告において，その作成基礎・根拠・原則と方法は一致すべきであり，異なる作成基礎・根拠・原則と方法で作成された財務会計

報告を提供してはならない。

第三十七条 財務会計報告が公認会計士の監査を受ける必要のある企業は、公認会計士及びその会計事務所から提出された監査報告も財務会計報告と一緒に外部に提供すべきである。

第三十八条 企業の財務会計報告を受け取る組織あるいは個人は、当該財務会計報告が正式に外部に開示されない限り、その内容を守秘すべきである。

第五章　法律責任

第三十九条 本条例の規定を反し、下記の行為が一つでもあれば、県級以上の人民政府財政部門が限定期間に改善する命令を下し、違反企業に対して、三千元以上五万元以下の罰金を科すことができる；直接の主管責任者とその他の直接責任者に対して、二千元以上二万元以下の罰金を科すことができる；国家業務に従事する担当者には、法に従って、行政処分あるいは紀律処分を行う：

(一) 会計要素の認識と測定基準を恣意的に変更したもの；

(二) 財務会計報告の作成基礎・根拠・原則と方法を恣意的に変更したもの；

(三) 所定の決算日より繰上げあるいは繰下げ決算を行ったもの；

(四) 当年度の財務会計報告を作成する前に、本条例の規定に従わず、資産の全面的精査、債務の照合を行わないもの；

(五) 財政部門とその他の検査関連部門が法に従って行う財務会計報告の監督、検査を拒否するもの、あるいは如実でない関連情報を提供するもの。

会計担当者は上記項目に取り上げた違反行為が一つでもあれば、事態厳重な場合、県級以上の人民政府財政部門により会計従業資格書証が取り消される。

第四十条 企業が、虚偽あるいは重要な事実を隠匿した財務会計報告を作成し、外部に提供することによって、犯罪行為になった場合、刑事責任が追及される。

上記行為があり、犯罪に至らない場合には、県級以上の人民政府財政部門より通報し、企業に五千元以上十万元以下の罰金を科すことができる；直接の責任者及びその他の責任者に対して、三千元以上五万元以下の罰金を科すことができる；国家業務に従事する担当者には、法規に従って、更迭から解雇までの行政処分あるいは紀律処分を行う；会計担当者には、事態厳重な場合、県級以上の人民政府財政部門より会計従業資格証書が取り消される。

第四十一条 会計部門・会計担当者及びその他の担当者に虚偽あるいは重要な事実を隠蔽した財務会計報告の作成・対外提供を示唆・指図・強要する、あるいは法により保存すべき財務会計報告を隠匿・故意廃棄し、犯罪になった場合には、法により刑事責任を追究する。なお犯罪に至らない場合には、五千元以上五万元以下の罰金を科す。国家業務を従事する担当者には、法により降格・更迭・除名の行政処分あるいは紀律処分を行う。

第四十二条 本条例の規定を違反し、企業の一部あるいは全部の財務会計報告及

び関連データの提供を求めるものに対して，県級以上の人民政府が改善命令を下す。

第四十三条　本条例の規定を違反し，同時にその他の法律・行政法規規定にも違反した場合には，関連部門は各自の職権範囲内で処罰を行う。

第六章　付　則

第四十四条　国務院財政部門は，本条例の規定を根拠に，財務会計報告の具体的な作成方法を定めることができる。

第四十五条　外部で資金調達が行わず，小規模経営の企業における財務会計報告の作成と開示方法は，国務院財政部門が本条例に基づき別途に定めることにする。

第四十六条　本条例は2001年1月1日より施行する。

以　上
2017年8月31日訳[2]
文責：王　昱

---

[2] 上記訳文は王昱（2006）「企業財務諸表条例」（翻訳）『同志社商学』（同志社大学商学部）第57巻，第2・3・4号を修正したものである。

索引

【 アルファベット 】

AAA ……………………………………… 157
accounting change ……………………… 14
ADR ……………………………………… 199
Adoption ………………………………… 138
AIM ……………………………………… 121
Alexander Allan Shand ……………… 156
Alibaba Group Holding Limited …… 192
Alibaba集団構造 ……………………… 197
Alipay …………………………………… 204
an accounting constitution ………… 154
Annual Financial Reports …………… 118
AOSSG …………………………… 105, 109
ASAF ……………………………… 102, 105, 171
ASBE ……………………………… 67, 82, 118
ASBJ ……………………………………… 91
Beijing Joint Statement ………………… 91
Bhutan …………………………………… 141
Bolivia …………………………………… 141
BRICs …………………………………… 57, 109
Canadian GAAP ……………………… 117
CASC …………………………… 57, 62, 91
CASs …………………………………… 118, 132
CESR …………………………………… 116
Chinese GAAP …………… 31, 36, 82, 85, 117, 145
COFRI ………………………………… 166, 170
Condorsement ………………………… 46
CONSULTATION PAPER …………… 119
Convergence ……………… 36, 46, 56, 113, 138
CSRC …………………………………… 21, 198
EC ………………………………………… 36, 83
EEG …………………………………… 101, 105
EFRAG …………………………………… 50
Endorsement ………………………… 46, 49
Equity Pledge Agreement …………… 203
Equivalence …………… 36, 49, 113, 114, 115
ESMA ………………………………… 122, 123
EU ……………………………… 36, 57, 83
EU域内市場委員会 …………………… 116
Exclusive Call Option Agreement …… 204
Exclusive Technical Services Agreement
………………………………………… 203
Fair Value Accounting ……………… 174
FASB ………………………………… 56, 91, 195
Form F-1 ……………………………… 198
FROM CHINA ………………………… 109
FSB ……………………………………… 90, 92
Full IFRS ……………………………… 140
G20 ………………………………… 79, 90, 94
GAAP …………………………………… 83
GDP ……………………………………… 58
Geijsbeek, John B. …………………… 156
harmonization ……………………… 57, 78
HKFRS …………………………… 87, 127, 128
HKICPA ………………………………… 127
Hu Gang Tong ………………………… 128
IAS ……………………………………… 33, 56
IASB ……………………………… 5, 56, 105, 112
IASC ……………………………… 34, 56, 112
IFRS ……………………………… 5, 56, 112
IFRS財団 …………………… 79, 95, 104, 139
IFRS Annual Report ………………… 104
IFRS for SMEs ………………………… 43
Indian GAAP ………………………… 117
IOSCO ………………………… 103, 112, 162, 177
IPSASB ………………………………… 43
Japanese GAAP ……………………… 83, 117
Joint Statement ………… 64, 96, 113, 118
Littleton, Ananias Charles …………… 157
Loan Agreement ……………………… 203
Mark to Market Accounting ………… 174
Market Value Accounting …………… 174
McCreevy, Charlie ………………… 116, 118
McGregor, Warren …………………… 63
Monitoring Board …………………… 105

索引 251

Mutual Recognition	114	一国両制度	112, 126
NASDAQ市場	197	一帯一路	13, 30, 113, 133
Nobes, C.W.	23	一般原則	176
Norwalk Agreement	91	一般に認められた会計原則・会計基準	
O'Malley, Patricia	63	（GAAP）	83
Paton, William Andrew	157	委任契約	203
piece-meal approach	9		
postpone	79, 120	英米式会計モデル	32
Primary Beneficiary	200	英米法系	4, 6
Principles-based	138	英米モデル	5, 27
Proxy Agreement	203	延期	121, 131
Rule by Laws	6	延期判定	119
Rule of Law	6	阎达五	11
Rules-based	138	エンドースメント	46, 49, 112, 129
Russian GAAP	117	エンロン社	192, 194
Saudi Arabia	141		
SEC	91, 104, 204	欧州委員会（EC）	36, 83
SFAC	165	欧州財務報告諮問グループ（EFRAG）	50
SFAS	174	欧州証券規制当局委員会（CESR）	116
Sheng Gang Tong	128	欧州証券市場監督局（ESMA）	122, 123
SINA CORP	197	欧州連合（EU）	36, 57, 83
South Korean GAAP	117	応用指針	40
SPE	192, 194, 207	オフ・バランス金融	194
square pyramid	12	オフショア地域	199
Substantial Convergence	113		
substantially	142	【　　か　行　　】	
Tokyo Agreement	91	カーブアウト	45
Tweedie, David	57, 63, 65, 75	カーブアウト式アプローチ	45
US GAAP	83, 117, 138	外貨換算	72
Variable Interest Entity	195, 202	改革・開放	4, 33, 131
VIE	192, 195, 198, 202, 207	会計基準	154
VIEスキーム	197, 202, 204, 207	会計基準アドバイザリー・フォーラム	
WFOE	198, 199, 200, 203	（ASAF）	102, 105, 171
Word for Word	45, 49	会計基準法構想	15
WTO	6, 30, 34	会計基礎業務規範	39
		会計規範	167
【　　あ　行　　】		会計行政管理	37, 50
アジア・オセアニア会計基準設定主体グループ（AOSSG）	105, 109	会計研究公報	157
アドプション法域	140	会計原則	154
アングロサクソン法域	154, 155	会計憲法	154
		会計公準	154

会計単位	185
会計担当者	39
会計法	4, 5, 8, 15, 25, 27
会計方針，会計上の見積りの変更および誤謬の訂正	73
外国投資系企業	35
外国投資法	205
外国独資企業（WFOE）	198, 199, 200, 203
外資企業法	8, 25, 205
外資系企業会計規定	160
開示と区分	187
会社会計基準序説	32, 157
会社法	6, 8, 17, 25, 27
階層式体制	144
概念フレームワーク	93, 94, 138, 146, 165, 168, 188
改良中式簿記	31
株式会社会計規定	160
株式試行企業会計規定	33
株式担保契約	203
株式報酬	70
借入費用	72
官庁会計	16
関連当事者についての開示	75
企業会計基準	33, 37, 50, 154, 159, 162, 176
企業会計基準応用指針	128
企業会計基準解釈	40, 85, 128
企業会計基準の初度適用	75
企業会計基準法	14
企業会計規定	37, 41, 50, 85, 150, 162, 165
企業会計原則	147, 167, 175
企業会計体制	14
企業形態	158
企業結合	72
企業財務会計報告条例	34, 77, 160
企業財務制度研究会（COFRI）	166, 170
企業所得税法	6, 8, 23, 25
企業年金基金	70
議決権モデル	202
規制回避	192
期中財務報告	74
規範性文書	85
キャッシュ・フロー計算書	74, 148
救済式	9
旧政権時代	4
旧ソ連式会計モデル	32
共産主義国における会計	27
行政法規	10, 11
共同作業式アプローチ	46
銀行簿記	156
金融安定理事会（FSB）	90, 92
金融企業会計規定	42, 67, 85
金融経済	108
金融資産の移転	73
金融商品の開示および表示	75
金融商品の認識と測定	73
偶発事象	71
葛家澍	167
グローバル経済	35, 47
計画経済	14, 30, 33, 157
計画経済会計	160
計画的商品経済	30
経験の集積	160
経験の蒸溜	158, 160, 169
計算のフレームワーク	166
継続的情報開示	22
ケイマン諸島	199
契約支配型ストラクチャー	202
現在価値	178
現状維持論	169
原則主義	138, 145, 147, 168
現代中国会計	30
憲法	7, 8
原保険契約	73
コア・スタンダード	112
公会計・非営利組織会計規範	37, 50
工業企業会計規定	42
工事契約	71

索引 253

公正価値	174, 178, 185
公正価値測定	174, 181, 182
公正価値の定義	185
公正価値のヒエラルキー	186
高等学校会計規定	44
公認会計士法	8, 25
後発事象	74
コーポレートガバナンス	208
コールオプション契約	203
国営企業	35, 157
国際会計基準 （IAS）	33, 56
国際会計基準委員会 （IASC）	34, 56, 112
国際会計基準審議会 （IASB）	5, 56, 105, 112
国際基準モデル	27
国際公会計基準審議会 （IPSASB）	43
国際財務報告基準 （IFRS）	5, 56, 112
国際ボード	103
国内総生産 （GDP）	58
国務院国有資産管理委員会	86
国有企業	35
国家会計戦略	51, 57, 126
固定資産	69
個別会計基準	40, 176
固有単式簿記	31
混合経済モデル	27
コンドースメント	46, 138
コンバージェンス	46, 48, 56, 76, 87, 138
コンバージェンス国	49, 57

【　さ　行　】

差異削除	62
差異縮小	62
財政部会計司	48, 84
財政部会計制度課	32
細則主義	138, 147, 168
再保険契約	73
財務会計諸概念に関するステートメント／財務会計諸概念書 （SFAC）	165
財務会計基準書 （SFAS）	174
債務再構築	70
財務諸表の表示	74

最有効使用	183
サブプライム・ローン	175
3階層	35
三資企業	158, 200
借鑒	47, 113, 182
借鑒式アプローチ	31, 36, 47, 48, 50, 78, 84, 87, 144, 160
四角錐状のピラミッド型	34
事業法人会計基準	44
事業法人会計規定	44
資金平衡表	35, 148, 157
自国基準変更型	5
自国基準放棄型	5
四五六規定	198
資産減損	70
資産減損戻入れ処理	88
市場経済	13, 14, 28, 66, 158
市場経済会計	160
市場経済国	34, 37, 78, 121
市場参加者	185
持続的なコンバージェンス	89, 92, 93, 94, 107, 132
持続等効	128
四柱決算等式	35
実質支配人	206
実質的なコンバージェンス	57, 107, 132, 142
実体経済	108
支配	206
資本主義の萌芽	35
社会主義計画経済	35
社会主義市場経済	35
社会主義法系	4
若干改訂論	169
謝霖	156
上海証券取引所	33, 103
上海万博	66
収益	71
従業員給与報酬	70
自由裁量項目	88
修正国際基準	46, 49

集団企業	35
収付記帳法	35
取得原価	178
小企業会計基準	42, 43
小企業会計規定	43
証券監督者国際機構（IOSCO）	103, 112, 162, 177
証券発行	21
証券法	6, 8, 19, 20, 25, 27
承認拒否	121
情報のフレームワーク	166
正味実現可能価額	178
所得税	72
新規株式公開	197
新興経済グループ（EEG）	101, 105
新興経済圏	82, 88, 95
深圳証券取引所	33
人民公社	13, 35
信用記録制度	205
深港通	128
趣同（趨同）	36, 113
趣同戦略	58, 83, 113, 114, 131
税収徴収管理法	8, 23, 25
税収法治	25
政府会計基準	44
政府主導型	158
生物資産	69
政府補助金	71
西洋式簿記	31
世界貿易機関（WTO）	6, 30, 34
石油・天然ガスの採掘	73
セグメント報告	75
設定権	162
全面的なコンバージェンス	95, 97, 107, 132
総会計師条例	39
増減記帳法	35
相互承認	57, 113, 114, 115, 126, 130, 131

相互承認方式	114
租税回避	199
損益計算書	148, 159

【　　　　た　行　　　　】

第65号公告	129
貸借記帳法	35, 158, 159
貸借対照表	35, 148, 157, 159
大清律例	4
代替論	169
代理記帳管理方法	39
大陸法	154
大陸法系	4, 6
大陸モデル	4, 27
代理契約	203
棚卸資産	68
秩序ある取引	186
地方政府規章	10, 11
地方性法規	10, 11
中外合作経営企業法	8, 25, 205
中外合資経営企業会計規定	32
中外合資経営企業法	8, 25, 205
中国証監会／中国証券監督管理委員会（CSRC）	21, 198
中国会計学会	158
中国会計基準（CASs）	118, 132
中国会計基準委員会（CASC）	57, 62, 91
中国企業会計基準（ASBE）	67, 82, 118
中国版概念フレームワーク	169, 170
長期持分投資	68
調整方式	114
請進来，走出去	131
張為国	79, 101, 114
デュー・プロセス	61
伝統的中式会計	35
伝統的複式簿記	31
ドイツ取引所	121
東京合意	48, 56, 60

等効	36, 112
等効戦略	113, 114, 125
投資不動産	68
動的な対応	88
動的な目標	88, 143
同等性評価	57, 79, 83, 115, 119
特別行政区	126
特別目的事業体（SPE）	192, 194, 207
トライアングル体制	4
取替原価	178

な 行

| 中島省吾 | 157 |
| 南米モデル | 27 |

2階層	35
2017年版 Chinese GAAP	98
二層構造	77
日本企業会計基準委員会（ASBJ）	91

| ノーウォーク合意 | 48, 56, 59, 178 |

は 行

バージン諸島	199
ハイブリッド	150, 168
破産法	8, 25
ぱちおり簿記書	156
パブリック・セクター	62, 155
潘序倫	156
反独占法	8, 25

非アドプション法域	140, 142
ピース・ミールアプローチ	9
非営利組織	35
非営利組織会計	16, 43
非貨幣性資産の交換	69
非金融資産	186
非市場経済国	66, 79
一株当たり利益	74
評価技法	186
平井泰太郎	156

ピラミッド型会計法規範	5, 22, 27, 76
滬港通	128
部門規章・規定	10
プライベート・セクター	62
フル・アドプション式アプローチ	45
米国会計学会（AAA）	157
米国会計基準	49
米国財務会計基準審議会（FASB）	56, 91, 195
米国証券取引委員会（SEC）	91, 104, 204
米国預託証券（ADR）	199
併存論	169
北京五輪	66
「北京声明」（第1次）	34, 62, 64, 161
「北京声明」（第2次）	83, 96, 161
ヘッジ取引	73
変動持分	195, 202
変動持分事業体（VIE）	192, 195, 198, 202, 207
変動持分モデル	202
淮南子	47
包括技術支援契約	204
法治国家	18
法治主義	6, 26
法的強制力	41, 145, 179, 188
法の支配	6, 26
香港公認会計士協会（HKICPA）	127
香港財務報告基準（HKFRS）	87, 127, 128

ま 行

民間非営利組織会計規定	44
ムービング・ターゲット	85, 87
無形資産	69
名目GDP	107
メタ基準	154, 166, 169

目論見書規則 ………………………………… 120	リトルトン ……………………………………… 32
戻入れ禁止 …………………………………… 120	劉安 …………………………………………… 47
モニタリング・ボード ……………… 102, 105	類似説 ………………………………………… 167
孟森 …………………………………………… 156	連結財務諸表 …………………………… 74, 195
	連結対象 ……………………………………… 194
【　　　　や　行　　　　】	連結適合性 ……………………………… 194, 195
融資契約 ……………………………………… 203	連結範囲判定 ………………………………… 192
4階層 …………………………………… 35, 144	ロードマップ ……………………… 79, 91, 92, 94
	ロンドン証券取引所（AIM）…………… 121
【　　　　ら　行　　　　】	【　　　　わ　行　　　　】
リース ………………………………………… 73	ワーキンググループ …………………… 85, 86
陸健橋 ………………………………………… 102	ワーキンググループによる助言 ………… 86
陸善熾 ………………………………………… 156	
立法法 ……………………………… 6, 9, 10, 26, 77	

【著者紹介】

王　昱（おう・いく，Yu WANG.）
関西学院大学国際学部教授，博士（経営学）龍谷大学

北京工業大学経済管理学院卒業。1992年来日。京都大学経済学部研究生（1993～1995年），2000年龍谷大学経営学研究科（国際会計学専攻）博士課程修了。同志社大学，大阪成蹊大学勤務を経て，現在に至る。

〈主な研究業績〉

『中国における企業会計モデルの形成と変遷―1912年から1999年―』（関西学院大学出版会，2001年）

『会計基準の国際的統一』（中央経済社，2005年，共著）

『中国における国際化への課題―経済，ビジネス，会計を考える』（中央経済社，2007年，共著）他

平成30年3月30日　初版発行　　　　　　　略称：現代中国会計

現代中国の会計法規範と戦略
―和して同ぜず―
〔関西学院大学研究叢書第194編〕

著　者　Ⓒ　王　　昱
発行者　　　中　島　治　久

発行所　同文舘出版株式会社
東京都千代田区神田神保町1-41　　　〒101-0051
電話　営業(03)3294-1801　　　　　　編集(03)3294-1803
振替　00100-8-42935　　　　　　　　http://www.dobunkan.co.jp

Printed in Japan 2018
製版：一企画
印刷・製本：萩原印刷

ISBN978-4-495-20741-0

JCOPY 〈出版者著作権管理機構 委託出版物〉
本書の無断複製は著作権法上での例外を除き禁じられています。複製される場合は，そのつど事前に，出版者著作権管理機構（電話 03-3513-6969，FAX 03-3513-6979，e-mail: info@jcopy.or.jp）の許諾を得てください。